*Não deixes de fazer bem a quem o merece,
estando em tuas mãos a capacidade de fazê-lo.*

Provérbios 3.27

LEI ORGÂNICA DA POLÍCIA CIVIL DE SÃO PAULO

COMENTADA

PAULO SUMARIVA | GRACIELI SUMARIVA

LEI ORGÂNICA DA POLÍCIA CIVIL DE SÃO PAULO
COMENTADA

2ª EDIÇÃO

Editora Impetus

Niterói, RJ
2019

© 2019, Editora Impetus Ltda.

Editora Impetus Ltda.
Rua Alexandre Moura, 51 – Gragoatá – Niterói – RJ
CEP: 24210-200 – Telefax: (21) 2621-7007

CONSELHO EDITORIAL:
ANA PAULA CALDEIRA • BENJAMIN CESAR DE AZEVEDO COSTA
ED LUIZ FERRARI • EUGÊNIO ROSA DE ARAÚJO
FÁBIO ZAMBITTE IBRAHIM • FERNANDA PONTES PIMENTEL
IZEQUIAS ESTEVAM DOS SANTOS • MARCELO LEONARDO TAVARES
RENATO MONTEIRO DE AQUINO • ROGÉRIO GRECO
VITOR MARCELO ARANHA AFONSO RODRIGUES • WILLIAM DOUGLAS

Projeto Gráfico e Editoração Eletrônica: Editora Impetus Ltda.
Capa: Editora Impetus Ltda.
Revisão de Português: Carmem Becker
Impressão e Encadernação: Editora e Gráfica Vozes Ltda.

S952L
    Sumariva, Paulo
       Lei Orgânica da Polícia Civil de São Paulo – 2 ed. / [Paulo Sumariva, Gracieli Sumariva]. - Niterói, RJ: Impetus, 2019.
       224 p.; 16 x 23 cm.

       ISBN: 978-85-299-0012-4

       1. Policiais civis – Estatuto legal, leis etc. – São Paulo (Estado) I. Sumariva, Graciele. II. Título.

       CDD – 344.8161052

O autor é seu professor; respeite-o: não faça cópia ilegal.
TODOS OS DIREITOS RESERVADOS – É proibida a reprodução, salvo pequenos trechos, mencionando-se a fonte. A violação dos direitos autorais (Lei nº 9.610/1998) é crime (art. 184 do Código Penal). Depósito legal na Biblioteca Nacional, conforme Decreto nº 1.825, de 20/12/1907.

A **Editora Impetus** informa que quaisquer vícios do produto concernentes aos conceitos doutrinários, às concepções ideológicas, às referências, à originalidade e à atualização da obra são de total responsabilidade do autor/atualizador.

www.impetus.com.br

Dedicatória

Dedicamos esta obra a nossa filha Lorena.

Os Autores

Paulo Sumariva

- Doutor em Direito pela Universidade Metropolitana de Santos.
- Mestre em Direito Público pela Universidade de Franca.
- Delegado de Polícia no Estado de São Paulo.
- Professor, por concurso, da Academia de Polícia Civil do Estado de São Paulo.
- Professor de Direito Penal, Processo Penal e Criminologia do Meu Curso – curso *on-line*.
- Professor Coordenador do Curso de Delegado de Polícia do VIPJUS.
- Professor de Direito Penal, Processo Penal e Criminologia do Curso Ênfase – curso *on-line*.
- Professor de Criminologia do G7 Jurídico – curso *on-line*.
- Professor de Criminologia, Direito Penal, Processo Penal e Legislação Penal Especial do Centro Preparatório Jurídico (CPJUR) – curso *on-line*.
- Professor de Direito Penal e Processo Penal do Centro Universitário de Rio Preto (UNIRP) – graduação e pós-graduação – e do Curso ATAME de pós-graduação em Goiânia, Brasília e Cuiabá.
- Foi Professor de Direito Penal, Processo Penal, Criminologia e Legislação Penal Especial na Rede de Ensino LFG, e do curso *on-line* IOB/Marcato.

Gracieli Sumariva
- Mestre em Direito Penal pela Pontifícia Universidade Católica de São Paulo (PUC/SP).
- Delegada de Polícia do Estado de São Paulo.
- Professora, por concurso, da Academia de Polícia Civil do Estado de São Paulo.
- Pesquisadora. Escritora.

Sumário

Capítulo 1 – A Polícia Civil nas Constituições Federal e Estadual 1

1.1. Considerações gerais 1
1.2. Origem da Polícia no Brasil 2
1.3. Constituição Federal 3
1.4. Constituição Estadual 5
1.5. Lei Orgânica da Polícia Civil do Estado de São Paulo 6
    1.5.1. Atribuições básicas da Polícia Civil 7
1.6. Polícia Civil do Estado de São Paulo e sua estrutura 8
    1.6.1. Órgão de Direção 8
    1.6.2. Órgão Consultivo 8
    1.6.3. Órgãos de Apoio 8
    1.6.4. Órgão de Execução e Controle Interno 9
    1.6.5. Órgãos de Execução de Polícia Especializada 9
    1.6.6. Órgão de Apoio e Execução 9
    1.6.7. Órgão de Apoio aos de Execução 9
    1.6.8. Órgãos de Execução de Polícia Territorial 9
    1.6.9. Órgão de Execução 10
    1.6.10. Organograma da Polícia Civil 10
1.7. Síntese do capítulo 11
1.8. Questões 13
    1.8.1. Questões comentadas 13
    1.8.2. Questões de concurso 17
1.9. Exercícios de fixação do texto legal 18
    1.9.1. Gabarito 18

Capítulo 2 – A Lei Orgânica da Polícia Civil do Estado de São Paulo 19

2.1. Considerações gerais 19
2.2. Provimento de cargo 19
    2.2.1. Conceito 19

	2.2.2.	Provimento dos cargos de policiais civis...................................	20
		2.2.2.1. Provimento originário..	20
		2.2.2.2. Provimento derivado...	21
	2.2.3.	Exigências para provimento de cargos	23
		2.2.3.1. Provimento ao cargo de Delegado Geral de Polícia....................	23
2.3.	Dos concursos públicos...		23
	2.3.1.	Concurso público para os cargos policiais civis	24
	2.3.2.	Requisitos para inscrição nos concursos	25
2.4.	Estabilidade...		27
	2.4.1.	Efetividade..	27
	2.4.2.	Requisitos da estabilidade para o policial civil......................	27
2.5.	Da posse...		28
	2.5.1.	Posse nos cargos da Polícia Civil...	28
	2.5.2.	Competência para empossar o Delegado Geral de Polícia.........	28
	2.5.3.	Competência para empossar o Delegado de Polícia................	28
	2.5.4.	Competência para empossar as demais carreiras policiais civis...........	28
	2.5.5.	Prazo para posse...	29
2.6.	Do exercício...		29
	2.6.1.	Prazo para o exercício	29
	2.6.2.	Fluxograma...	30
2.7.	Remoção...		31
	2.7.1.	Modalidades de remoção dos Delegados de Polícia.................	31
		2.7.1.1. Remoção de Delegado de Polícia e a Lei nº 12.830, de 20 de junho de 2013...	32
2.8.	Modalidades de remoção das demais carreiras policiais....................		33
	2.8.1.	Quadro comparativo	33
2.9.	Remoção em período eleitoral...		33
2.10.	Remoção e união de cônjuges		34
2.11.	Promoção...		34
	2.11.1.	Requisitos à promoção...	35
	2.11.2.	Promoção por merecimento...	35
2.12.	Dos vencimentos e outras vantagens de ordem pecuniária		36
	2.12.1.	Regime Especial de Trabalho Policial – RETP........................	37
	2.12.2.	Ajuda de custo em caso de remoção e diária........................	38
	2.12.3.	Gratificação por Acúmulo de Titularidade – GAT..................	38
2.13.	Outras concessões ao policial civil..		39
2.14.	Do direito de petição...		39
	2.14.1.	Requerimento	39
2.15.	Do elogio..		40

2.16. Jurisprudência 40
2.17. Síntese do capítulo 42
2.18. Questões 47
    2.18.1. Questões comentadas 47
    2.18.2. Questões de concurso 50

Capítulo 3 – Dos Deveres, das Transgressões e das Responsabilidades 53
3.1. Considerações iniciais 53
3.2. Deveres 53
    3.2.1. Conceito de dever 53
    3.2.2. Classificação dos deveres 53
    3.2.3. Deveres do policial civil 54
        3.2.3.1. Ser assíduo e pontual 54
        3.2.3.2. Ser leal às instituições 54
        3.2.3.3. Cumprir as normas legais e regulamentares 55
        3.2.3.4. Zelar pela economia e conservação dos bens do Estado, especialmente daqueles cuja guarda ou utilização lhe for confiada 55
        3.2.3.5. Desempenhar com zelo e presteza as missões que lhe forem confiadas, usando moderadamente de força ou outro meio adequado de que dispõe para esse fim 55
        3.2.3.6. Informar incontinenti toda e qualquer alteração de endereço da residência e número de telefone, se houver ... 56
        3.2.3.7. Prestar informações corretas ou encaminhar o solicitante a quem possa prestá-las 56
        3.2.3.8. Comunicar o endereço onde possa ser encontrado, quando dos afastamentos regulamentares 56
        3.2.3.9. Proceder na vida pública e particular de modo a dignificar a função policial 57
        3.2.3.10. Residir na sede do Município onde exerça o cargo ou função, ou onde autorizado 57
        3.2.3.11. Frequentar, com assiduidade, para fins de aperfeiçoamento e atualização de conhecimentos profissionais, cursos instituídos periodicamente pela Academia de Polícia ... 58
        3.2.3.12. Portar a carteira funcional 58
        3.2.3.13. Promover as comemorações do "Dia da Polícia", a 21 de abril ou delas participar, exaltando o vulto de Joaquim José da Silva Xavier, o Tiradentes, Patrono da Polícia 58
        3.2.3.14. Ser leal para com os companheiros de trabalho e com eles cooperar e manter espírito de solidariedade 59
        3.2.3.15. Estar em dia com as normas de interesse policial 59

3.2.3.16. Divulgar para conhecimento dos subordinados as normas referidas no inciso anterior 59
3.2.3.17. Manter discrição sobre os assuntos da repartição e, especialmente, sobre despachos, decisões e providências 59
3.3. Transgressões disciplinares do policial civil 60
   3.3.1. Manter relações de amizade ou exibir-se em público com pessoas de notórios e desabonadores antecedentes criminais, salvo por motivo de serviço 60
   3.3.2. Constituir-se procurador de partes ou servir de intermediário, perante qualquer repartição pública, salvo quando se tratar de interesse de cônjuge ou parente até segundo grau 61
   3.3.3. Descumprir ordem superior, salvo quando manifestamente ilegal, representando neste caso 61
   3.3.4. Não tomar as providências necessárias ou deixar de comunicar, imediatamente, à autoridade competente, faltas ou irregularidades de que tenha conhecimento 62
      3.3.4.1. O policial civil competente que não adota as providências necessárias com relação as faltas ou irregularidades do subordinado 62
      3.3.4.2. O policial civil que deixa de comunicar, imediatamente, à autoridade competente, faltas ou irregularidades que tiver conhecimento no exercício de suas funções 62
   3.3.5. Deixar de oficiar tempestivamente nos expedientes que lhe forem encaminhados 62
   3.3.6. Negligenciar na execução de ordem legítima 63
   3.3.7. Interceder maliciosamente em favor de parte 63
   3.3.8. Simular doença para esquivar-se ao cumprimento de obrigação 63
   3.3.9. Faltar, chegar atrasado ou abandonar escala de serviço ou plantões, ou deixar de comunicar, com antecedência, à autoridade a que estiver subordinado, a impossibilidade de comparecer à repartição, salvo por motivo justo. 64
   3.3.10. Permutar horário de serviço ou execução de tarefa sem expressa permissão da autoridade competente 64
   3.3.11. Usar vestuário incompatível com o decoro da função 64
   3.3.12. Descurar de sua aparência física ou do asseio 64
   3.3.13. Apresentar-se ao trabalho alcoolizado ou sob efeito de substância que determine dependência física ou psíquica 65
   3.3.14. Lançar intencionalmente, em registros oficiais, papéis ou quaisquer expedientes, dados errôneos, incompletos ou que possam induzir a erro, bem como inserir neles anotações indevidas 65
   3.3.15. Faltar, salvo motivo relevante a ser comunicado por escrito no primeiro dia em que comparecer à sua sede de exercício, a ato processual, judiciário ou administrativo, do qual tenha sido previamente cientificado 65

3.3.16. Utilizar, para fins particulares, qualquer que seja o pretexto, material pertencente ao Estado 65
3.3.17. Interferir indevidamente em assunto de natureza policial, que não seja de sua competência 66
3.3.18. Fazer uso indevido de bens ou valores que lhe cheguem às mãos, em decorrência da função, ou não entregá-los, com a brevidade possível, a quem de direito 66
3.3.19. Exibir, desnecessariamente, arma, distintivo ou algema 66
3.3.20. Deixar de ostentar distintivo quando exigido para o serviço 67
3.3.21. Deixar de identificar-se, quando solicitado ou quando as circunstâncias o exigirem 67
3.3.22. Divulgar ou propiciar a divulgação, sem autorização da autoridade competente, através da imprensa escrita, falada ou televisada, de fato ocorrido na repartição 67
3.3.23. Promover manifestação contra atos da administração ou movimentos de apreço ou desapreço a qualquer autoridade 67
3.3.24. Referir-se de modo depreciativo às autoridades e a atos da Administração Pública, qualquer que seja o meio empregado para esse fim 68
3.3.25. Retirar, sem prévia autorização da autoridade competente, qualquer objeto ou documentos da repartição 68
3.3.26. Tecer comentários que possam gerar descrédito da Instituição policial 68
3.3.27. Valer-se do cargo com o fim, ostensivo ou velado, de obter proveito de qualquer natureza para si ou para terceiros 68
3.3.28. Deixar de reassumir exercício sem motivo justo, ao final dos afastamentos regulamentares ou, ainda, depois de saber que qualquer destes foi interrompido por ordem superior 69
3.3.29. Atribuir-se qualidade funcional diversa do cargo ou função que exerce 69
3.3.30. Fazer uso indevido de documento funcional, arma, algema ou bens da repartição ou cedê-los a terceiro 69
3.3.31. Maltratar ou permitir maltrato físico ou moral a preso sob sua guarda 69
3.3.32. Negligenciar na revista a preso 70
3.3.33. Desrespeitar ou procrastinar o cumprimento de decisão ou ordem judicial 70
3.3.34. Tratar o superior hierárquico, subordinado ou colega sem o devido respeito ou deferência 70
3.3.35. Faltar à verdade no exercício de suas funções 70
3.3.36. Deixar de comunicar incontinenti à autoridade competente informação que tiver sobre perturbação da ordem pública ou qualquer fato que exija intervenção policial 70
3.3.37. Dificultar ou deixar de encaminhar expediente à autoridade competente, se não estiver na sua alçada resolvê-lo 71

3.3.38.	Concorrer para o não cumprimento ou retardamento de ordem de autoridade competente..	71
3.3.39.	Deixar, sem justa causa, de submeter-se a inspeção médica determinada por lei ou pela autoridade competente.................................	71
3.3.40.	Deixar de concluir nos prazos legais, sem motivo justo, procedimentos de polícia judiciária, administrativos ou disciplinares	71
3.3.41.	Cobrar taxas ou emolumentos não previstos em lei..............................	71
3.3.42.	Expedir identidade funcional ou qualquer tipo de credencial a quem não exerça cargo ou função policial civil...	72
3.3.43.	Deixar de encaminhar ao órgão competente, para tratamento ou inspeção médica, subordinado que apresentar sintomas de intoxicação habitual por álcool, entorpecente ou outra substância que determine dependência física...	72
3.3.44.	Dirigir viatura policial com imprudência, imperícia, negligência ou sem habilitação...	72
3.3.45.	Manter transação ou relacionamento indevido com preso, pessoa em custódia ou respectivos familiares..	72
3.3.46.	Criar animosidade, velada ou ostensivamente, entre subalternos e superiores ou entre colegas, ou indispô-los de qualquer forma.............	73
3.3.47.	Atribuir ou permitir que se atribua a pessoa estranha à repartição, fora dos casos previstos em lei, o desempenho de encargos policiais.	73
3.3.48.	Praticar a usura em qualquer de suas formas..	73
3.3.49.	Praticar ato definido em lei como abuso de poder	73
3.3.50.	Aceitar representação de Estado estrangeiro, sem autorização do Presidente da República..	74
3.3.51.	Tratar de interesses particulares na repartição.......................................	74
3.3.52.	Exercer comércio entre colegas, promover ou subscrever listas de donativos dentro da repartição..	74
3.3.53.	Exercer comércio ou participar de sociedade comercial, salvo como acionista, cotista ou comanditário	74
3.3.54.	Exercer, mesmo nas horas de folga, qualquer outro emprego ou função, exceto atividade relativa ao ensino e à difusão cultural, quando compatível com a atividade policial	74
3.3.55.	Exercer pressão ou influir junto a subordinado para forçar determinada solução ou resultado	75
3.4.	Proibição de o policial civil trabalhar com parentes...	75
3.5.	Das responsabilidades..	75
	3.5.1. Responsabilidade civil, penal e administrativa..	75
	3.5.1.1. Responsabilidade civil	76
	3.5.1.2. Responsabilidade penal...	77
	3.5.1.3. Responsabilidade administrativa...	77
	3.5.2. Independência das responsabilidades administrativa, civil e penal.....	77

		3.5.3. Reintegração ao serviço público 77
		3.5.4. Sobrestamento do processo administrativo 78
3.6. Jurisprudência 78
3.7. Síntese do capítulo 79
3.8. Questões 88
		3.8.1. Questões comentadas 88
		3.8.2. Questões de concurso 91

Capítulo 4 – Penalidades Administrativas e Extinção da Punibilidade 93
4.1. Considerações gerais 93
4.2. Penas disciplinares 94
		4.2.1. Advertência 94
		4.2.2. Repreensão 94
		4.2.3. Multa 95
		4.2.4. Suspensão 95
		4.2.5. Demissão 95
				4.2.5.1. Abandono de cargo 96
				4.2.5.2. Procedimento irregular de natureza grave 96
				4.2.5.3. Ineficiência intencional e reiterada no serviço 97
				4.2.5.4. Aplicação indevida de dinheiro público 97
				4.2.5.5. Insubordinação grave 97
				4.2.5.6. Ausência injustificada e interpolada ao serviço 97
		4.2.6. Demissão a bem do serviço público 98
				4.2.6.1. Conduzir-se com incontinência pública e escandalosa e praticar jogos proibidos 98
		4.2.7. Praticar ato definido como crime contra a Administração Pública, a Fé Pública e a Fazenda Pública ou previsto na Lei de Segurança Nacional 99
				4.2.7.1. Revelar dolosamente segredos de que tenha conhecimento em razão do cargo ou função, com prejuízo para o Estado ou particulares 99
				4.2.7.2. Praticar ofensas físicas contra funcionários, servidores ou particulares, salvo em legítima defesa 100
				4.2.7.3. Causar lesão dolosa ao patrimônio ou aos cofres públicos 100
				4.2.7.4. Exigir, receber ou solicitar vantagem indevida, diretamente ou por intermédio de outrem, ainda que fora de suas funções, mas em razão destas 100
				4.2.7.5. Provocar movimento de paralisação total ou parcial do serviço policial ou outro qualquer serviço, ou dele participar 101

	4.2.7.6.	Pedir ou aceitar empréstimo de dinheiro ou valor de pessoas que tratem de interesses ou os tenham na repartição, ou estejam sujeitos à sua fiscalização...........	102
	4.2.7.7.	Exercer advocacia administrativa..	102
	4.2.7.8.	Praticar ato definido como crime hediondo, tortura, tráfico ilícito de entorpecentes e drogas afins e terrorismo.................	102
	4.2.7.9.	Praticar ato definido como crime contra o Sistema Financeiro, ou de lavagem ou ocultação de bens, direitos ou valores...	103
	4.2.7.10.	Praticar ato definido em lei como de improbidade...............	103
	4.2.8.	Cassação da aposentadoria ou disponibilidade............................	104
4.3.	Remoção compulsória		104
4.4.	Autoridades competentes para a aplicação da pena		105
4.5.	Medidas cautelares aplicáveis ao policial civil...		107
4.6.	Causas de extinção da punibilidade...		107
	4.6.1.	Prescrição	108
	4.6.2.	Morte do agente	109
	4.6.3.	Anistia administrativa..	109
	4.6.4.	Retroatividade de lei que não considere o fato como falta	109
4.7.	Síntese do capítulo		110
4.8.	Questões		115
	4.8.1.	Questões comentadas...	115
	4.8.2.	Questões de concurso...	118
4.9.	Exercícios de fixação do texto legal		119
4.10.	Gabarito		120

Capítulo 5 – Procedimentos Disciplinares 121

5.1.	Considerações gerais		121
5.2.	Apuração preliminar...		122
5.3.	Sindicância administrativa..		124
	5.3.1.	Instauração...	125
	5.3.2.	Citação	126
	5.3.3.	Denunciante...	127
	5.3.4.	Interrogatório..	127
	5.3.5.	Defesa prévia...	128
	5.3.6.	Vida pregressa...	129
	5.3.7.	Audiência de instrução...	129
	5.3.8.	Requerimento de diligências..	130
	5.3.9.	Alegações finais	132

	5.3.10. Decisão	132
5.4.	Processo administrativo disciplinar	133
	5.4.1. Instauração	134
	5.4.2. Citação	135
	5.4.3. Denunciante	136
	5.4.4. Interrogatório	136
	5.4.5. Defesa prévia	137
	5.4.6. Vida pregressa	137
	5.4.7. Audiência de instrução	137
	5.4.8. Requerimento de diligências	139
	5.4.8.1. Prova emprestada no processo administrativo	140
	5.4.9. Alegações finais	140
	5.4.10. Relatório final	140
	5.4.11. Manifestação do Egrégio Conselho da Polícia Civil	141
	5.4.12. Decisão	141
	5.4.13. Esquematização do processo administrativo disciplinar	141
	5.4.14. Considerações finais	142
5.5.	Recursos	143
5.6.	Pedido de reconsideração	144
5.7.	Jurisprudência	144
5.8.	Síntese do capítulo	145
5.9.	Questões	152
	5.9.1. Questões comentadas	152
	5.9.2. Questões de concurso	155
5.10.	Exercícios de fixação do texto legal	156
5.11.	Gabarito	157

Capítulo 6 – A Revisão no Procedimento Administrativo Disciplinar **159**

6.1.	Considerações gerais	159
6.2.	Conceito	160
6.3.	Processo revisional	160
	6.3.1. Legitimidade	160
	6.3.2. Instrução da revisão	161
6.4.	Julgamento da revisão	161
	6.4.1. Efeitos da decisão que julgar procedente a revisão	162
	6.4.2. Esquematização da revisão	162
6.5.	Síntese do capítulo	162
6.6.	Questões	163
	6.6.1. Questões comentadas	163

6.7. Exercícios de fixação do texto legal 166
6.8. Gabarito 167

Referências Bibliográficas 169

Anexo 171

Capítulo 1

A Polícia Civil nas Constituições Federal e Estadual

1.1. CONSIDERAÇÕES GERAIS

A Polícia Civil do Estado de São Paulo nasceu no ano de 1841, vinculada ao Poder Executivo na pasta da Secretaria de Negócios da Justiça. Não era remunerada e sofria dificuldades no desenvolvimento de sua atividade. Após grande movimentação visando à profissionalização da atividade policial, no dia 07 de novembro de 1905, o presidente do Estado de São Paulo, Jorge Tibiriçá Piratininga criou a Polícia Civil de Carreira. No dia 23 de dezembro do mesmo ano, através da Lei nº 979, o Congresso Estadual estabeleceu a "Polícia Civil de Carreira do Estado de São Paulo".

Atualmente, a Polícia Civil paulista está subordinada à pasta da Secretaria dos Negócios de Segurança Pública, atuando na defesa da sociedade e na preservação da ordem pública, promovendo e participando de medidas de proteção à sociedade e ao indivíduo, exercendo suas atribuições, ou seja, a apuração das infrações penais e a identificação de sua autoria.

Apresenta como objetivo a garantia da segurança dos cidadãos, investigando e descobrindo a autoria de crimes, dando início à persecução penal, colhendo e apresentando ao representante do Ministério Público, no caso de delitos de ação penal pública e ao querelante, nas hipóteses de crimes de ação penal privada, elementos indiciários para a propositura da competente peça inaugural do procedimento penal respectivo.

Para tanto, utiliza-se de procedimentos cautelares definidos em lei, ou seja, do termo circunstanciado de ocorrência policial nas hipóteses de infração penal de menor potencial ofensivo, nos termos da Lei nº 9.099/95 e do inquérito policial, nas demais espécies de crimes, seguindo as regras estabelecidas pelo Código de Processo Penal e pelas leis extravagantes, como por exemplo a Lei de Drogas – Lei nº 11.343/2006.

Além da atividade de polícia investigativa e judiciária, a Polícia Civil de São Paulo atua na área de segurança pública prestando os seus serviços para toda a população do Estado, executando um trabalho distinto da generalidade daqueles executados pelos demais ramos do setor público. O trabalho policial é complexo e requer dos agentes que o executam uma atenção contínua, agindo de maneira ininterrupta, exigindo uma dedicação excepcional, já que a investigação de delitos não tem horário. Assim é o funcionamento da atividade da Polícia Civil.

A direção da Polícia Civil de São Paulo está a cargo do Delegado de Polícia, carreira criada pela Lei nº 261, de 03 de dezembro de 1842, regulamentada pelo Decreto nº 120, de 31 de janeiro de 1843, o qual modificou o Código de Processo Criminal.

A previsão constitucional da Polícia Civil está no art. 144 da Constituição Federal, em seu § 4º, onde estabelece que às polícias civis, dirigidas por Delegados de Polícia de carreira, incumbem, ressalvada a competência da União, as funções de polícia judiciária e a apuração de infrações penais, exceto as militares.

No Estado de São Paulo, a Constituição paulista prevê no art. 140 a existência da Polícia Civil, como órgão permanente e dirigida por Delegado de Polícia de carreira, que deverá ser bacharel em Direito, incumbindo-lhe, ressalvada a competência da União, as funções de polícia judiciária e apuração das infrações penais, exceto militares.

Ainda, no Estado de São Paulo, a Polícia Civil possui uma Lei Orgânica – Lei Complementar nº 207, de 05 de janeiro de 1979, que foi alterada pela Lei Complementar nº 922/2002, estabelecendo todas as diretrizes a serem seguidas pelos agentes de polícia, definindo como serviço policial a prevenção e investigação criminais, o policiamento ostensivo, o trânsito e a proteção em casos de calamidade pública, incêndio e salvamento.

1.2. ORIGEM DA POLÍCIA NO BRASIL

O vocábulo *polícia* tem origem grega – *"politeia"* e passou para o latim *"politia"*, com o mesmo sentido – "governo de uma cidade, administração, forma de governo". Com o decorrer dos anos, o termo *polícia* assumiu um sentido particular, isto é, passou a representar a ação do governo, enquanto exerce sua missão de tutela de ordem jurídica, assegurando a tranquilidade pública e a proteção da sociedade contra as violações.

Em 1500, nasce no Brasil a ideia de polícia, quando Dom João III decidiu adotar um sistema de capitanias hereditárias, outorgando uma Carta Régia a

Martim Afonso de Souza para estabelecer a administração, promover a justiça e organizar o serviço de ordem pública nas terras por ele conquistadas.

A polícia brasileira iniciou suas atividades em 20 de novembro de 1530, quando passou a promover justiça e organizar os serviços de ordem pública.

1.3. CONSTITUIÇÃO FEDERAL

A Carta Magna traz em seu Título V, o tema "Da Defesa do Estado e das Instituições Democráticas", e o Capítulo III cuida do tema "Da Segurança Pública". Neste contexto, encontramos no art. 144 a definição de que "a segurança pública, dever do Estado, direito e responsabilidade de todos, é exercida para a preservação da ordem pública e da incolumidade das pessoas e do patrimônio, através dos seguintes órgãos: Polícia Federal, Polícia Rodoviária Federal, Polícia Ferroviária Federal, Polícias Civis; Polícias Militares e Corpos de Bombeiros Militares. As três primeiras são vinculadas ao Ministério da Justiça, ou seja, órgãos policiais da União. As duas últimas são subordinadas às Secretarias de Segurança Pública dos Estados-membros.

O art. 144, § 6º, da CF/88 determina expressamente que os órgãos policiais civis e militares sejam subordinados diretamente aos Governadores de Estado, logo, órgão de âmbito dos Estados-membros da Federação.

O poder de polícia, para Maria Sylvia Zanella Di Pietro, "é a atividade do Estado consistente em limitar o exercício dos direitos individuais em benefício do interesse público".[1]

A atividade policial divide-se em duas grandes áreas:

a) **administrativa**: trata-se da polícia preventiva ou ostensiva. Atua na prevenção do crime, ou seja, evita a prática delituosa.

b) **judiciária**: trata-se da polícia de investigação. Atua na repreensão, ou seja, após a ocorrência do delito, exercendo a atividades de apuração das infrações penais cometidas, bem como a indicação da autoria.[2]

Vale ressaltar, com a edição da Lei nº 12.830/2013, as funções de polícia judiciária e apuração de infrações penais exercidas pelo Delegado de Polícia são de *natureza jurídica,* essenciais e exclusivas do Estado (art. 2º).

A Polícia Civil está prevista na Constituição Federal, no art. 144, inciso, IV, sendo que no seu § 4º, menciona que às polícias civis, dirigidas por Delegados de Polícia de carreira, incumbem, ressalvada a competência da União,

---

[1] DI PIETRO, Maria Sylvia Zanella. *Direito Administrativo*, p. 94.
[2] LENZA, Pedro. *Direito Constitucional Esquematizado*, p. 1.068.

as funções de polícia judiciária e a apuração de infrações penais, exceto aos militares.

A Constituição Federal, ainda, no § 7º do art. 144 dispõe que lei disciplinará a organização e o funcionamento dos órgãos responsáveis pela segurança pública, de maneira a garantir a eficiência de suas atividades.

Com relação à remuneração dos servidores policiais, a Constituição estabelece as regras no art. 39, § 4º, prevendo que, o membro de Poder, o detentor de mandato eletivo, os Ministros de Estado e os Secretários Estaduais e Municipais serão remunerados exclusivamente por subsídio fixado em parcela única, vedado o acréscimo de qualquer gratificação, adicional, abono, prêmio, verba de representação ou outra espécie remuneratória, obedecido, em qualquer caso, o disposto no art. 37, incisos X e XI.

Os mencionados incisos do art. 37 estabelecem que a remuneração dos servidores públicos e o subsídio de que trata o § 4º do art. 39 somente poderão ser fixados ou alterados por lei específica, observada a iniciativa privativa em cada caso, assegurada revisão geral anual, sempre na mesma data e sem distinção de índices.

A remuneração e o subsídio dos ocupantes de cargos, funções e empregos públicos da Administração direta, autárquica e fundacional, dos membros de qualquer dos Poderes da União, dos Estados, do Distrito Federal e dos Municípios, dos detentores de mandato eletivo e dos demais agentes políticos e os proventos, pensões ou outra espécie remuneratória, percebidos cumulativamente ou não, incluídas as vantagens pessoais ou de qualquer outra natureza, não poderão exceder o subsídio mensal, em espécie, dos Ministros do Supremo Tribunal Federal, aplicando-se como limite, nos Municípios, o subsídio do Prefeito, e nos Estados e no Distrito Federal, o subsídio mensal do Governador no âmbito do Poder Executivo, o subsídio dos Deputados Estaduais e Distritais no âmbito do Poder Legislativo e o subsídio dos Desembargadores do Tribunal de Justiça, limitado a noventa inteiros e vinte e cinco centésimos por cento do subsídio mensal, em espécie, dos Ministros do Supremo Tribunal Federal, no âmbito do Poder Judiciário, aplicável este limite aos membros do Ministério Público, aos Procuradores e aos Defensores Públicos.

Também prevê o texto constitucional a possibilidade de os Municípios constituírem guardas municipais destinadas à proteção de seus bens, serviços e instalações, devendo ser disposto em lei.

1.4. CONSTITUIÇÃO ESTADUAL

A Constituição do Estado de São Paulo, obedecendo à simetria constitucional, tratou no Capítulo III – Da Segurança Pública, em suas seções, da Polícia Civil e da Polícia Militar.

O art. 139 da Constituição Estadual estabelece que a Segurança Pública, dever do Estado, direito e responsabilidade de todos, é exercida para a preservação da ordem pública e incolumidade das pessoas e do patrimônio.

Ainda, caberá ao Estado manter a Segurança Pública por meio de sua polícia, subordinada ao Governador do Estado. Estabelece também que a polícia do Estado será integrada pela Polícia Civil, Polícia Militar e Corpo de Bombeiros.

A Polícia Civil de São Paulo é tratada no art. 140 da Carta Estadual, sendo definida como órgão permanente, dirigida por Delegados de Polícia de carreira, bacharéis em direito, incumbindo-lhe, ressalvada a competência da União, as funções de polícia judiciária e a apuração de infrações penais, exceto as militares.

No desempenho da atividade de polícia judiciária, instrumental à propositura de ações penais, a Polícia Civil exerce atribuição essencial à função jurisdicional do Estado e à defesa da ordem jurídica.

O Constituinte paulista assegurou aos Delegados de Polícia do Estado de São Paulo independência funcional pela livre convicção nos atos de polícia judiciária. Tal prerrogativa não está prevista na Constituição Federal, e sendo assim, nem todas as autoridades policiais nacionais a possuem. Todavia, no Estado de São Paulo, as autoridades policiais agem com total independência, formando o seu juízo de tipicidade de maneira livre. Este juízo ocorre na verificação de determinada conduta estar subordinada a algum dos tipos penais previstos em nosso ordenamento jurídico. Por meio do juízo de tipicidade se busca determinar se o fato é criminoso ou não e, em caso positivo, qual o delito cometido.

O juízo de tipicidade é utilizado pelo Delegado de Polícia na decisão da prisão em flagrante, instauração do inquérito policial e no ato de indiciamento, que é o momento em que o Delegado de Polícia impõe ao indiciado a autoria do crime investigado. A doutrina e jurisprudência já estabeleceram que o indiciamento é ato exclusivo da autoridade policial, que forma neste ato sua convicção sobre a autoria do delito.

Sendo assim, a independência do Delegado de Polícia, prevista na Constituição Paulista, se coaduna com o Estado Democrático de Direito e representa uma garantia ao investigado. Evita o direcionamento de investigações e assegura que o inquérito policial cumpra a sua finalidade: a busca da verdade real, com total imparcialidade.

A prerrogativa da independência funcional do Delegado de Polícia foi introduzida na Constituição Estadual de São Paulo no ano de 2012, através da Emenda Constitucional nº 35.

Ainda, o ingresso na carreira de Delegado de Polícia dependerá de concurso público de provas e títulos, assegurada a participação da Ordem dos Advogados do Brasil em todas as suas fases, exigindo-se do bacharel em Direito, no mínimo, dois anos de atividade jurídica, observando-se, nas nomeações, a ordem de classificação. Esta exigência temporal será dispensada para os que contarem com, no mínimo, dois anos de efetivo exercício em cargo de natureza policial-civil, anteriormente à publicação do edital de concurso.

Com relação à remoção de integrante da carreira de Delegado de Polícia somente poderá ocorrer mediante pedido do interessado ou manifestação favorável do Colegiado Superior da Polícia Civil. Este procedimento está previsto no art. 36 da Lei Orgânica da Polícia Civil de São Paulo – Lei Complementar nº 207/79.

A direção da Polícia Civil de São Paulo será do Delegado Geral de Polícia, integrante da última classe da carreira, que será nomeado pelo Governador do Estado e deverá fazer declaração pública de bens no ato da posse e da sua exoneração.

Contamos, ainda, com a Lei Orgânica da Polícia Civil e com o Estatuto dos Funcionários Públicos Civis do Estado de São Paulo, os quais disciplinarão a organização, o funcionamento, os direitos, deveres, vantagens e regime de trabalho da Polícia Civil e de seus integrantes, servidores especiais, assegurada na estruturação das carreiras o mesmo tratamento dispensado, para efeito de escalonamento e promoção, aos Delegados de Polícia, respeitando as leis federais concernentes.

Importante, também, ressaltar que as Leis Complementares nos 1.151 e 1.152, ambas de 25 de outubro de 2011, dispõem, respectivamente, sobre a reestruturação das carreiras de policiais civis e da carreira de Delegado de Polícia.

1.5. LEI ORGÂNICA DA POLÍCIA CIVIL DO ESTADO DE SÃO PAULO

A Lei Complementar nº 207, de 05 de janeiro de 1979, instituiu a Lei Orgânica da Polícia do Estado de São Paulo, que foi alterada pela Lei Complementar nº 922, de 02 de julho de 2002.

As Instituições Policiais, subordinadas hierárquica, administrativa e funcionalmente ao Secretário da Segurança Pública, inicialmente previstas na Lei nº 207/79 eram a Civil e a Militar, sendo a Polícia Técnica vinculada à Polícia Civil. Com o advento da Lei nº 756, de 20 de junho de 1994, a Superintendência da Polícia Técnico-Científica – SPTC passou a integrar a Secretaria da Segurança Pública como Instituição autônoma. Atualmente, não há como excluir do âmbito da Segurança Pública estadual a Polícia Técnica, ainda, que não encontre previsão na Lei Orgânica da Polícia Civil.

O § 1º do art. 2º da Lei nº 207/79 prevê que outros órgãos de assessoramento do Secretário da Segurança também integrarão a Secretaria da Segurança Pública, os quais constituem a administração superior da Pasta, dentre eles pode ser apontada a Ouvidoria da Polícia do Estado de São Paulo, criada pela Lei Complementar nº 826/97.

A Lei nº 922/2002, conhecida como a lei da "via rápida", alterou toda a estrutura dos procedimentos administrativos referentes às apurações de transgressões e faltas disciplinares, o direito de petição e a prescrição administrativa.

A Lei Orgânica da Polícia Civil estabelece as normas, os direitos, os deveres e as vantagens dos titulares de cargos policiais civis do Estado. Definindo os cargos, a remuneração, a jornada de trabalho, as transgressões disciplinares, os procedimentos administrativos e demais normas pertinentes à Instituição Policial Civil, conjugada com outras leis e demais atos normativos.

Nas omissões da Lei nº 207/79 aplica-se subsidiariamente o Estatuto dos Funcionários Públicos Civis do Estado de São Paulo – Lei nº 10.261/68, para os ocupantes de cargo policial civil.

Os cargos da Polícia Civil são: Delegado de Polícia, escrivão de polícia, investigador de polícia, agente policial, agente de telecomunicações policial, papiloscopista policial e auxiliar de papiloscopista policial. A carreira de carcereiro foi extinta dos quadros da Polícia Civil por força do Decreto nº 59.957, de 13 de dezembro de 2013, de autoria do então Governador Geraldo Alckmin. Também são considerados policiais civis, muito embora pertençam à Superintendência da Polícia Técnico-Científica ou Polícia Científica, o atendente de necrotério policial, perito criminal, médico legista, fotógrafo técnico policial, desenhista técnico policial e o auxiliar de necropsia.

1.5.1. Atribuições básicas da Polícia Civil

O art. 3º, inciso I, da Lei Orgânica da Polícia Civil apresenta as atribuições básicas da Polícia Civil, a saber:

a) **Polícia Judiciária:** é aquela que se destina precipuamente a reprimir as infrações penais e a apresentar os infratores à Justiça para a necessária punição;[3]

b) **Polícia Administrativa:** é a que se destina a assegurar o bem-estar geral, impedindo, através de ordens, proibições e apreensões, o exercício antissocial dos direitos individuais, o uso abusivo da propriedade, e a prática de atividades prejudiciais à coletividade;[4]

c) **Polícia Preventiva Especializada:** é atividade policial desenvolvida por meio de planejamento, técnicas de operações, compilação de dados e processamento das informações criminais, objetivando a prevenção de ilícitos penais.[5]

A Lei Orgânica da Polícia Civil será tratada de maneira detalhada nos próximos capítulos deste livro.

1.6. POLÍCIA CIVIL DO ESTADO DE SÃO PAULO E SUA ESTRUTURA

A Polícia Civil é um dos órgãos policiais integrantes da Secretaria de Estado dos Negócios da Segurança Pública[6] e está subordinada hierárquica, administrativa e funcionalmente ao Secretário da Segurança Pública.

O art. 3º da Lei nº 207/79, também apresenta a competência da Polícia Civil, isto é, o exercício da polícia judiciária, administrativa e preventiva especializada.

A Polícia Civil é composta por vários órgãos, a saber:

1.6.1. Órgão de Direção
- Delegacia Geral de Polícia – DGP

1.6.2. Órgão Consultivo
- Conselho Superior da Polícia Civil – CPC

1.6.3. Órgãos de Apoio
a) Delegacia Geral de Polícia Adjunta – DGPAD.

b) Departamento de Administração e Planejamento da Polícia – DAP.

c) Departamento de Inteligência Policial – DIPOL.

---

[3] MEIRELLES, Hely Lopes. *Direito Administrativo Brasileiro*, p. 96.
[4] *Ibidem*, p. 97.
[5] QUEIROZ, Alberto Marchi de. *Crime Organizado no Brasil*, p. 32.
[6] O Decreto nº 64.059, de 1º de janeiro de 2019, alterou a nomenclatura no seu art. 3º: II – Secretaria da Segurança Pública: **a – Subsecretaria da Polícia Civil; b – Subsecretaria da Polícia Militar.**

1.6.4. Órgão de Execução e Controle Interno

- Corregedoria Geral da Polícia Civil – CORREGEDORIA

1.6.5. Órgãos de Execução de Polícia Especializada

a) Departamento Estadual de Investigações Criminais – DEIC.

b) Departamento de Homicídios e Proteção à Pessoa – DHPP.

c) Departamento Estadual de Prevenção e Repressão ao Narcotráfico – DENARC (Alterado pelo Decreto nº 59.396, de 06 de agosto de 2013).

d) Departamento de Polícia de Proteção à Cidadania – DPPC.

1.6.6. Órgão de Apoio e Execução

- Departamento de Capturas e Delegacias Especializadas – DECADE

1.6.7. Órgão de Apoio aos de Execução

- Academia de Polícia Civil – ACADEPOL.

1.6.8. Órgãos de Execução de Polícia Territorial

a) Departamento de Polícia Judiciária da Capital – DECAP.

b) Departamento de Polícia do Macro São Paulo – DEMACRO.

c) Departamentos de Polícia Judiciária do Interior – DEINTERS
   - DEINTER 1 – São José dos Campos
   - DEINTER 2 – Campinas
   - DEINTER 3 – Ribeirão Preto
   - DEINTER 4 – Bauru
   - DEINTER 5 – São José do Rio Preto
   - DEINTER 6 – Santos
   - DEINTER 7 – Sorocaba
   - DEINTER 8 – Presidente Prudente
   - DEINTER 9 – Piracicaba
   - DEINTER 10 – Araçatuba (criado pelo Decreto nº 59.220, de 22 de maio de 2013).

Os Departamentos de polícia territorial (DECAP, DEMACRO e DEINTERS) possuem subdivisões em Seccionais e Delegacias. A divisão territorial destes departamentos visa à melhoria na administração e na execução de suas atividades de polícia judiciária.

1.6.9. Órgão de Execução

Por força do Decreto nº 62.596, de 25 de maio de 2017, a Corregedoria Geral da Polícia Civil – CORREGEDORIA, até então integrava a Secretaria da Segurança Pública do Estado de São Paulo, foi transferida para a Polícia Civil do Estado de São Paulo.

Desta feita, o Decreto nº 47.236, de 18 de outubro de 2002, no seu artigo 1º passou a vigorar assim: *"A Corregedoria Geral da Polícia Civil – CORREGEDORIA, órgão policial de execução..."*

1.6.10. Organograma da Polícia Civil

Em síntese, a estrutura da Polícia Civil do Estado de São Paulo:

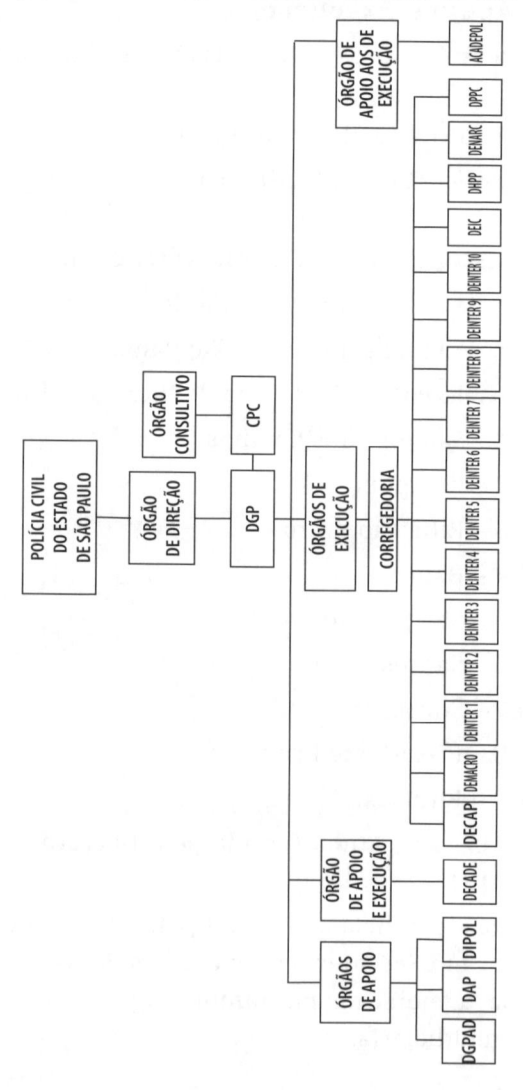

A Corregedoria-Geral da Polícia Civil – CORREGEDORIA, com o Decreto nº 54.710/2009 havia deixado de ser órgão de apoio e execução da Polícia Civil ficando subordinada ao Gabinete da Secretaria de Segurança Pública. Entretanto, por força do Decreto nº 62.596, de 25 de maio de 2017, de autoria do Governador Geraldo Alckmin, a Corregedoria Geral da Polícia Civil retornou à Polícia Civil de São Paulo. Assim, o Corregedor da Polícia Civil está subordinado ao Delegado Geral de Polícia e continua integrando o Conselho da Polícia Civil.

O Departamento Estadual de Trânsito – DETRAN, não foi tratado como órgão integrante da Polícia Civil pela Lei Complementar nº 207/79. Entretanto, até o Decreto Estadual nº 56.843, de 17 de março de 2011, pertencia à Secretaria de Segurança Pública e era composto por policiais civis e militares, quando foi transferido para a Secretaria de Gestão Pública. Em 14 de março de 2012, o Decreto Estadual nº 57.870, transferiu o DETRAN da Secretaria de Gestão Pública para a Secretaria de Planejamento e Desenvolvimento Regional.

1.7. SÍNTESE DO CAPÍTULO

Polícia Civil do Estado de São Paulo	– nascimento em 1841. – vinculada ao Poder Executivo – atualmente, Secretaria da Segurança Pública. – exerce atividade de polícia judiciária e investigativa.
Definição de serviço policial	– consiste na prevenção, na investigação criminal, policiamento ostensivo, no trânsito e proteção em casos de calamidade pública, incêndio e salvamento.
Constituição Federal	– Título V – Da Defesa do Estado e Das Instituições Democráticas; – Capítulo III – Da Segurança Pública (art.144, CF).
Segurança Pública na Constituição Federal	– É dever do Estado, direito e responsabilidade de todos, e exercida para a preservação da ordem pública e da incolumidade das pessoas e do patrimônio. – Órgãos integrantes: Polícia Federal, Polícia Rodoviária Federal, Polícia Ferroviária Federal, Polícias Civis, Polícias Militares e Corpos de Bombeiros Militares. – Previsão, por meio de lei, de os Municípios constituírem suas guardas municipais destinadas à proteção de seus bens, serviços e instalações.
Polícias Civis na Constituição Federal	– Previsão legal: art. 144, inc. IV – são dirigidas por Delegados de Polícia de carreira, incumbindo-lhes, ressalvada a competência da União, as funções de polícia judiciária e a apuração de infrações penais, exceto as militares.

Constituição do Estado de São Paulo	– Título III – Da Organização do Estado. Capítulo III – Segurança Pública. Seção II – Polícia Civil.
Segurança Pública na Constituição Estadual	– Por força do princípio da simetria constitucional – transcreve a definição de segurança pública da CF. – A Segurança Pública está subordinada ao Governador do Estado. – Composta pela Polícia Civil, Polícia Militar e Corpo de Bombeiros.
Polícia Civil na Constituição Estadual	– Previsão legal: art. 140. – Polícia Civil – órgão permanente, dirigida por Delegados de Polícia de carreira, bacharéis em Direito, incumbindo--lhe, ressalvada a competência da União, as funções de polícia judiciária e a apuração de infrações penais, exceto as militares. – Emenda Constitucional nº 35 – introduziu na Constituição Estadual, a prerrogativa de independência funcional do Delegado de Polícia. – A Polícia Civil do Estado de São Paulo é dirigida pelo Delegado Geral de Polícia (integrante da última classe da carreira; nomeado pelo Governador do Estado e no ato de sua posse e exoneração deverá apresentar a declaração pública de seus bens.
Lei Orgânica da Polícia Civil do Estado de São Paulo	– Previsão legal: Lei Complementar nº 207/79. Com alterações propostas pela Lei Complementar nº 922/2002. – Instituições Policiais explicitamente previstas na LOPC: Polícia Civil e Polícia Militar. Implicitamente, Superintendência da Polícia Técnico-Científica. – Nos casos omissos da Lei nº 207/79 – aplica-se, subsidiariamente, o Estatuto dos Funcionários Públicos Civis do Estado de São Paulo – Lei nº 10.261/68.
Organograma da Polícia Civil do Estado de São Paulo	– **Órgão de Direção**: Delegacia Geral de Polícia – DGP. – **Órgão Consultivo**: Conselho Superior da Polícia Civil – CPC – **Órgãos de Apoio**: a) Delegacia Geral de Polícia Adjunta – DGPAD. b) Departamento de Administração e Planejamento da Polícia – DAP. c) Departamento de Inteligência Policial – DIPOL. – **Órgão de Execução e Controle Interno:** – Corregedoria Geral da Polícia Civil – CORREGEDORIA – **Órgãos de Execução de Polícia Especializada**: a) Departamento Estadual de Investigações Criminais – DEIC. b) Departamento de Homicídios e Proteção à Pessoa – DHPP.

Organograma da Polícia Civil do Estado de São Paulo	c) Departamento Estadual de Prevenção e Repressão ao Narcotráfico – DENARC. d) Departamento de Polícia de Proteção à Cidadania – DPPC. – **Órgão de Apoio e de Execução:** Departamento de Capturas e Delegacias Especializadas – DECADE – **Órgão de Apoio aos de Execução:** Academia de Polícia Civil – ACADEPOL. – **Órgãos de Execução de Polícia Territorial:** a) Departamento de Polícia Judiciária da Capital – DECAP. b) Departamento de Polícia do Macro São Paulo – DEMACRO. c) Departamentos de Polícia Judiciária do Interior – DEINTERS: – DEINTER 1 – São José dos Campos – DEINTER 2 – Campinas – DEINTER 3 – Ribeirão Preto – DEINTER 4 – Bauru – DEINTER 5 – São José do Rio Preto – DEINTER 6 – Santos – DEINTER 7 – Sorocaba – DEINTER 8 – Presidente Prudente – DEINTER 9 – Piracicaba – DEINTER 10 – Araçatuba – Departamento Estadual de Trânsito – DETRAN, até o Decreto nº 56.843/2011 integrava a Secretaria de Segurança Pública, em 2012, o Decreto nº 57.870, transferiu o DETRAN para a Secretaria de Planejamento e Desenvolvimento Regional.

1.8. QUESTÕES

1.8.1. Questões comentadas

1. **O art. 144 da CF/88 elenca os órgãos integrantes da segurança pública.**
   a) Polícia Federal, Polícia Rodoviária Federal, Polícia Ferroviária Federal, Polícias Civis, Polícias Militares e Corpos de Bombeiros Militares.
   b) Polícia Civil, Polícia Militar e Corpo de Bombeiros.
   c) Polícia Civil, Polícia Militar e Polícia Técnica.
   d) Polícia Federal, Polícia Rodoviária Federal, Polícia Rodoviária, Polícias Civis; Polícias Militares e Corpos de Bombeiros Militares.
   e) Polícia Federal, Polícia Ferroviária Federal, Polícia Rodoviária, Polícias Civis; Polícias Militares e Corpos de Bombeiros Militares.

Correta: A – *Comentários:* A CF/88, no art. 144, incisos I a V, elenca taxativamente os órgãos integrantes da segurança pública: Polícia Federal, Polícia Rodoviária Federal, Polícia Ferroviária Federal, Polícias Civis; Polícias Militares e Corpos de Bombeiros Militares.

2. **A Constituição Federal expressamente estabelece a subordinação das Polícias Civis e Militares:**
   a) ao Presidente da República;
   b) ao Ministro da Justiça;
   c) ao Secretário da Segurança Pública;
   d) aos Governadores de Estado;
   e) ao Delegado Geral de Polícia.

Correta: D – *Comentários:* O art. 144, § 6º, CF/88, dispõe: "As polícias militares e corpos de bombeiros militares, forças auxiliares e reserva do Exército, subordinam-se, juntamente com as **polícias civis**, aos **Governadores dos Estados**, do Distrito Federal e dos Territórios".

3. **Segundo o art. 144, § 4º, da Constituição Federal, incumbe a Polícia Civil:**
   a) funções de polícia judiciária, administrativa, preventiva e a apuração de infrações penais, exceto as militares;
   b) funções de polícia judiciária e a apuração de infrações penais, exceto as militares;
   c) funções de polícia judiciária, preventiva e ostensiva;
   d) funções de polícia judiciária, ostensiva e apuração de infrações penais, exceto as militares;
   e) funções de polícia judiciária e a apuração de infrações penais.

Correta: B – *Comentários:* Art. 144, § 4º, CF, dispõe: "Às policias civis, dirigidas por Delegados de Polícia de carreira, incumbem, ressalvada a competência da União, **as funções de polícia judiciária e a apuração de infrações penais, exceto as militares**".

4. **O Delegado de Polícia do Estado de São Paulo possui:**
   a) inamovibilidade, irredutibilidade de vencimento e independência funcional;
   b) inamovibilidade e irredutibilidade de vencimento;
   c) independência funcional;
   d) irredutibilidade de vencimento;
   e) inamovibilidade.

Correta: C – *Comentários:* A independência funcional do Delegado de Polícia está prevista na Constituição do Estado de São Paulo, no art. 140, § 3º – "Aos **Delegados de Polícia é assegurada independência funcional** pela livre convicção nos atos de polícia judiciária".

A POLÍCIA CIVIL NAS CONSTITUIÇÕES FEDERAL E ESTADUAL — CAPÍTULO 1

5. **A Constituição do Estado de São Paulo apresenta a Polícia Civil como:**
   a) órgão permanente, dirigida por Delegados de Polícia de carreira, bacharéis em Direito, incumbindo-lhe, ressalvada a competência da União, as funções de polícia judiciária e a apuração de infrações penais, exceto as militares;
   b) órgão permanente, dirigida por Delegados de Polícia de carreira, bacharéis, incumbindo-lhe, ressalvada a competência da União, as funções de polícia judiciária e a apuração de infrações penais, exceto as militares;
   c) órgão permanente, dirigida por Delegados de Polícia de carreira, bacharéis em Direito, incumbindo-lhe, ressalvada a competência da União, as funções de polícia judiciária, administrativa e preventiva, bem como a apuração de infrações penais, exceto as militares;
   d) órgão permanente, dirigida por Delegados de Polícia de carreira, bacharéis em Direito, incumbe, ressalvada a competência da União, as funções de polícia judiciária, preventiva e a apuração de infrações penais, exceto as militares;
   e) órgão permanente, dirigida por Delegados de Polícia, incumbindo-lhe, ressalvada a competência da União, as funções de polícia judiciária e a apuração de infrações penais, exceto as militares.

Correta: A – *Comentários: O art. 140 da Constituição do Estado de São Paulo, apresenta a Polícia Civil, como: "órgão permanente, dirigida por Delegados de Polícia de carreira, bacharéis em direito, incumbe, ressalvada a competência da União, as funções de polícia judiciária e a apuração de infrações penais, exceto as militares".*

6. **O órgão de direção da Polícia Civil do Estado de São Paulo é composto por:**
   a) Delegacia Geral de Polícia Adjunta;
   b) Delegacia Geral de Polícia;
   c) Conselho Superior da Polícia;
   d) Corregedoria Geral da Polícia;
   e) Departamento de Administração e Planejamento da Polícia.

Correta: B – *Comentários: O único órgão de direção da Polícia Civil do Estado de São Paulo é a Delegacia Geral de Polícia.*

7. **São Órgãos de Execução de Polícia Especializada:**
   a) Departamento Estadual de Investigações Criminais, Departamento de Homicídios e Proteção à Pessoa, Departamento Estadual de Prevenção e Repressão ao Narcotráfico, Departamento de Polícia de Proteção à Cidadania e Academia da Polícia Civil;
   b) Departamento Estadual de Investigações Criminais, Departamento de Homicídios e Proteção à Pessoa e Departamento Estadual de Prevenção e Repressão ao Narcotráfico;
   c) Departamento Estadual de Investigações Criminais, Departamento de Homicídios e Proteção à Pessoa e Departamento de Polícia de Proteção à Cidadania;

d) Departamento Estadual de Investigações Criminais, Departamento de Homicídios e Proteção à Pessoa, Departamento Estadual de Prevenção e Repressão ao Narcotráfico, Departamento de Polícia de Proteção à Cidadania e Departamento de Inteligência Policial;

e) Departamento Estadual de Investigações Criminais, Departamento de Homicídios e Proteção à Pessoa, Departamento Estadual de Prevenção e Repressão ao Narcotráfico e Departamento de Polícia de Proteção à Cidadania.

Correta: E – Comentários: *Os órgãos de Execução de Polícia Especializada da Polícia Civil do Estado de São Paulo são: Departamento de Investigações Sobre o Crime Organizado (DEIC), Departamento de Homicídios e Proteção à Pessoa (DHPP), Departamento Estadual de Prevenção e Repressão ao Narcotráfico (DENARC) e Departamento de Polícia de Proteção à Cidadania (DPPC).*

8. De acordo com o art. 3º, inciso I, da Lei nº 207/79, são atribuições básicas da Polícia Civil:

   a) o exercício de polícia judiciária, preventiva e ostensiva;
   b) o exercício de polícia judiciária e preventiva especializada;
   c) o exercício de polícia judiciária, administrativa e ostensiva especializada;
   d) o exercício de polícia judiciária, administrativa e preventiva especializada;
   e) o exercício de polícia administrativa e preventiva especializada.

Correta: D – Comentários: *As atribuições básicas da Polícia Civil, de acordo com a Lei nº 207/79, são: o exercício de polícia judiciária, administrativa e preventiva especializada.*

9. O ingresso na carreira de Delegado de Polícia dependerá de:

   a) concurso público de provas e títulos, assegurada a participação da Ordem dos Advogados do Brasil em todas as fases, exigindo-se do bacharel em Direito, no mínimo, 02 anos de atividade jurídica;
   b) concurso público de provas e títulos, dispensada a participação da Ordem dos Advogados do Brasil em todas as fases, exigindo-se do bacharel em Direito, no mínimo, 02 anos de atividade jurídica;
   c) concurso público de provas e títulos, assegurada a participação da Ordem dos Advogados do Brasil em todas as fases, exigindo-se do bacharel em Direito, no mínimo, 03 anos de atividade jurídica;
   d) concurso público de provas e títulos, assegurada a participação da Ordem dos Advogados do Brasil em todas as fases, exigindo-se do bacharel em curso superior, no mínimo, 02 anos de atividade;
   e) concurso público de provas e títulos, exigindo-se do bacharel em Direito, no mínimo, 02 anos de atividade jurídica.

Correta: A – Comentários: *O art. 140, § 4º, da Constituição Estadual dispõe: "O ingresso na carreira de Delegado de Polícia dependerá de concurso público de* *provas e títulos, assegurada a participação da Ordem dos Advogados do Brasil em todas a suas fases, exigindo-se do bacharel em Direito, no mínimo, dois anos de atividades jurídicas, observando-se, nas nomeações, a ordem de classificação".*

10. O Departamento de Capturas e Delegacias Especializadas, corresponde a:
   a) órgão de apoio aos de execução;
   b) órgão de execução de polícia especializada;
   c) órgão de apoio e execução;
   d) órgão de apoio;
   e) órgão consultivo.

Correta: C – **Comentários:** *A Polícia Civil está composta por órgãos. O Departamento de Capturas e Delegacias Especializadas corresponde a órgão de apoio e execução.*

1.8.2. Questões de concurso

1. (Agente de Telecomunicações/SP/2018) – Nos termos da Constituição Federal, às polícias civis, dirigidas por Delegados de Polícia de carreira, incumbem:
   a) ressalvada a competência da União, as funções de polícia judiciária e a apuração de infrações penais, exceto as militares;
   b) com exclusividade, as funções de polícia judiciária e a apuração de infrações penais, exceto as militares;
   c) ressalvada a competência da União, as atribuições estaduais de polícia judiciária e administrativa;
   d) com exclusividade, as funções de polícia judiciária e a apuração de infrações penais;
   e) ressalvada a competência da União, as atribuições estaduais de polícia judiciária e administrativa e a apuração de infrações penais.

Correta: A – **Comentários:** *O art. 144, § 4º, da Constituição Federal dispõe: "A segurança pública, dever do Estado, direito e responsabilidade de todos, é exercida para a preservação da ordem pública e da incolumidade das pessoas e do patrimônio, através dos seguintes órgãos: [...] § 4º Às polícias civis, dirigidas por Delegados de Polícia de carreira, incumbem, ressalvada a competência da União, as funções de polícia judiciária e a apuração de infrações penais, exceto as militares".*

2. (Agente de Telecomunicações/SP/2018) – Nos termos da Constituição do Estado de São Paulo, lei específica definirá a organização, o funcionamento e as atribuições da Superintendência da Polícia Técnico-Científica, que será:
   a) integrada pela Polícia Civil, Instituto de Criminalística e Instituto Médico Legal, sendo dirigida por Delegado de Polícia de Classe Especial;

b) dirigida, alternadamente, por Delegado de Polícia, Perito Criminal e Médico Legista, sendo integrada pelos seguintes órgãos: Instituto de Criminalística e Instituto Médico Legal;

c) dirigida, alternadamente, por Perito Criminal e Médico Legista, sendo integrada pelos seguintes órgãos: Instituto de Criminalística e Instituto Médico Legal;

d) integrada pela Polícia Civil, Instituto de Criminalística e Instituto Médico Legal, sendo dirigida pelo Secretário de Segurança Pública;

e) dirigida por Delegado de Polícia, sendo integrada pelos seguintes órgãos: Instituto de Criminalística e Instituto Médico Legal.

Correta: C – Comentários: Art. 140, § 8º, incisos I e II, da Constituição Estadual.

1.9. EXERCÍCIOS DE FIXAÇÃO DO TEXTO LEGAL

1. Art. 140, § 4º, CE/SP – às polícias civis, dirigidas por _____, incumbem, ressalvada a competência da União, as funções de polícia judiciária e a apuração de infrações penais, exceto as militares.

2. Art. 3º, inciso I, LOPC – São atribuições básicas: da Polícia Civil o exercício da _____, administrativa e preventiva especializada.

3. Art. 140, § 3º, CE/SP – Aos Delegados de Polícia é assegurada _____ pela livre convicção nos atos de polícia judiciária.

4. Art. 140, § 6º, CE/SP – A remoção de integrante da carreira de Delegado de Polícia somente poderá ocorrer mediante _____ do interessado ou manifestação favorável do Colegiado Superior da Polícia Civil, nos termos da lei. (NR)

5. Art. 139, CE/SP – A Segurança Pública, _____ do Estado, _____ e responsabilidade de todos, é exercida para a preservação da ordem pública e incolumidade das pessoas e do patrimônio.

1.9.1. Gabarito

1. Delegado de Polícia de carreira

2. Polícia Judiciária

3. independência funcional

4. pedido

5. dever, direito

Capítulo 2
A Lei Orgânica da Polícia Civil do Estado de São Paulo

2.1. CONSIDERAÇÕES GERAIS

Toda pessoa física que, a qualquer título, exerce funções públicas é considerada agente público.

Entretanto, o nosso ordenamento jurídico adota como parâmetro de distinção de agente público a natureza do vínculo jurídico e o regime a que se submete a pessoa física exercente da função.

Nesta vertente, encontramos os agentes políticos, servidores públicos militares, empregados públicos, servidores temporários e os servidores públicos civis.

No nosso estudo, iremos destacar os servidores públicos civis, onde se enquadram os policiais civis do Estado de São Paulo, os quais são ocupantes de cargos de provimento efetivo, ficando sujeitos ao estágio probatório para adquirirem a estabilidade, também são incumbidos do exercício da função administrativa civil, regidos pelas normas dos arts. 39 e seguintes da Constituição Federal e percebem vencimentos.

A Lei Orgânica da Polícia Civil é constituída pela Lei Complementar nº 207/79, que estabelece as normas, os direitos, os deveres e as vantagens dos titulares de cargos policiais civis do Estado de São Paulo e pela Lei Complementar nº 922/2002, que alterou toda a estrutura dos procedimentos administrativos referentes às apurações de transgressões e faltas disciplinares, o direito de petição e a prescrição administrativa.

2.2. PROVIMENTO DE CARGO
2.2.1. Conceito

Provimento é o ato pelo qual o servidor público é investido no exercício do cargo, emprego ou função.

A Súmula Vinculante nº 43 cuidou do tema provimento ao definir: é inconstitucional toda modalidade de provimento que propicie ao servidor investir-se, sem prévia aprovação em concurso público destinado ao seu provimento, em cargo que não integra a carreira na qual anteriormente investido.

Celso Antônio Bandeira de Mello define provimento como sendo "o ato de designação de alguém para titularizar cargo público".[1]

Provimento, para Mário Leite de Barros Filho, "é o ato de preenchimento do cargo público, com a designação de seu titular."[2]

2.2.2. Provimento dos cargos de policiais civis

O provimento nos cargos de policiais civis pode ser originário ou derivado.

2.2.2.1. Provimento originário

O provimento originário ocorre quando não há vínculo funcional anterior. Corresponde à primeira forma de vinculação do agente ao cargo ou à função (art. 37, inciso II, Constituição Federal).

Para Celso Antônio Bandeira de Mello, provimento originário "é aquele em que alguém é preposto no cargo independentemente do fato de ter, não ter, haver ou não tido algum vínculo com cargo público".[3]

O provimento originário é realizado apenas por meio de nomeação.

Nomeação é o ato administrativo originário em que a autoridade competente designa determinada pessoa para exercer o cargo público, isto é, confere ao agente o direito à posse e ao exercício.

O nosso ordenamento jurídico prevê como forma exclusiva de provimento originário a **nomeação**, a qual depende de prévia habilitação em concurso público de provas ou de provas e títulos, obedecendo a ordem de classificação e o prazo de validade.

Os policiais civis, após aprovação em concurso público de provas e títulos, serão nomeados nos cargos em 3ª classe, em caráter de estágio probatório pelo período de três anos de efetivo exercício, nos termos do art. 3º da Lei Complementar nº 1.151, de 25 de outubro de 2011, e do art. 41 da Constituição Federal.

Durante o período de estágio probatório, os policiais civis serão observados e avaliados, semestralmente, no mínimo, no que tange a sua aprovação no

---

[1] MELLO, Celso Antônio Bandeira de. *Curso de Direito Administrativo*, p. 313.
[2] BARROS FILHO, Mario Leite de. *Direito Administrativo Disciplinar da Polícia*, p. 114.
[3] MELLO, Celso Antônio Bandeira de. *Curso de Direito Administrativo, p. 314.*

curso de formação técnico-profissional, conduta ilibada, na vida pública e na vida privada, aptidão ao cargo, disciplina, assiduidade, dedicação ao serviço, eficiência e responsabilidade.

Após esse período e cumprido todos os requisitos, o policial civil obterá a estabilidade, conforme o art. 7º e seus parágrafos da Lei Complementar nº 1.151/2011.

2.2.2.2. Provimento derivado

O provimento derivado ocorre quando há alteração da situação do servidor que já se encontra investido no cargo.

Para Celso Antônio Bandeira de Mello, provimento derivado "é aquele que deriva, ou seja, que se relaciona com o fato de o servidor ter ou haver tido algum vínculo anterior com cargo público".[4]

Já Matheus Carvalho utiliza a nomenclatura de **provimento derivado vertical** ao tratar de **promoção**.[5]

As principais formas de provimento derivado são: remoção, promoção, reintegração, aproveitamento, reversão *ex officio*, readmissão e transposição.

Remoção é o ato administrativo que transfere o servidor do local de exercício para outro. Sobre esse tema, apresentaremos os comentários no item 2.7.

Promoção é o ato administrativo que eleva o servidor à classe imediatamente superior dentro da mesma carreira. Trataremos desse tema no item 2.11.

Reintegração é o reingresso no serviço público decorrente de decisão judicial transitada em julgado, com ressarcimento de prejuízos resultantes do afastamento. É o retorno do servidor público estável ao cargo que ocupava anteriormente, em virtude da anulação do ato de demissão. O servidor será reintegrado sempre no mesmo cargo. No caso de o cargo já ter sido ocupado por outro, este agente, se estável, será removido para cargo desimpedido ou permanecerá em disponibilidade, em consonância ao art. 41, § 2º, da Constituição Federal e art. 31 e seus parágrafos da Lei nº 10.261/68.

O servidor reintegrado será indenizado por tudo que deixou de perceber em virtude de demissão ilegal.

Importante destacar que a jurisprudência do Supremo Tribunal Federal vem se mantendo no sentido de que basta que o servidor seja detentor do

---

[4] MELLO, Celso Antônio Bandeira de. *Idem*, p. 315.
[5] CARVALHO, Matheus. *Manual de Direito Administrativo*, p. 847.

cargo público efetivo para ter direito a ser reintegrado em caso de demissão ilegal, ainda que esteja em estágio probatório.

Aproveitamento é o reingresso no serviço público do servidor em disponibilidade, previsto no art. 37 da Lei nº 10.261/68. A Súmula nº 39 do STF ressalta que o aproveitamento do funcionário em disponibilidade fica adstrito ao critério de conveniência da Administração.

A Constituição Federal prevê que, caso haja a extinção ou declaração de desnecessidade de cargo público, o servidor público estável ocupante do cargo não poderá ser demitido ou exonerado, sendo transferido para a *disponibilidade*. Neste caso, o servidor deixa de exercer as funções temporariamente e mantém o vínculo com a Administração Pública. A disponibilidade é remunerada proporcionalmente ao tempo de serviço (art. 41, § 3º). Não há prazo para o término da disponibilidade, entretanto no caso de surgimento de cargo vago compatível ao que o servidor exercia, seu aproveitamento será obrigatório.

Reversão *ex officio* é o ato pelo qual o servidor aposentado reingressa no serviço público quando insubsistentes as razões que determinaram a aposentadoria por invalidez, desde que comprovada, em inspeção médica, a capacidade para o exercício do cargo (art. 34, *caput* e § 1º, da Lei Orgânica da Polícia Civil).

Importante destacar que o art. 25 da Lei nº 8.112/90 prevê dois motivos para o retorno do servidor público aposentado ao exercício do cargo público: *reversão da aposentadoria por invalidez e reversão do servidor aposentado voluntariamente, desde que atendidos os requisitos estabelecidos em lei.* Esta hipótese não é aceita na Lei Orgânica da Polícia Civil do Estado de São Paulo.

Readmissão é o ato pelo qual o ex-funcionário, demitido ou exonerado reingressa no serviço público, sem direito a ressarcimento de prejuízos (art. 39 da Lei nº 10.261/68).

Transposição, para Mário Leite de Barros Filho, "é a passagem do servidor de um para outro cargo de provimento efetivo, porém de conteúdo ocupacional diverso".[6]

Oportuno destacarmos que a transposição e a readmissão estão proibidas pela Constituição Federal, pois o seu art. 37, II, prevê o princípio da necessidade de concurso público para o investimento em cargo público.

---

[6] BARROS FILHO, Mário Leite de. *Direito Administrativo Disciplinar da Polícia*, p. 118.

2.2.3. Exigências para provimento de cargos

A Polícia Civil do Estado de São Paulo exige, para provimento do cargo de Delegado de Polícia, diploma de bacharel em Direito, devidamente registrado no Ministério da Educação e Cultura – MEC. Para os cargos de investigador de polícia e de escrivão de polícia exige-se diploma de curso superior ou habilitação legal, nos termos da Lei Complementar nº 929/2002. Para as demais carreiras é exigido o diploma de 2º grau, registrado pela Secretaria de Educação.

2.2.3.1. Provimento ao cargo de Delegado Geral de Polícia

A Polícia Civil é comandada pelo Delegado Geral de Polícia, que só pode ser provido por Delegado de Polícia de classe especial, conforme preceitua o art. 15, inciso I, da Lei Orgânica da Polícia Civil.

O Delegado Geral de Polícia é nomeado por ato privativo do Governador do Estado e deverá fazer declaração pública de bens no ato da posse e da sua exoneração, nos termos do art. 140, § 1º, da Constituição do Estado de São Paulo.

2.3. DOS CONCURSOS PÚBLICOS

A Administração Pública em observância ao princípio da moralidade administrativa, em regra, deve recrutar seus agentes por intermédio de concurso público, isto é, concurso de provas ou de provas ou títulos (art. 37, inciso II, CF).

Todas as admissões da Administração Pública devem ser precedidas de concurso público, tanto para servidores admitidos como estatutários, funcionários, como para os empregados contratados pela CLT.[7]

O Supremo Tribunal Federal editou a Súmula nº 685, que diz que "é inconstitucional toda modalidade de provimento que propicie ao servidor investir-se, sem prévia aprovação em concurso público destinado ao seu provimento, em cargo que não integra a carreira na qual anteriormente investido".

O concurso é regido pelos princípios da publicidade, da competitividade e da igualdade entre os candidatos, realizado pelo sistema de mérito e destinado à verificação da capacidade do candidato.

A investidura em cargo ou emprego público depende de aprovação prévia em concurso público de provas ou provas e títulos, de acordo com a natureza e a complexidade do cargo ou emprego, na forma prevista em lei, ressalvadas

---

[7] ROSSI, Licínia. *Manual de Direito Administrativo*, p. 404.

as nomeações para cargo em comissão declarado em lei de livre nomeação e exoneração.[8]

A Administração deve estabelecer as condições para o concurso e os requisitos de admissão de modo a atender ao interesse público. Os candidatos aprovados no certame deverão ser nomeados no prazo de validade do concurso, observando-se sempre a ordem de classificação final.

Nesse sentido já se manifestou o Supremo Tribunal Federal quando da edição da Súmula nº 15, segundo a qual o candidato aprovado no concurso terá direito à nomeação, dentro do prazo de validade do certame.

Ainda, no concurso público, por força de lei há a reserva de percentual dos cargos e empregos públicos para as pessoas portadoras de deficiência, bem como a definição dos critérios que serão utilizados para sua admissão.

> **ATENÇÃO:** *Nos cargos em comissão declarados em lei, destituíveis* ad nutum, *isto é, à qualquer tempo, não há concurso, pois deve prevalecer o vínculo de confiança.*

O art. 17 da Lei Orgânica da Polícia Civil prevê a validade máxima dos concursos públicos aos cargos da Polícia Civil em 02 (dois) anos. Podendo ser prorrogável por igual período uma única vez, por força do art. 37, inciso III, da Constituição Federal.

2.3.1. Concurso público para os cargos policiais civis

A nomeação ao cargo de policial civil, em caráter efetivo, será precedida de concurso público, a ser realizado em 06 (seis) fases, previstas no art. 5º da Lei Complementar nº 1.151/2011, a saber:

    I – prova preambular com questões de múltipla escolha;

    II – prova escrita com questões dissertativas, quando for o caso, a ser regulada em edital de concurso público;

    III – prova de aptidão psicológica;

    IV – prova de aptidão física;

    V – comprovação de idoneidade e conduta escorreita, mediante investigação social;

    VI – prova de títulos, quando for o caso, a ser regulada em edital de concurso público.

As cinco primeiras fases são em caráter eliminatório e sucessivas e a última em caráter classificatório.

---

[8] MORAES, Alexandre. *Direito Constitucional*, p. 357.

A Polícia Civil do Estado de São Paulo a exemplo da Polícia Federal, Polícia Militar e em outros Estados passou a exigir no edital do concurso público aos cargos de policiais civis a realização de Testes de Aptidão Física – TAF, isto é, uma capacitação física como fase do concurso.

O não aproveitamento tanto em frequência quanto em notas na Academia da Polícia Civil durante o curso de formação técnico-profissional, conforme o Regulamento Interno Disciplinar da Academia de Polícia, não corresponde à fase de aprovação para os concursos públicos, mas sim é caso de exoneração do policial civil em estágio probatório, desde que lhe seja assegurada a ampla defesa e o contraditório em procedimento regular, eis que ainda não se encontra estável no cargo. Nesse sentido já se manifestou o Supremo Tribunal Federal, quando da edição da Súmula nº 21.

A frequência no curso de formação técnico-profissional, de acordo com o art. 27 do Regulamento da Academia de Polícia, é de 75% (setenta e cinco por cento) da carga horária de cada disciplina verificada diariamente.

2.3.2. Requisitos para inscrição nos concursos

Os requisitos para inscrição nos concursos públicos aos cargos da Polícia Civil do Estado de São Paulo são aqueles mencionados nos editais de concursos. A aplicação dos requisitos dispostos no art. 18 da Lei Orgânica da Polícia Civil está condicionada a ajustes aos imperativos constitucionais. Senão, vejamos:

> I – ser **brasileiro**. Podendo ser brasileiros natos ou naturalizados. Porém, o art. 37, inciso I, da Constituição Federal também estendeu o acesso aos cargos públicos aos estrangeiros;
>
> II – ter no mínimo **18 (dezoito)** anos e no máximo 45 (quarenta e cinco) anos, à data do encerramento das inscrições. A segunda parte deste inciso não foi recepcionada pela Constituição Federal de 1988, por se tratar de discriminação. Inclusive, o art. 7º, inciso XXX, da CF impede a discriminação por motivo de idade a qualquer trabalhador;
>
> III – não registrar antecedentes criminais. Este requisito foi mitigado pelo art. 5º, inciso LVII, da Constituição Federal, isto é, ninguém poderá ser considerado culpado senão após o trânsito em julgado de sentença condenatória. Trata-se do princípio da presunção do estado de inocência. Entretanto, o candidato que ostentar antecedentes criminais torna-se incompatível com o exercício de cargo policial;
>
> IV – estar em gozo dos **direitos políticos**;
>
> V – estar quite com o **serviço militar**.

Os incisos IV e V, que representam, respectivamente, capacidade eleitoral e a quitação de obrigações militares, são condições essenciais à inscrição em concurso público, pois estão relacionadas diretamente ao exercício da cidadania.

A Polícia Civil do Estado de São Paulo passou a exigir para as carreiras de investigador de polícia e escrivão de polícia o nível superior, o diploma ou habilitação legal para o exercício do cargo, que deve ser exigido na posse. Nesse sentido, encontramos jurisprudência do Superior Tribunal de Justiça de que, com exceção dos concursos para a magistratura e para o Ministério Público, o diploma ou habilitação legal para o exercício do cargo deve ser exigido na posse e não na inscrição para o concurso público. Este entendimento foi exarado na Súmula nº 266 do STJ: "O diploma ou habilitação legal para o exercício do cargo deve ser exigido na posse e não na inscrição para o concurso público".

Oportuno, lembrar, que a única hipótese discriminatória é aquela que diz respeito à reserva de percentual de cargos aos portadores de deficiências físicas, em observância ao art. 37, inciso VIII, da CF e regulamentado pela Lei Complementar nº 683, de 18 de setembro de 1992.

O concurso público de ingresso nas carreiras policiais será realizado em cinco fases, quais sejam:

1) prova preambular com questões de múltipla escolha;

2) prova escrita com questões dissertativas;

3) comprovação de idoneidade e conduta escorreita, mediante investigação social;

4) prova oral, obrigatória para todas as carreiras nas quais seja exigido nível de ensino superior, e facultativa para as demais, conforme deliberação do Conselho da Polícia Civil de São Paulo;

5) prova de títulos, sendo esta de caráter classificatório.

Hoje, os candidatos aprovados no concurso público, logo após a posse, serão convocados obedecendo a ordem de classificação, para o curso de formação técnico-profissional na Academia de Polícia. Durante este curso, o policial civil aluno já percebe os vencimentos integralizados da carreira que ocupa.

A Lei Complementar nº 1.151/2011, alterada pela Lei Complementar nº 1.249/2014, estabelece que após a aprovação em concurso público de provas e títulos, o ingresso ocorrerá na 3ª Classe, mediante nomeação em caráter de estágio probatório, pelo exercício de três anos, obrigatoriamente em unidade territorial de polícia judiciária e de polícia técnico-científica, salvo autorização do Secretário de Segurança Pública após representação do Delegado Geral de Polícia.

Importante frisar que a presente legislação paulista impõe como requisito para ingresso nas carreiras policiais civis, além daquelas previstas na Lei Complementar nº 494/86 e Lei Complementar nº 1.067/2008, a comprovação da capacidade física e mental.

2.4. ESTABILIDADE

Estabilidade é a prerrogativa constitucional atribuída aos servidores públicos, detentores de cargos de provimento efetivo, após aprovação em concurso público de provas ou de provas e títulos, de permanência no serviço público desde que não advenha alguma das situações regulamentadas pelo próprio texto da Carta Magna.[9]

A finalidade principal da estabilidade é assegurar aos ocupantes de cargos públicos de provimento efetivo uma expectativa de permanência no serviço público, desde que adequadamente cumpridas suas atribuições.[10]

A estabilidade no serviço público será concedida ao policial civil, nomeado em concurso, que estiver em efetivo exercício por mais de três anos.

O art. 41 da Constituição Federal, dispõe: *"São estáveis, após três anos de efetivo exercício, os servidores nomeados para cargo de provimento efetivo em virtude de concurso público."*

O policial civil com estabilidade só perderá seu cargo mediante sentença judicial transitada em julgado ou por meio de processo administrativo, assegurado a ampla defesa.

Aplica-se, por analogia, ao policial civil os arts. 217 e 218 da Lei nº 10.261/68 – Estatuto do Funcionário Público do Estado de São Paulo.

ATENÇÃO: *A estabilidade diz respeito ao serviço público, e não ao cargo.*

2.4.1. Efetividade

A efetividade é atributo do cargo público, definido por lei, no momento de sua criação, sendo requisito indispensável para aquisição de estabilidade. Assim, sendo nem todo servidor público está apto a adquirir a estabilidade.

2.4.2. Requisitos da estabilidade para o policial civil

Para o policial civil adquirir a estabilidade é indispensável o preenchimento de três requisitos cumulativos:

---

[9] CARVALHO, Matheus. *Manual de Direito Administrativo*, p. 832.
[10] ALEXANDRINO, Marcelo; PAULO, Vicente. *Direito Administrativo Descomplicado*, p. 397.

a) concurso público;

b) três anos de efetivo exercício em cargo efetivo;

c) aprovação em avaliação especial periódica de desempenho.

2.5. DA POSSE

Posse é o ato administrativo que investe o cidadão em cargo público.

José Cretella Júnior define posse como sendo "o ato solene pelo qual a pessoa escolhida para o desempenho de cargo público declara aceitar-lhe as atribuições, passando a ocupá-lo".[11]

Posse, para Celso Antônio Bandeira de Mello, "é o ato de aceitação do cargo e um compromisso de bem servir e deve ser precedida por inspeção médica".[12]

2.5.1. Posse nos cargos da Polícia Civil

A posse e as autoridades competentes para empossar os policiais civis estão dispostas nos arts. 24 a 29 da Lei Orgânica da Polícia Civil.

A posse é ato solene onde o nomeado prestará compromisso e assinará livro próprio.

Se o candidato aprovado no concurso público for nomeado e não se apresentar para a posse, no prazo legal, não ocorrerá a sua exoneração, pois ainda não tinha sido investido na qualidade de servidor público. Neste caso, a nomeação se torna sem efeito, voltando o cargo a ficar vago.

2.5.2. Competência para empossar o Delegado Geral de Polícia

O Secretário da Segurança tem a competência exclusiva para empossar o Delegado Geral de Polícia, dirigente máximo da instituição Polícia Civil (art. 25, inciso I, Lei Orgânica da Polícia Civil).

2.5.3. Competência para empossar o Delegado de Polícia

O Delegado Geral de Polícia é o competente para empossar os novos Delegados de Polícia (art. 25, inciso II, Lei Orgânica da Polícia Civil).

2.5.4. Competência para empossar as demais carreiras policiais civis

O Diretor do Departamento de Administração e Planejamento da Polícia Civil – DAP é o competente para empossar todos os demais policiais civis (art. 25, inciso III, Lei Orgânica da Polícia Civil).

---

[11] CRETELLA JÚNIOR, José. *Manual de Direito Administrativo*, p. 191.

[12] MELLO, Celso Antônio Bandeira de. *Curso de Direito Administrativo*, p. 314.

As autoridades competentes para dar posse têm a responsabilidade de verificar se estão presentes todas as condições previstas em lei ou regulamento para a investidura no cargo policial civil. Trata-se de dever funcional da autoridade e o não cumprimento ensejará sanções disciplinares.

2.5.5. Prazo para posse

O prazo para tomar posse efetiva do cargo será de (15) quinze dias a contar da publicação do ato de nomeação no *Diário Oficial do Estado de São Paulo*, prorrogáveis por mais 15 (quinze) dias a requerimento do interessado, que deverá protocolizar na Divisão de Pessoal do Departamento de Administração e Planejamento da Polícia Civil. Transcorrido esse prazo, o ato de nomeação será tornado sem efeito (art. 28, Lei Orgânica da Polícia Civil).

O prazo para a posse previsto no art. 28 da Lei Orgânica da Polícia Civil poderá ser suspenso por 120 (cento e vinte) dias, a critério do órgão médico encarregado da respectiva inspeção, sempre que houver necessidade de expedição de certificado de sanidade do servidor nomeado (art. 29, Lei Orgânica da Polícia Civil).

2.6. DO EXERCÍCIO

Exercício é o ato pelo qual o policial civil assume as atribuições e responsabilidades do cargo.

A Lei Orgânica da Polícia Civil trouxe um prazo para a posse e outro para o início efetivo do exercício da função. Nada obsta que o efetivo exercício se dê no dia seguinte ao da posse, isto é, com a convocação do servidor a comparecer na Academia de Polícia para o início do curso de formação técnico-profissional.

2.6.1. Prazo para o exercício

O art. 30 da Lei Orgânica da Polícia Civil prevê que o exercício terá início dentro de 15 (quinze) dias, a contar:

a) da data da posse;

b) da data da publicação do ato no caso da remoção.

No caso de remoção, que não importe em mudança de Município, o prazo para o policial civil entrar em exercício é de 05 (cinco) dias (art. 30, § 1º, Lei Orgânica da Polícia Civil).

O Delegado Geral de Polícia, levando em consideração o interesse do serviço policial, poderá determinar que os policiais civis assumam imediatamente o exercício do cargo (art. 30, § 2º, Lei Orgânica da Polícia Civil).

2.6.2. Fluxograma

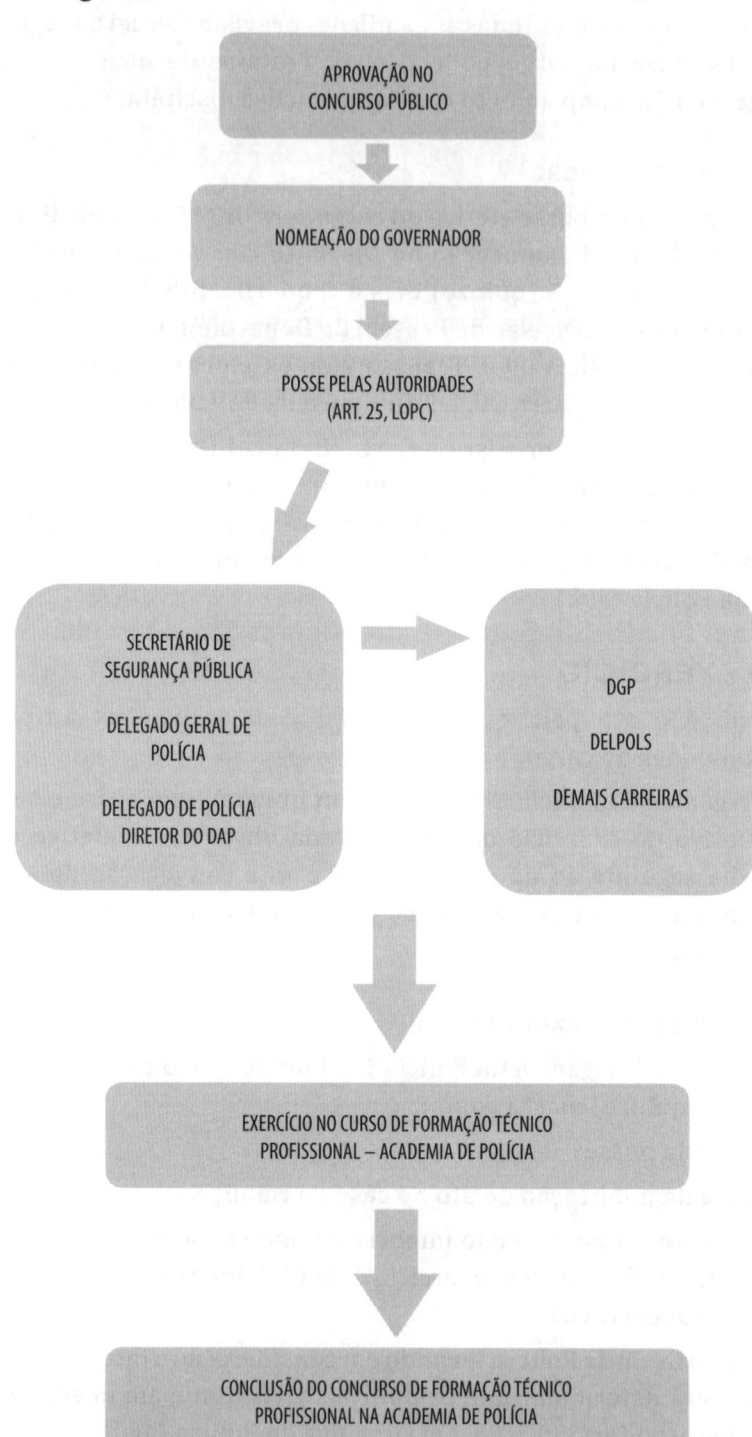

```
APROVAÇÃO NO CONCURSO PÚBLICO
        ↓
NOMEAÇÃO DO GOVERNADOR
        ↓
POSSE PELAS AUTORIDADES (ART. 25, LOPC)
        ↓
┌─────────────────────────┐      ┌──────────────────┐
│ SECRETÁRIO DE           │      │ DGP              │
│ SEGURANÇA PÚBLICA       │  →   │ DELPOLS          │
│ DELEGADO GERAL DE       │      │ DEMAIS CARREIRAS │
│ POLÍCIA                 │      │                  │
│ DELEGADO DE POLÍCIA     │      │                  │
│ DIRETOR DO DAP          │      │                  │
└─────────────────────────┘      └──────────────────┘
        ↓
EXERCÍCIO NO CURSO DE FORMAÇÃO TÉCNICO PROFISSIONAL – ACADEMIA DE POLÍCIA
        ↓
CONCLUSÃO DO CONCURSO DE FORMAÇÃO TÉCNICO PROFISSIONAL NA ACADEMIA DE POLÍCIA
```

2.7. REMOÇÃO

Remoção é o deslocamento do servidor público dentro do mesmo quadro de pessoal, ou seja, dentro da mesma carreira, com ou sem mudança de sede e de domicílio (art. 36 da Lei nº 8.112/90).

O deslocamento funcional pode ocorrer mesmo que não haja deslocamento físico.

Remover é o ato de tirar do lugar de exercício para outro, isto é, uma espécie de movimentação horizontal dentro do mesmo quadro funcional.

Diogo Figueiredo Moreira Neto define remoção como "modalidade mais restrita de movimentação horizontal e se dá sempre dentro do mesmo quadro, consistindo na passagem do servidor de uma repartição a outra, mantendo o mesmo cargo".[13]

As hipóteses de remoção dependem do cargo ocupado, ou seja, aos Delegados de Polícia aplicam-se as regras dispostas no art. 36 e aos demais cargos, as do art. 37 da Lei Orgânica da Polícia Civil.

2.7.1. Modalidades de remoção dos Delegados de Polícia

O Delegado de Polícia poderá ser removido de um local de exercício para outro:

a) *a pedido*, quando há requerimento escrito do interessado. Neste caso será concedida, a critério do poder público, que deve analisar a sua compatibilidade com o interesse da prestação do serviço;

b) *por permuta*, quando Delegados de Polícia, em comum acordo e atendendo os interesses da Administração Pública, efetivam a troca recíproca do local de exercício;

c) *com seu assentimento*, após consulta, isto é, com a concordância do Delegado de Polícia após prévia consulta, desde que formulada por escrito tanto a consulta como a concordância;

d) *no interesse do serviço policial*, com a aprovação de 2/3 (dois terços) dos integrantes do Conselho da Polícia Civil.

O Conselho da Polícia Civil é presidido pelo Delegado Geral de Polícia, tendo como vice-presidente o Delegado Geral de Polícia Adjunto e como membros os Diretores Departamentais e o Delegado de Polícia da Assistência Policial Civil do Gabinete do Secretário APC/GS, totalizando 24 membros.

Para remoção, no interesse do serviço policial, se exige pelo menos 16 (dezesseis) votos favoráveis a esse ato.

---

[13] MOREIRA NETO, Diogo de Figueiredo. *Curso de Direito Administrativo*, p. 221.

2.7.1.1. Remoção de Delegado de Polícia e a Lei nº 12.830, de 20 de junho de 2013

Com a edição da Lei nº 12.830, de 20 de junho de 2013, a remoção de Delegado de Polícia somente poderá ocorrer por ato fundamentado da autoridade competente. Com isso, o art. 2º, § 5º, da citada legislação corrobora os termos da Lei Orgânica em comento, impedindo que delegados sejam transferidos de suas unidades apenas por ato arbitrário de seus superiores hierárquicos.

Com a nova lei, questiona-se se esta remoção refere-se apenas a Municípios ou a unidades policiais. A Lei Orgânica da Polícia Civil estabelece em seu art. 36 a remoção do Delegado de Polícia somente entre Municípios, não havendo qualquer proteção para remoção dentro de unidades policiais no mesmo Município. No ano de 2010, foi editada a Portaria do Delegado Geral de Polícia nº 22 onde exigia a anuência da autoridade policial para sua remoção entre unidades policiais dentro do mesmo Município. Todavia, tal ato administrativo foi revogado.

Agora, com a edição da Lei nº 12.830/2013, o assunto voltou a ser discutido. O Tribunal de Justiça de Pernambuco decidiu, em 17/07/2013, concedendo liminar suspendendo a remoção de autoridade policial de uma para outra unidade policial dentro do mesmo Município, com base na nova legislação. No Mandado de Segurança em questão, o delegado alegou que a transferência lhe impõe uma série de prejuízos, pois o priva do contato familiar nas horas de descanso. Além disso, também afirma que o administrador deve motivar o ato de remoção dos detentores do cargo de delegado. O Tribunal de Justiça de Pernambuco entendeu que o ato administrativo tratado no processo se mostra despido de qualquer motivação. "O ato discricionário deve sempre respeitar os limites legais, tendo sempre como finalidade o interesse público. Assim dito, conclui-se, portanto, que o administrador não possui total liberdade, estando sempre balizado pelas imposições legislativas", destacou.[14]

Ainda, a Justiça Paulista, em 29 de agosto de 2013, decidiu nos autos de Mandado de Segurança Coletivo movido pelo Sindicato dos Delegados de Polícia de São Paulo que as remoções de Delegados de Polícia do Estado de São Paulo, que não sejam a pedido deles próprios, doravante sejam precedidas de aprovação do Colegiado Superior da Polícia Civil do Estado, ainda que isto ocorra dentro da área do mesmo Município.[15]

---

[14] Mandado de Segurança nº 0309883-1 – Tribunal de Justiça de Pernambuco – Grupo de Câmaras de Direito Público do Tribunal de Justiça de Pernambuco – Desembargador Américo Pereira de Lira.

[15] Mandado de Segurança Coletivo nº 0023137-95.2013.8.26.0053 – 11ª Vara da Fazenda Pública de São Paulo.

Diante da atual legislação federal, não resta dúvida que toda remoção de Delegado de Polícia envolvendo unidades policiais do mesmo Município deve ser votada pelo Egrégio Conselho da Polícia Civil.

2.8. MODALIDADES DE REMOÇÃO DAS DEMAIS CARREIRAS POLICIAIS

As hipóteses de remoção dos demais integrantes das carreiras policiais estão previstas no art. 37 da Lei Orgânica da Polícia Civil, a saber:

a) a pedido;

b) por permuta;

c) no interesse do serviço policial. Neste caso não se exige manifestação do interessado. Entretanto, o ato administrativo deve ser motivado como requisito de validade. A ausência de motivo ou a indicação de motivo falso invalidam o ato administrativo.[16]

Oportuno destacar que na hipótese de remoção no interesse do serviço policial esta deverá ser orientada pelos princípios estabelecidos no art. 111 da Constituição do Estado de São Paulo, a saber: os da impessoalidade, razoabilidade, finalidade, interesse público e eficiência.

A Portaria DGP nº 14, de 13 de julho de 2016, dispõe sobre a remoção de policiais prevista no art. 37, inciso III, da Lei Orgânica da Polícia Civil. No seu art. 1º estabelece que a proposta da remoção do policial civil no interesse do serviço policial que compreenda unidade policial dentro do mesmo Departamento será decidida pela Diretoria Departamental respectiva. Nos demais casos, será observado o disposto na Portaria DGP nº 58/2011 (art. 2º da Portaria).

2.8.1. Quadro comparativo

Modalidades de remoção	Delegado de Polícia	Demais carreiras policiais
A pedido	Sim	Sim
Por permuta	Sim	Sim
Com assentimento, após consulta	Sim	Não
No interesse do serviço policial	Sim	Sim

2.9. REMOÇÃO EM PERÍODO ELEITORAL

O art. 39 da Lei Orgânica da Polícia Civil proíbe a remoção do policial civil, no interesse do serviço, para Município diverso do de sua sede de exercício,

---

[16] PIETRO, Maria Sylvia Zanella Di. *Direito Administrativo*, p. 220.

no período de 06 (seis) meses antes e até 03 (três) meses após a data das eleições federais, estaduais ou municipais.

A *contrario sensu,* não há óbice normativo da remoção a pedido, por permuta ou com o consentimento do policial, após consulta, durante esse período eleitoral.

2.10. REMOÇÃO E UNIÃO DE CÔNJUGES

No caso de casamento e de união de cônjuges servidores públicos, o art. 40 da Lei Orgânica da Polícia Civil prevê como preferencial a sede de exercício do policial civil, quando este encabeçar a família.

O tema deve ser analisado em consonância ao princípio da igualdade consagrado na Constituição Federal e as regras de remoção trazidas no art. 130 da Constituição do Estado de São Paulo e os arts. 234 *usque* 237 do Estatuto dos Funcionários Públicos do Estado de São Paulo.

Importante destacar que a jurisprudência do Superior Tribunal de Justiça dispõe que, para a concessão desta remoção, é necessário demonstrar que os dois servidores coabitavam.

2.11. PROMOÇÃO

Promoção é a elevação à classe imediatamente superior da respectiva carreira.

Maria Sylvia Zanella Di Pietro conceitua promoção como "forma de provimento pela qual o servidor passa para cargo de maior grau de responsabilidade e maior complexidade de atribuições, dentro da carreira a que pertence. Constitui uma forma de ascender na carreira".[17]

A promoção para carreiras de policiais civis do Estado de São Paulo está regulamentada pelas Leis Complementares nos 1.151 e 1.152, ambas de 25 de outubro de 2011, que foram alteradas pela Lei Complementar nº 1.249/2014.

A promoção será processada pelo Conselho da Polícia Civil, adotando os critérios de antiguidade e merecimento. Entretanto, para a classe especial, a promoção apenas se dará por merecimento.

A promoção será processada da seguinte maneira:

a) alternadamente, em proporções iguais, por antiguidade e por merecimento, da 3ª até a 1ª classe, limitando-se ao número correspondente de vacância em cada uma das classes das respectivas carreiras;

b) somente por merecimento, para a classe especial, observando o número de vacância.

---
[17] PIETRO, Maria Sylvia Zanella Di. *Idem*, p. 582.

2.11.1. Requisitos à promoção

O policial civil poderá concorrer à promoção, que será processada pelo Conselho da Polícia Civil de São Paulo, quando no período que anteceder a abertura do processo de promoção:

a) esteja em efetivo exercício na Secretaria da Segurança Pública ou regularmente afastado para exercer cargo ou função de interesse estritamente policial;

b) tenha cumprido o interstício mínimo previsto no art. 12 da Lei nº 1.151/2011, a saber:
- 03 (três) anos de efetivo exercício na 3ª Classe;
- 02 (dois) anos de efetivo exercício na 2ª e na 1ª Classe.

No caso de promoção por antiguidade, no caso de empate na classificação final, a Administração se valerá da seguinte ordem:

a) maior tempo de serviço na respectiva carreira;

b) maior tempo de serviço público estadual;

c) maior idade.

2.11.2. Promoção por merecimento

Na promoção por merecimento o policial civil deverá preencher os requisitos necessários indispensáveis à promoção, atender o interstício mínimo exigido e ainda preencher os requisitos específicos dispostos no art. 15 da Lei nº 1.151/2011, a saber:

a) estar na primeira metade da lista de classificação em sua respectiva classe, salvo no caso da promoção de 1ª Classe para Classe Especial, que exige que o policial esteja, no mínimo, dentre os dois terços mais antigos dos classificados na 1ª Classe;

b) estar em efetivo exercício na Secretaria da Segurança Pública ou regularmente afastado para exercer cargo ou função de interesse estritamente policial;

c) não ter sofrido punição disciplinar na qual tenha sido imposta pena de:
- advertência ou de repreensão, nos 12 (doze) meses anteriores;
- multa ou de suspensão, nos 24 (vinte e quatro) meses anteriores.

d) haver concluído, com aproveitamento, curso específico ministrado pela Academia de Polícia Civil "Dr. Coriolano Nogueira Cobra".

O Conselho da Polícia Civil é que realiza a avaliação do merecimento para a promoção observando os seguintes critérios:

a) conduta do candidato;
b) assiduidade;
c) eficiência;
d) elaboração de trabalho técnico-científico de interesse policial;
e) coordenação ou efetiva participação em seminários, cursos, congressos, simpósios, oficinas e outros eventos reconhecidos, voltados ao aperfeiçoamento profissional.

Com relação à carreira do Delegado de Polícia, exige-se, além desses, mais dois critérios, a saber:

– obtenção de titulação acadêmica atinente a carreira jurídica;
– obtenção do certificado de conclusão do Curso Superior de Polícia, ministrado pela Academia de Polícia "Dr. Coriolano Nogueira Cobra".

Para a promoção do policial civil da 1ª Classe para a Classe Especial além dos requisitos gerais e específicos, da avaliação do merecimento e do interstício na classe, exige-se o requisito temporal, isto é, 20 (vinte) anos na respectiva carreira, bem como encontrar-se, no mínimo, dentre os dois terços mais antigos dos classificados na 1ª Classe.

Além desta promoção, estabelece a Lei Complementar nº 1.151/2011 que o policial civil será promovido à classe superior, independentemente de limite, observados os seguintes critérios:

a) para a 2ª Classe da respectiva carreira, assim que contar com 15 anos de efetivo exercício na carreira, considerando o estágio probatório;
b) para a 1ª Classe, assim que contar com 25 anos de efetivo exercício na carreira.

Esta promoção será realizada semestralmente, nos meses de março e setembro de cada ano.

Importante frisar que a Lei Complementar nº 1.151/2011 dispõe sobre a reestruturação das carreiras de policiais civis. Já a Lei Complementar nº 1.152/2011 dispõe sobre a reestruturação da carreira de Delegado de Polícia. Ambas foram alteradas pela Lei Complementar nº 1.249/2014.

2.12. DOS VENCIMENTOS E OUTRAS VANTAGENS DE ORDEM PECUNIÁRIA

O vencimento do policial civil paulista é a sua retribuição pelo efetivo exercício do cargo, correspondendo ao padrão fixado em lei.

Para fins de retribuição integra vencimentos do policial civil o adicional por tempo de serviço, disciplinado pela Lei nº 10.261/68 e pela Constituição Estadual, sendo que a cada período de cinco anos contínuos, ou não, receberá um acréscimo de cinco por cento, que será incorporado para todos os fins.

Ainda o policial civil terá direito à sexta-parte, vantagem pecuniária paga após vinte anos de efetivo exercício, que se incorporará aos vencimentos para todos os fins. Tal adicional tem previsão na Constituição Estadual.

Também o policial civil percebe o adicional de insalubridade, com previsão na Lei Complementar paulista nº 432/85, uma vez que a atividade policial é considerada insalubre.

Além disso, existe o Adicional de Local de Exercício – ALE, instituído pela Lei Complementar paulista nº 696/92, concedida aos policiais em razão da complexidade das atividades exercidas e a dificuldade de fixação do profissional, ao qual foi atrelado também o Adicional Operacional de Localidade, instituído pela Lei Complementar paulista nº 994/2006. Atualmente o Adicional de Local de Exercício é regulamentado pela Lei Complementar paulista nº 1.197/2013, que a incorporou aos vencimentos do policial aposentado.

O policial civil terá direito ainda de receber o décimo terceiro salário e um terço de férias, conforme previsão na Constituição Federal. Interessante destacar que a Lei Complementar nº 1.012/2007 criou o Abono Permanência, pago ao servidor que não se aposenta quando possui o seu direito adquirido. Tal abono se aplica ao policial civil.

Incorporam também os vencimentos do policial civil algumas gratificações, as quais são devidas levando-se em consideração as condições anormais do serviço ou em razão de condições do servidor.

2.12.1. Regime Especial de Trabalho Policial – RETP

Encontramos a gratificação do Regime especial de trabalho policial – RETP, com previsão no art. 44 da Lei Orgânica da Polícia Civil de São Paulo, na Lei nº 10.291/68 e na Lei Complementar nº 1.188/2012.

O Regime Especial de Trabalho Policial – RETP caracteriza-se:

a) pela prestação de serviços em condições precárias de segurança, cumprimento de horário irregular, sujeito a plantões noturnos e a chamadas a qualquer hora;

b) pela proibição do exercício de atividade remunerada, exceto aquelas:

  1) relativas ao ensino e à difusão cultural;

  2) decorrentes de convênio firmado entre o Estado e Municípios para a gestão associada de serviços públicos, cuja execução possa ser atribuída, mediante delegação municipal, à Polícia Militar;

  3) pelo risco de o policial tornar-se vítima de crime no exercício ou em razão de suas atribuições.

2.12.2. Ajuda de custo em caso de remoção e diária

Ajuda de custo é a indenização paga ao policial civil que se desloca da sede, de forma permanente, *no interesse da Administração Pública*, com mudança de domicílio.

Também integram os vencimentos do policial civil a ajuda de custo de remoção, instituído nos arts. 43, inciso II, e 46 da Lei Orgânica da Polícia Civil, paga ao policial civil removido no interesse da Administração Pública, de um para outro Município, com a finalidade de indenizá-lo pelas despesas decorrentes de viagens, transporte e mudanças. Referida ajuda de custo não é paga quando o policial pediu a remoção ou concordou com ela.

Diária é a indenização paga ao policial civil que se desloca temporariamente de sua sede de exercício para prestação de serviço em outra localidade.

A diária também é uma vantagem pecuniária devida ao policial civil que se desloca temporariamente de sua sede, no desempenho de suas atribuições, ou em missão, ou estudo, desde que relacionados com o cargo que exerce, com o objetivo de indenizar as despesas decorrentes de alimentação e pousada. Tem previsão na Lei nº 10.261/68 e regulamentada pelos Decretos nº 48.292/2003 e 49.878/2005.

2.12.3. Gratificação por Acúmulo de Titularidade – GAT

Devemos destacar que a Lei Complementar paulista nº 1.020/2007, regulamentada pelos Decretos nºs 53.317/2008 e 57.669/2011, instituiu a Gratificação por Acúmulo de Titularidade – GAT para os integrantes da carreira de Delegado de Polícia designados, excepcionalmente, para responderem cumulativamente pelo comando de unidades e equipes operacionais e de plantão dos órgãos de execução da Polícia Civil, por período igual ou superior a quinze dias, vedada mais de uma designação para o mesmo período. Tais designações poderão ser efetuadas nos casos de ausência, impedimentos legais e regulamentares do titular.

A Gratificação por Acúmulo de Titularidade – GAT será calculada na base de 1/30 (um trinta avos) sobre o valor do respectivo padrão de vencimento do Delegado de Polícia designado e paga por dia de efetiva cumulação, ficando vedado o percebimento da gratificação em quaisquer hipóteses de ausências, afastamentos e licenças do Delegado de Polícia designado.

A Gratificação por Acúmulo de Titularidade – GAT não será incorporada e nem computada para quaisquer efeitos legais, e sobre ela não incidirão vantagens de qualquer natureza e nem os descontos relativos à assistência médica e contribuição previdenciária.

2.13. OUTRAS CONCESSÕES AO POLICIAL CIVIL

A Lei Orgânica da Polícia Civil de São Paulo prevê também outras concessões ao policial civil a saber:

1. **transporte decorrente de tratamento de saúde**, em decorrência de moléstia profissional ou lesão recebida em serviço;
2. **transporte à família do policial civil que falecer, em serviço**, fora de sua sede de exercício e dentro do território nacional;
3. **honrarias e prêmios**, a policiais civis autores de trabalhos de relevante interesse policial ou por atos de bravura;
4. **promoção à classe imediatamente superior a classe em que se encontrar**, quando o policial civil vier a falecer em consequência de lesões recebidas ou de doenças contraídas em razão do serviço policial;
5. **auxílio funeral**, ao cônjuge ou na falta deste, à pessoa que provar ter feito despesa em virtude do falecimento do policial civil. O valor desse auxílio corresponde a 02 (dois) meses de vencimento;
6. **atendimento médico** em hospital público ou particular às expensas do Estado, quando sofrer lesões no exercício da atividade policial;
7. **assistência jurídica**, ao policial civil que for processado em decorrência de ato praticado no desempenho de sua função policial.

2.14. DO DIREITO DE PETIÇÃO

O art. 55 da Lei Orgânica da Polícia Civil prevê o direito de qualquer pessoa, física ou jurídica, independentemente de pagamento, a peticionar contra ilegalidade ou abuso de poder e para defesa de direitos.

O direito de petição tem previsão constitucional no art. 5º, inciso XXXIV, devendo ser utilizado por qualquer pessoa para reclamar de abusos, erros, omissões ou condutas incompatíveis de policial civil no serviço policial.

O art. 57 da Lei Orgânica da Polícia Civil assegura ao policial civil o direito de pedir reconsideração e recorrer de decisões, observando os trâmites previstos neste estatuto.

2.14.1. Requerimento

O requerimento é uma petição em que o policial civil pleiteia direitos ou interesses, desde que legítimos, perante a Administração superior, através dos canais hierárquicos próprios.[18]

---

[18] QUEIROZ, Carlos Alberto Marchi de. *Nova Lei Orgânica da Polícia Explicada*, p. 55.

2.15. DO ELOGIO

Encontramos a previsão legal do elogio ao policial civil, que consiste na menção nominal ou coletiva que deva constar dos seus assentamentos funcionais por atos meritórios que haja praticado.

O elogio existe para ressaltar:

a) morte, invalidez ou lesão corporal de natureza grave, no cumprimento do dever;

b) ato que traduza dedicação excepcional no cumprimento do dever, transcendendo ao que é normalmente exigível do policial civil por disposição legal ou regulamentar e que importe ou possa importar risco da própria segurança pessoal;

c) execução de serviços que, pela sua relevância e pelo que representam para a instituição ou para a coletividade, mereçam ser enaltecidos como reconhecimento pela atividade desempenhada.

A proposta do elogio deverá ser votada no Egrégio Conselho da Polícia Civil quando for decidida pelo Delegado Geral de Polícia.

São competentes para determinar a inscrição de elogios nos assentamentos do policial o Secretário da Segurança Pública e o Delegado Geral de Polícia.

2.16. JURISPRUDÊNCIA

EMENTA: CONSTITUCIONAL. ADMINISTRATIVO. SERVIDOR PÚBLICO: CONCURSO PÚBLICO. DIREITO À NOMEAÇÃO. SÚMULA 15-STF. I. A aprovação em concurso público não gera, em princípio, direito à nomeação, constituindo mera expectativa de direito. Esse direito surgirá se for nomeado candidato não aprovado no concurso, se houver o preenchimento de vaga sem observância de classificação do candidato aprovado (Súmula nº 15-STF) ou se, indeferido pedido de prorrogação do prazo do concurso, em decisão desmotivada, for reaberto, em seguida, novo concurso para preenchimento de vagas oferecidas no concurso anterior cuja prorrogação fora indeferida em decisão desmotivada [...] (STF, RE 419.013 AgR/DF, Rel. Min. Carlos Velloso, 2ª T., DJ 25/06/2004).

EMENTA: Administrativo. Prorrogação da validade de concurso público (CF, art. 37, III). Impossibilidade de prorrogar a validade do concurso quando já expirado o seu prazo inicial. Precedentes. Regimental não provido (STF, AI 452.641 AgR/DF, Rel. Min. Nelson Jobim, 2ª T., DJ 05/12/2003).

EMENTA: RECURSO ORDINÁRIO EM MANDADO DE SEGURANÇA. CONCURSO PÚBLICO. APROVAÇÃO NA PRIMEIRA ETAPA E NÃO APROVEITAMENTO DA SEGUNDA. DIREITO ADQUIRIDO: INEXISTÊNCIA. 1. Candidatos aprovados na primeira etapa de concurso público. Classificação além do número de vagas existentes para o segundo estágio. Hipótese não amparada pelas normas do edital. 2. Mera previsão de vagas para futuros concursos não constitui fato concreto gerador de direito líquido e certo. 3. A prorrogação do concurso é ato discricionário da Administração, a teor do inciso III do art. 37 da Carta de 1988. Recurso não provido (STF, RMS 23.788 / DF, Rel. Min. Maurício Corrêa, 2ª T., DJ 16/11/2001).

EMENTA: AGRAVO REGIMENTAL. RECURSO ORDINÁRIO EM MANDADO DE SEGURANÇA. CONCURSO PÚBLICO. CANDIDATO CLASSIFICADO DENTRO DO NÚMERO DE VAGAS PREVISTAS NO EDITAL. DIREITO LÍQUIDO E CERTO À NOMEAÇÃO. OCORRÊNCIA. 1. Segundo a jurisprudência desta Corte e do Supremo, têm direito à nomeação os candidatos aprovados dentro do número de vagas oferecidas no edital de concurso. 2. Agravo regimental improvido (STJ, AgRg no RMS 28.671/MS, Rel. Min. Sebastião Reis Júnior, DJe 25/04/2012).

EMENTA: ADMINISTRATIVO. RECURSO ORDINÁRIO. CONCURSO PÚBLICO. CANDIDATOS APROVADOS FORA DO NÚMERO DE VAGAS. SURGIMENTO DE NOVAS VAGAS DURANTE A VALIDADE DO CERTAME. NECESSIDADE E INTERESSE DEMONSTRADOS PELA ADMINISTRAÇÃO PÚBLICA. PRINCÍPIOS DA LEALDADE E DA BOA-FÉ. COROLÁRIOS DA SEGURANÇA JÚRIDICA. EXPECTATIVA CONVOLADA EM DIREITO LÍQUIDO E CERTO. 1. Reconhecida a existência de vagas surgidas durante o prazo de validade do concurso, como também a preterição dos recorrentes/candidatos em fave da contratação de terceiros não concursados para a ocupação dessas vagas, há direito líquido e certo à nomeação. 2. Recurso em mandado de segurança provido para, reformando-se o acórdão recorrido, declarar o direito dos impetrantes à nomeação (STJ, RMS 31.403/AP, Rel. Min. Sebastião Reis Júnior, DJe 29/06/2012).

EMENTA: SERVIDOR PÚBLICO. REMOÇÃO. ACOMPANHAMENTO. CÔNJUGE. IMPOSSIBILIDADE. INEXISTÊNCIA. COABITAÇÃO. Servidor público federal lotado no interior do Estado da Paraíba requereu a sua remoção para a capital do Estado ou, alternativamente, a lotação provisória em qualquer outro órgão da Administração Federal direta, autárquica ou fundacional para acompanhar a esposa, servidora pública federal, removida de ofício de Campina Grande para João Pessoa. Apesar de a esposa do autor ter sido removida de ofício, o apelante não faz jus à remoção para a sede do TRE/PB, visto que o casal não residia na mesma localidade antes da remoção da esposa. Portanto, o Estado não se omitiu do seu dever de proteger a unidade familiar, que ocorre quando há o afastamento do convívio familiar direto e diário de um dos seus integrantes (AgRg no REsp 1.209.391-PB, Rel. Min. Humberto Martins, julgado em 06/09/2011).

EMENTA: DIREITO ADMINISTRATIVO. RECURSO ORDINÁRIO EM MANDADO DE SEGURANÇA. SERVIDOR PÚBLICO EM ESTÁGIO. EXONERAÇÃO. EXIGÊNCIA DOS PRINCÍPIOS DO CONTRADITÓRIO E DA AMPLA DEFESA. EXONERAÇÃO APÓS AQUISIÇÃO DA ESTABILIDADE. NÃO CABIMENTO. ART. 41 DA CONSTITUIÇÃO

FEDERAL. RECURSO PROVIDO. 1. Em se tratando de exoneração de servidor público que se encontra em estágio probatório, não se apresenta necessário prévio processo administrativo disciplinar. No entanto, devem-lhe ser assegurados os princípios da ampla defesa e do contraditório. Precedentes do STJ. [...] 3. Adquire estabilidade o servidor após exercer efetivamente por 3 (três) anos cargo provido mediante concurso público, razão por que, transcorrido esse prazo, não mais se cogita de avaliação de desempenho em estágio probatório, exceto se houver justificativa plausível para a demora da Administração. Inteligência do art. 41 da Constituição Federal. [...] (RMS 24.602/MG – Recurso Ordinário em Mandado de Segurança 2007/0160151-6, julgado em 11/09/2008).

2.17. SÍNTESE DO CAPÍTULO

Provimento – conceito	– É o ato pelo qual o servidor público é investido no exercício do cargo, emprego ou função.
Provimento Originário	– Ocorre quando não há vínculo funcional anterior. Corresponde à primeira forma de vinculação do agente ao cargo ou à função (art. 37, inc. II, da CF). – É realizado por meio de nomeação. – Nomeação é o ato administrativo originário pelo qual a autoridade competente designa pessoa para exercer o cargo público, isto é, confere ao agente o direito à posse e ao exercício.
Provimento Derivado	– Ocorre quando há alteração da situação do servidor que já se encontra investido no cargo.
Principais formas de provimento derivado	– Remoção: é o ato administrativo que transfere do local de exercício do servidor para outro. – Promoção: é o ato administrativo que eleva o servidor à classe imediatamente superior dentro da mesma carreira. – Reintegração: é o reingresso no serviço público decorrente de decisão judicial transitada em julgado, com ressarcimento de prejuízos resultantes do afastamento. – Aproveitamento: é o reingresso no serviço público do servidor em disponibilidade. – Reversão ex officio: é o ato pelo qual o servidor aposentado reingressa no serviço público quando insubsistentes as razões que determinaram a aposentadoria por invalidez, desde que comprovada, em inspeção médica, a capacidade para o exercício do cargo. – Readmissão: é o ato pelo qual o ex-funcionário, demitido ou exonerado reingressa no serviço público, sem direito a ressarcimento de prejuízos. – Transposição: quando o servidor passa de um para outro cargo de provimento efetivo, de conteúdo ocupacional diverso.

Provimento ao cargo de Delegado Geral de Polícia	– Ser Delegado de Polícia de classe especial. – Deve ser nomeado por ato privativo do Governador do Estado. – No ato da posse e da sua exoneração deverá apresentar declaração pública de bens.
Concurso público para os cargos policiais civis	A nomeação ao cargo de policial civil, em caráter efetivo, será precedida de concurso público, a ser realizado em 06 (seis) fases: I – de prova preambular com questões de múltipla escolha; II – prova escrita com questões dissertativas, quando for o caso, a ser regulada em edital de concurso público; III – prova de aptidão psicológica; IV – prova de aptidão física; V – comprovação de idoneidade e conduta escorreita, mediante investigação social; VI – prova de títulos, quando for o caso, a ser regulada em edital de concurso público.
Requisitos para inscrição nos concursos	I – Ser brasileiro. Podendo ser brasileiros natos ou naturalizados. Porém, o art. 37, inciso I, da CF também estendeu o acesso aos cargos públicos aos estrangeiros. II – Ter no mínimo 18 (dezoito) anos e no máximo 45 (quarenta e cinco) anos, à data do encerramento das inscrições. A segunda parte deste inciso não foi recepcionada pela Constituição Federal de 1988, por se tratar de discriminação. III – Não registrar antecedentes criminais. Este requisito foi mitigado pelo art. 5º, inciso LVII, da Constituição Federal, isto é, ninguém poderá ser considerado culpado senão após o trânsito em julgado de sentença condenatória. IV – Estar em gozo dos direitos políticos. V – Estar quite com o serviço militar.
Posse	– É o ato administrativo que investe o cidadão em cargo público.
Competência para empossar Delegado Geral de Polícia	Secretário da Segurança tem a competência exclusiva para empossar o Delegado Geral de Polícia.
Competência para empossar Delegado de Polícia	Delegado Geral de Polícia é o competente para empossar os novos Delegados de Polícia.
Competência para empossar as demais carreiras policiais civis	Diretor do Departamento de Administração e Planejamento da Polícia Civil – DAP é o competente para empossar todos os demais policiais civis.

Prazo para posse	O prazo para tomar posse efetiva do cargo será de (15) quinze dias a contar da publicação do ato de nomeação no *Diário Oficial do Estado de São Paulo*, prorrogáveis por mais 15 (quinze) dias a requerimento do interessado, que deverá protocolizar na Divisão de Pessoal do Departamento de Administração e Planejamento da Polícia Civil.
Exercício	É o ato pelo qual o policial civil assume as atribuições e responsabilidades do cargo.
Prazo para o exercício	– O exercício terá início dentro de 15 (quinze) dias, a contar: a) da data da posse; b) a data da publicação do ato no caso da remoção. – No caso de remoção, que não importe em mudança de Município, o prazo para o policial civil entrar em exercício é de 05 (cinco) dias. – O Delegado Geral de Polícia, levando em consideração o interesse do serviço policial, poderá determinar que os policiais civis assumam imediatamente o exercício do cargo.
Remoção	É o ato de tirar o servidor do lugar de exercício para outro, isto é, uma espécie de movimentação horizontal dentro do mesmo quadro funcional.
Modalidades de remoção de Delegado de Polícia	– A pedido: quando há requerimento escrito do interessado. – Por permuta: quando Delegados de Polícia, em comum acordo e atendendo os interesses da Administração Pública, efetivam a troca recíproca do local de exercício. – Com seu assentimento: com a concordância do Delegado de Polícia após prévia consulta, desde que formulada, por escrito tanto a consulta como a concordância. – No interesse do serviço policial: com a aprovação de 2/3 (dois terços) dos integrantes do Conselho da Polícia Civil.
Modalidades de remoção das demais carreiras policiais	– A pedido. – Por permuta. – No interesse do serviço policial.
Remoção em período eleitoral	O art. 39 da Lei nº 207/79 proíbe a remoção do policial civil, no interesse do serviço, para Município diverso do de sua sede de exercício, no período de 06 (seis) meses antes e até 03 (três) meses após a data das eleições federais, estaduais ou municipais.
Remoção e união de cônjuges	No caso de casamento e união de cônjuges servidores públicos, o art. 40 da Lei nº 207/79, prevê como preferencial a sede de exercício do policial civil, quando este encabeçar a família.

Promoção	É a elevação à classe imediatamente superior da respectiva carreira. Na Polícia Civil a promoção será processada da seguinte maneira: – alternadamente, em proporções iguais, por antiguidade e por merecimento, da 3ª até a 1ª classe, limitando-se ao número correspondente de vacância em cada uma das classes das respectivas carreiras. – somente por merecimento, para a classe especial, observando o número de vacância.
Requisitos para promoção	– O policial civil poderá concorrer à promoção quando no período que anteceder a abertura do processo de promoção: a) esteja em efetivo exercício na Secretaria da Segurança Pública ou regularmente afastado para exercer cargo ou função de interesse estritamente policial; b) tenha cumprido o interstício mínimo: – 03 (três) anos de efetivo exercício na 3ª Classe; – 02 (dois) anos de efetivo exercício na 2ª e na 1ª Classe. No caso de promoção por antiguidade, havendo empate na classificação final, a Administração se valerá da seguinte ordem: a) maior tempo de serviço na respectiva carreira; b) maior tempo de serviço público estadual; c) maior idade.
Promoção por merecimento	Na promoção por merecimento o policial civil deverá preencher os requisitos necessários indispensáveis à promoção, atender o interstício mínimo exigido e ainda preencher os requisitos específicos: – estar na primeira metade da lista de classificação em sua respectiva classe, exceto na promoção de 1ª classe para Classe Especial, que deverá estar entre os 2/3 na lista de antiguidade; – estar em efetivo exercício na Secretaria da Segurança Pública ou regularmente afastado para exercer cargo ou função de interesse estritamente policial; – não ter sofrido punição disciplinar na qual tenha sido imposta pena de: a) advertência ou de repreensão, nos 12 (doze) meses anteriores; b) multa ou de suspensão, nos 24 (vinte e quatro) meses anteriores.

Promoção por merecimento	– a promoção do policial civil da 1ª Classe para Classe Especial além dos requisitos gerais e específicos, da avaliação do merecimento e do interstício na classe, exige-se o requisito temporal, isto é, 20 (vinte) anos na respectiva carreira. – a promoção por merecimento na carreira de Delegado de Polícia obedece as mesmas exigências das demais carreiras da Polícia Civil. Entretanto, na promoção da 1ª Classe para a Classe Especial, também é necessário a obtenção do certificado de conclusão do Curso Superior de Polícia, ministrado pela Academia de Polícia.
Dos vencimentos	O vencimento do policial civil paulista é a sua retribuição pelo efetivo exercício do cargo, correspondendo ao padrão fixado em lei. – Integram os vencimentos do policial civil: **a)** adicional por tempo de serviço, a cada período de cinco anos contínuos; **b)** sexta-parte, vantagem pecuniária paga após vinte anos de efetivo exercício; **c)** adicional de insalubridade; **d)** adicional de Local de Exercício – ALE; **e)** décimo terceiro salário e um terço de férias; **f)** abono de permanência; **g)** gratificação do Regime especial de trabalho policial – RETP; **h)** gratificação por Acúmulo de Titularidade – GAT.
Outras concessões a policial civil	1. Transporte decorrente de tratamento de saúde. 2. Transporte à família do servidor que falecer em serviço. 3. Honrarias e prêmios. 4. Promoção à classe imediatamente superior a classe em que se encontrar, quando vier a falecer em consequência de lesões recebidas ou de doenças contraídas em razão do serviço policial. 5. Auxílio funeral. 6. Atendimento médico em hospital público ou particular às expensas do Estado, quando sofrer lesões no exercício da atividade policial. 7. Assistência Jurídica.
Direito de petição	É o direito de qualquer pessoa, física ou jurídica, independentemente de pagamento, de peticionar contra ilegalidade ou abuso de poder e para defesa de direitos.
Elogio	– Consiste na menção nominal ou coletiva que deva constar dos seus assentamentos funcionais por atos meritórios que haja praticado. – Cabimento: **a)** morte, invalidez ou lesão corporal de natureza grave, no cumprimento do dever; **b)** ato que traduza dedicação excepcional no cumprimento do dever, transcendendo ao que é normalmente exigível do policial civil por disposição legal ou regulamentar e que importe ou possa importar risco à própria segurança pessoal; **c)** execução

Elogio	de serviços que, pela sua relevância e pelo que representam para a instituição ou para a coletividade, mereçam ser enaltecidos como reconhecimento pela atividade desempenhada. – A proposta deverá ser votada no Egrégio Conselho da Polícia Civil quando for decidida pelo Delegado Geral de Polícia. – Autoridades competentes para determinar a inscrição de elogios nos assentamentos do policial: o Secretário da Segurança Pública e o Delegado Geral de Polícia.

2.18. QUESTÕES

2.18.1. Questões comentadas

1. O ato que investe o cidadão em cargo policial civil denomina-se:
   a) exercício;
   b) posse;
   c) reabilitação;
   d) acesso;
   c) nomeação.

Correta: B – Comentários: *O art. 24 da Lei Orgânica da Polícia Civil dispõe: "Posse é o ato que investe o cidadão em cargo público policial civil".*

2. A posse deverá verificar-se no prazo de:
   a) 40 dias, contados da data da publicação do ato de provimento, no órgão oficial;
   b) 45 dias, contados da data da publicação do ato de provimento, no órgão oficial;
   c) 15 dias, contados da data da publicação do ato de provimento, no órgão oficial;
   d) 30 dias, contados da data da publicação do ato de provimento, no órgão oficial;
   e) 10 dias, contados da data da publicação do ato de provimento, no órgão oficial.

Correta: C – Comentários: *O art. 28 da Lei Orgânica da Polícia Civil dispõe: "A posse deverá verificar-se no prazo de 15 dias, contados da data da publicação do ato de provimento, no órgão oficial".*

3. São requisitos para inscrição nos concursos da Polícia Civil, exceto:
   a) ser brasileiro;
   b) não registrar antecedentes criminais;
   c) ter diploma de curso superior;

d) estar em gozo dos direitos políticos;
e) estar quite com o serviço militar.

Correta: C – *Comentários: O art. 18 da Lei Orgânica da Polícia Civil apresenta os requisitos para a inscrição nos concursos. Ter diploma de curso superior não está neste rol.*

4. **A autoridade competente para empossar o Delegado Geral de Polícia é:**
   a) Governador do Estado;
   b) Delegado Geral de Polícia antecessor;
   c) Delegado de Polícia Diretor do Departamento de Administração e Planejamento da Polícia Civil;
   d) Secretário da Segurança Pública;
   e) Corregedor da Polícia Civil.

Correta: D – *Comentários: O art. 25 da Lei Orgânica da Polícia Civil traz o rol das autoridades competentes para dar posse. Inciso I – "O Secretário da Segurança Pública, ao Delegado Geral de Polícia".*

5. **São competentes para dar posse:**
   a) Secretário de Segurança Pública ao Delegado Geral de Polícia;
   b) Delegado Geral de Polícia aos Delegados de Polícia;
   c) Delegado de Polícia Diretor do Departamento de Administração e Planejamento da Polícia Civil, nos demais casos;
   d) as alternativas a, b e c estão corretas;
   e) somente as alternativas a e b estão corretas.

Correta: D – *Comentários: O art. 25 da Lei Orgânica da Polícia Civil apresenta o rol taxativo das autoridades competentes para dar posse.*

6. **O exercício terá início:**
   a) 20 dias, contados da data da posse;
   b) 30 dias, contados da data da posse;
   c) 15 dias, contados da data da posse;
   d) 05 dias, contados da data da posse;
   e) 10 dias, contados da data da posse.

Correta: C – *Comentários: O art. 30, inciso I, da Lei Orgânica da Polícia Civil estabelece: "O exercício terá início dentro de 15 dias, contados: I – da data da posse".*

7. **Assinale a alternativa CORRETA quanto à remoção dos integrantes das demais carreiras:**
   a) a pedido, por permuta, no interesse do serviço policial;
   b) a pedido e no interesse do serviço policial, mediante manifestação do interessado;

c) por permuta e a pedido;
d) no interesse do serviço policial e neste caso não se exige manifestação do interessado;
e) todas as alternativas estão corretas.

Correta: A – *Comentários: O art. 37 da Lei Orgânica da Polícia Civil trata das modalidades de remoção para as demais carreiras.*

8. **O Conselho da Polícia Civil realiza a avaliação de policial, para fins de promoção por merecimento e para tanto se utiliza dos critérios:**
   a) conduta do candidato, assiduidade e eficiência;
   b) conduta do candidato, assiduidade, eficiência e elaboração de trabalho técnico científico de interesse policial;
   c) conduta do candidato, assiduidade, eficiência, produção e elaboração de trabalho técnico científico de interesse policial;
   d) Assiduidade, eficiência, produção e dados estatísticos;
   e) conduta do candidato, assiduidade, produção e elaboração de trabalho técnico.

Correta: B – *Comentários: O art. 15 da Lei nº 1.151/2011 apresenta os requisitos específicos para promoção por merecimento e os critérios a serem utilizados pelo Conselho da Polícia Civil, para avaliação do candidato.*

9. **Assinale a alternativa que apresenta todas as modalidades de remoção de Delegado de Polícia.**
   a) A pedido, por permuta, por opção da instituição Polícia Civil e no interesse do serviço policial.
   b) A pedido, com o assentimento do interessado, após consulta, no interesse do serviço policial e no interesse do serviço público.
   c) A pedido, por permuta, com o assentimento do interessado, após consulta e no interesse do serviço policial.
   d) Por permuta, com o assentimento do interessado, no interesse do serviço policial e no interesse do serviço público.
   e) Por permuta, por nomeação, com assentimento do interessado e no interesse do serviço policial.

Correta: C – *Comentários. O art. 36 da Lei Orgânica da Polícia Civil traz as hipóteses de remoção de Delegado de Polícia.*

10. **O ato administrativo que transfere o servidor do local de exercício para outro, corresponde:**
    a) reintegração;
    b) reversão *ex officio*;

c) promoção;

d) remoção;

e) readmissão.

Correta: D – *Comentários: Remoção é o ato administrativo que transfere o servidor do local de exercício para outro.*

2.18.2. Questões de concurso

1. **(DELPOL/SP 01/2003)** – Retorno à atividade de servidor público aposentado denomina-se:

   a) reversão;

   b) readmissão;

   c) recondução;

   d) aproveitamento.

   Correta: A – *Comentários: O art. 34 da Lei Orgânica da Polícia Civil dispõe: "Reversão ex officio é o ato pelo qual o aposentado reingressa no serviço policial quando insubsistentes as razões que determinaram a aposentadoria por invalidez".*

2. **(DELPOL/1/2001)** – O estágio probatório dos servidores públicos nomeados para cargo de provimento efetivo, em virtude de concurso público, é de:

   a) 2 (dois) anos;

   b) 3 (três) anos;

   c) 1 (um) ano;

   d) 4 (quatro) anos.

   Correta: B – *Comentários: O art. 41 da Constituição Federal, com a Emenda Constitucional nº 19/98, alterou o período do estágio probatório, de 02 (dois) para 03 (três) anos.*

3. **(MP/CE/2011/FCC)** – Dentre as formas de provimento derivado de cargos públicos, tradicionalmente praticadas na Administração brasileira, NÃO foi recepcionada pela Constituição Brasileira de 1988 a:

   a) ascensão;

   b) promoção;

   c) readaptação;

   d) recondução;

   e) reintegração.

   Correta: A – *Comentários: As formas de provimento derivado de cargos públicos são: a) nomeação; b) promoção; c) readaptação; d) reversão; e) aproveitamento; f) reintegração; g) recondução.*

4. **(Agente de Telecomunicações/SP/2018) – Com relação à estabilidade prevista na Lei nº 10.261, de 28 de outubro de 1968, assinale a alternativa correta.**
   a) É assegurada a estabilidade somente ao funcionário que, nomeado por concurso, contar mais de 1 (um) ano de efetivo exercício.
   b) O funcionário estável só poderá ser demitido em virtude de processo administrativo, assegurada ampla defesa.
   c) A estabilidade diz respeito ao serviço público e não ao cargo, ressalvando--se à Administração o direito de aproveitar o funcionário em outro cargo de igual padrão, de acordo com as suas aptidões.
   d) O funcionário estável só poderá ser demitido em virtude de sentença judicial, assegurada ampla defesa.
   e) A estabilidade diz respeito ao serviço público e ao cargo, sendo vedado à Administração aproveitar o funcionário em outro cargo de igual padrão.

Correta: C – *Comentários:* A estabilidade é do serviço público e não do cargo público.

Capítulo 3
Dos Deveres, das Transgressões e das Responsabilidades

3.1. CONSIDERAÇÕES INICIAIS

Os deveres, as transgressões e as responsabilidades do policial civil estão elencados no capítulo VIII e subdivididos em três seções na Lei Orgânica da Polícia Civil.

Os deveres, em regra, representam princípios de conduta do policial civil no exercício de suas funções.

As transgressões são hipóteses específicas de descumprimento de um dever, que a Administração considera como mais graves e passíveis de penalidade mais severa.

3.2. DEVERES

3.2.1. Conceito de dever

Dever é o encargo funcional garantido por meio de sanção correlata.[1]

Mário Leite de Barros Filho conceitua o dever do funcionário público como sendo "a obrigação imposta ao servidor, através do contrato unilateral estabelecido com a Administração, para a realização do interesse público.[2]

3.2.2. Classificação dos deveres

Os deveres podem ser classificados como: deveres internos ou deveres externos.

---

[1] ANGERAMI, Alberto; PENTEADO FILHO, Nestor Sampaio. *Lei Orgânica da Polícia Civil de São Paulo Comentada*, p. 66.

[2] BARROS FILHO, Mário Leite de. *Direito Administrativo Disciplinar da Polícia*, p. 54.

Deveres internos são aqueles que o servidor obedece durante a relação que mantém com a Administração Pública. Exemplos: dever de lealdade, de assiduidade, de sigilo, dentre outros.

Deveres externos são aqueles que o servidor observa durante a sua relação com particulares, mas vinculada à sua condição de funcionário público. Exemplos: dever de boa conduta na vida particular, proibição de intermediação, não intercedendo ou interferindo em favor de partes, dentre outros.

3.2.3. Deveres do policial civil

Os principais deveres dos policiais civis no exercício de suas funções estão dispostos de maneira genérica no art. 62 da Lei Orgânica da Polícia Civil. Representam regras de conduta do policial civil ao desempenhar suas funções. O seu descumprimento sujeitará a penalidades administrativas.

Passamos a apresentar e comentar os deveres do art. 62 da Lei Orgânica da Polícia Civil.

3.2.3.1. Ser assíduo e pontual

São deveres do policial civil a assiduidade e pontualidade. O comparecimento para o desempenho regular de suas funções e em seu local de exercício, dentro do horário previamente fixado, constitui obrigação do policial civil. Trata-se de consectário do princípio da continuidade do serviço público e da eficiência da Administração Pública.

A Lei Orgânica da Polícia Civil apresenta distinção dos termos "assíduo" e "pontual". Assíduo é aquele policial civil que regular e habitualmente cumpre seu horário de trabalho. Pontual diz respeito ao que chega no horário predeterminado. Logo, a assiduidade está relacionada com a frequência do policial e a pontualidade está relacionada com o cumprimento dos horários de início e término da jornada de trabalho.

Assiduidade, para Diogo de Figueiredo Moreira Neto, "nem sempre, necessariamente, importa em comparecimento frequente a determinada repartição ou local, mas sempre se prende à satisfação integral das tarefas impostas".[3]

3.2.3.2. Ser leal às instituições

O policial civil deve ser leal às instituições. Não deixa de ser um corolário do princípio da eficiência administrativa, visto que contribui sobremaneira para a cooperação e integração entre as instituições responsáveis pela segurança pública e as que estiverem diretamente relacionadas com o interesse público.

---

[3] MOREIRA NETO, Diogo de Figueiredo. *Curso de Direito Administrativo*, p. 229.

A Lei Orgânica da Polícia Civil é omissa quanto a identificar as instituições a que o policial civil deva ser leal, entretanto, ao se valer do termo no plural, nos permite concluir que diz respeito a todas relacionadas com o trabalho policial ou qualquer outra com a qual a função policial possa se relacionar.

3.2.3.3. Cumprir as normas legais e regulamentares

Este dever corresponde à obrigação de o servidor acatar e cumprir ordens emanadas do seu superior hierárquico, salvo as manifestamente ilegais.

Está diretamente ligado ao poder hierárquico, característico da Administração Pública, isto é, os subordinados devem subordinação e coordenação, acatando as ordens de seus superiores hierárquicos, à exceção das ilegais.

O cumprimento das normas legais e regulamentares reside, pois, na hierarquia, sendo fundamental para o perfeito andamento dos serviços policiais civis.[4]

3.2.3.4. Zelar pela economia e conservação dos bens do Estado, especialmente daqueles cuja guarda ou utilização lhe for confiada

É o dever que o policial civil tem de zelar pelos bens públicos. Deve dispensar ao patrimônio do Estado os mesmos cuidados adotados na manutenção de seus bens. Também tem o dever de agir com moderação, evitando desperdícios e gastos desnecessários, isto é, dever de conservação e economia dos bens estatais.

3.2.3.5. Desempenhar com zelo e presteza as missões que lhe forem confiadas, usando moderadamente de força ou outro meio adequado de que dispõe para esse fim

Os policiais civis durante as missões que lhe forem confiadas, notadamente nas ações policiais, devem agir num padrão médio e razoável, pautado pela prudência e ausência de excesso.

Exige-se do policial um comportamento positivo no seu trabalho, porque deve sempre servir ao interesse público. Isto é, o policial deve estar apto a executar ordens, seguindo fielmente a legalidade, a proporcionalidade, a razoabilidade e o interesse público.

O policial civil deve sempre agir com os meios moderados, isto é, valendo--se apenas de força quando for necessário.

O uso de algemas ou outros instrumentos de contenção é legítimo, desde que se faça necessário para o bom desempenho de seus misteres. O caráter excepcional do uso de algemas está previsto na Súmula Vinculante nº 11 do STF e também na Portaria Interministerial nº 4.226, de 31 de dezembro de 2010, oriunda do Ministério da Justiça e da Secretaria dos Direitos Humanos da Presidência da República.

---

[4] QUEIROZ, Carlos Alberto Marchi de. *Nova Lei Orgânica da Polícia Explicada*, p. 62.

3.2.3.6. Informar incontinenti toda e qualquer alteração de endereço da residência e número de telefone, se houver

O policial civil tem o dever de manter atualizado, junto a sua Unidade Policial, seu endereço residencial e os números de telefones, fixos ou móveis.

O policial civil trabalha sob o regime especial de trabalho policial (RETP) ensejando assim chamados a qualquer hora do dia ou da noite, plantões noturnos, operações especiais etc., motivo pelo qual seus superiores podem necessitar de sua atuação.

A razão do dever do policial de manter atualizado o seu endereço e números de telefones é o regime especial de trabalho policial, que o coloca à disposição do Estado 24 (vinte quatro) horas por dia.

3.2.3.7. Prestar informações corretas ou encaminhar o solicitante a quem possa prestá-las

O art. 5º, inciso XXXIII, da Constituição Federal garante a todos o direito a receber dos órgãos públicos informações de seu interesse particular, ou de interesse coletivo ou geral, que serão prestadas no prazo da lei, sob pena de responsabilidade, ressalvadas aquelas cujo sigilo seja imprescindível à segurança da sociedade e do Estado.

Na mesma esteira temos o art. 3º da Lei nº 10.294, de 20 de abril de 1999, que dispõe sobre a proteção e defesa do usuário do serviço público do Estado de São Paulo. São direitos básicos do usuário: a informação, a qualidade na prestação do serviço e o controle adequado do serviço público.

O dever de prestar informações corretas ou encaminhar o solicitante a quem de direito possa prestá-la é da própria natureza da função do policial civil, que mantém contato direto e pessoal com o cidadão, o qual deve ser tratado com educação e respeito, notadamente com relação à obtenção de esclarecimentos e de informações. Trata-se de dever de urbanidade.

O policial civil deve prestar corretamente as informações que forem necessárias à solução do fato. Caso não seja a autoridade competente para solução em comento, deverá encaminhar o cidadão a quem tem a competência.

Também, no âmbito da Secretaria da Segurança Pública a Resolução SSP nº 56/88, em seus arts. 1º, 3º e 4º, e da Delegacia Geral de Polícia do Estado de São Paulo, através da Portaria DGP nº 18/98, em seu art. 13, regulamentam o atendimento prestado pelos policiais ao cidadão.

3.2.3.8. Comunicar o endereço onde possa ser encontrado, quando dos afastamentos regulamentares

O policial civil deve informar aos seus superiores hierárquicos onde possa ser localizado durante o período de seus afastamentos regulamentares.

Isto por força do princípio da continuidade do serviço público, pois no caso de interesse do serviço policial, o Delegado Geral de Polícia poderá suspender esses afastamentos.

3.2.3.9. Proceder na vida pública e particular de modo a dignificar a função policial

O policial, como todo cidadão, deve proceder de maneira socialmente adequada aos costumes regionais. Como agente do Estado deve, com mais razão, agir na vida pública e particular de modo a dignificar o seu mister.

Devemos levar em consideração como conceito de agir de modo a dignificar a função policial o comportamento de homem médio.

A conduta indecorosa do policial deve guardar relação com a sua função ou atingir, ainda que de maneira indireta, a Instituição Polícia Civil.

3.2.3.10. Residir na sede do Município onde exerça o cargo ou função, ou onde autorizado

O policial civil deve residir no Município em que exerce suas funções, pois o exercício da atividade policial exige do funcionário a obrigação de estar sempre presente, pronto a atender qualquer ocorrência.

Entretanto, nos casos de Municípios muito pequenos e não raras vezes sem imóvel para residir, o policial poderá morar ou estabelecer seu domicílio em outro Município com melhor condição urbana. Nesses casos, há necessidade da autorização de seu superior hierárquico.

A Portaria DGP nº 2, de 28 de janeiro de 2015, define a competência para expedir a autorização para o Policial Civil residir em Município diverso daquele onde exerce seu cargo ou função. No seu art. 1º, dispõe: "*A autorização de que trata o art. 62, X, da Lei Complementar 207, de 05/01/1979, será expedida, mediante portaria, pelo Delegado de Polícia Diretor do Departamento ao qual o Policial Civil estiver subordinado*".

O Policial Civil deverá encaminhar o seu requerimento contendo: a) a justificativa excepcional da medida; b) a distância entre o local de exercício e o endereço apontado; c) a disponibilidade para locomoção do interessado, por meios próprios ou transporte público, bem como a compatibilidade de horários; d) a ausência de prejuízo ao serviço policial.

O Diretor Departamental, a quem o Policial Civil está subordinado, ao expedir a autorização fixará o prazo não superior a 12 meses, podendo ser renovada, ao seu critério da Diretoria Departamental.

3.2.3.11. Frequentar, com assiduidade, para fins de aperfeiçoamento e atualização de conhecimentos profissionais, cursos instituídos periodicamente pela Academia de Polícia

O dever de aperfeiçoamento do policial é corolário do princípio da eficiência da Administração.

O policial deve primar por sua atualização, isto é, buscando sempre frequentar os cursos complementares realizados no âmbito da Academia de Polícia. Esses cursos são de atualização legislativa e de assuntos relacionados ao trabalho policial.

3.2.3.12. Portar a carteira funcional

O policial deve portar sua carteira funcional para que possa identificar-se nas situações em que esteja obrigado a intervir, funcionalmente, em defesa da segurança pública.

A Portaria DGP nº 28, de 19 de outubro de 1994, dispõe sobre uso de cédula de identidade, identificação funcional e respectivo distintivo, no art. 1º estabelece: "*As autoridades policiais e seus agentes devem portar permanentemente sua cédula de identificação funcional e respectivo distintivo*".

A Portaria DGP nº 19, de 21 de julho de 1997, dispõe sobre a obrigatoriedade de identificação pelos policiais civis nos casos que especifica.

A Portaria DGP nº 38, de 28 de setembro de 2004, em seus arts. 1º e 2º, permite o porte de arma ao policial civil desde que esteja identificado com a carteira funcional.

O Decreto nº 62.945, de 17 de novembro de 2017, regulamenta a expedição e o controle do uso do distintivo e da carteira funcional do policial civil. No seu art. 1º dispõe – "*O distintivo e a carteira de identidade funcional dos policiais civis são de uso pessoal e intransferível e de porte obrigatório*".

A Portaria DGP nº 02, de 23 de janeiro de 2018, estabelece os modelos e as características dos documentos de identificação e dos distintivos dos policiais civis.

3.2.3.13. Promover as comemorações do "Dia da Polícia", a 21 de abril ou delas participar, exaltando o vulto de Joaquim José da Silva Xavier, o Tiradentes, Patrono da Polícia

O dever de promover a solenidade cabe aos superiores hierárquicos e aos subordinados, a obrigação de participar do evento comemorativo.

Joaquim José da Silva Xavier, o Tiradentes, foi declarado patrono da Polícia brasileira, por meio do Decreto-Lei nº 9.208, de 29 de abril de 1946.

Por questão de reconhecimento e respeito, os policiais civis devem homenagear Jorge Tibiriçá, que por meio da Lei nº 979, de 23 de dezembro de 1905, instituiu a Polícia Civil de Carreira.

A Lei nº 12.259, de 15 de fevereiro de 2006, de autoria da Deputada Estadual Rosmary Corrêa, instituiu o Dia da Polícia Civil do Estado de São Paulo, a ser comemorado todo dia 30 de setembro.

3.2.3.14. Ser leal para com os companheiros de trabalho e com eles cooperar e manter espírito de solidariedade

A solidariedade e a lealdade com o próximo são premissas do humanismo e da eficácia nas relações entre os seres humanos.

O policial tem o dever de lealdade com os colegas com quem trabalha ou de qualquer maneira se relaciona em virtude de sua atividade policial, no sentido de manter o espírito de corpo da Instituição Policial.

3.2.3.15. Estar em dia com as normas de interesse policial

O policial civil, como representante do Estado, está vinculado diretamente ao princípio da legalidade, razão pela qual deve buscar diariamente se atualizar em face das normas e leis, notadamente, aquelas diretamente vinculadas ao exercício de sua função policial.

3.2.3.16. Divulgar para conhecimento dos subordinados as normas referidas no inciso anterior

Os superiores hierárquicos dos policiais civis devem providenciar a divulgação das normas de interesse policial aos seus subordinados.

3.2.3.17. Manter discrição sobre os assuntos da repartição e, especialmente, sobre despachos, decisões e providências

O policial civil deve zelar pelo sigilo dos atos praticados na Unidade Policial, visto que exerce atividades voltadas para apuração das circunstâncias, da materialidade e da autoria das infrações penais.

O dever de sigilo diz respeito à discrição que o policial deve ter em relação aos fatos de que tem conhecimento em virtude de seu mister, os quais devem ser mantidos em segredo, pois podem interessar ao Estado ou até mesmo a particulares. Trata-se de uma norma obrigatória de conduta de todos os policiais.

José Cretella Júnior afirma "o segredo profissional existe porque o funcionário público, em razão do cargo, conhece vários aspectos íntimos da

Administração que não pode violar. A violação de segredo assume caráter de gravidade tão grande e profunda que é punida mesmo penalmente. Há certos cargos que, pela importância de que se revestem, apresentam peculiaridades e os funcionários que prestam serviços nesses cargos devem lembrar-se de que podem pôr em risco a segurança do próprio Estado".[5]

A Portaria DGP nº 30, de 24 de novembro de 1997, dispõe sobre a prestação de informações no exercício da atividade policial.

Também a Súmula Vinculante nº 14 do STF garante ao defensor do investigado o acesso amplo aos elementos investigativos hospedados nos autos do inquérito policial.

3.3. TRANSGRESSÕES DISCIPLINARES DO POLICIAL CIVIL

A transgressão disciplinar é espécie de infração administrativa para a qual o legislador impõe ao servidor um comportamento negativo, isto é, exigindo assim do policial abstenção da prática de algumas condutas.

O art. 63 da Lei Orgânica da Polícia Civil apresenta o rol das transgressões disciplinares do policial civil, que passaremos a analisar.

3.3.1. Manter relações de amizade ou exibir-se em público com pessoas de notórios e desabonadores antecedentes criminais, salvo por motivo de serviço

A Lei Orgânica da Polícia Civil reprime o comportamento do policial que compromete o decoro e a dignidade da função policial. Não está de acordo com a função, a convivência do agente público, incumbido de aplicar a lei, com outro indivíduo que tem como meio de vida, a prática de delitos.

Para configurar essa transgressão é necessário que os antecedentes criminais da pessoa com quem o policial se relaciona sejam de conhecimento público.

Neste inciso encontramos duas condutas:

– **a habitual**, representada pelo verbo "manter": é necessário que o policial tenha um vínculo de amizade contínuo com indivíduos dados a práticas delituosas.

– **a formal ou de simples atividade**, representada pelo verbo "exibir--se": é necessário que o policial exiba-se em público em companhia dessas pessoas de notórios e desabonadores antecedentes criminais, isto é, à vista de todos.[6]

---
[5] CRETELLA JÚNIOR, José. *Manual de Direito Administrativo*, p. 198.
[6] ANGERAMI, Alberto; PENTEADO FILHO, Nestor Sampaio. *Lei Orgânica da Polícia Civil do Estado de São Paulo Comentada*, p. 78.

Há uma exceção, quando o relacionamento do policial com o cidadão de notórios e desabonadores antecedentes criminais for em decorrência de uma investigação policial buscando o desbaratamento de quadrilhas. Trata-se de infiltração de agentes nas organizações criminosas, mas para tanto é indispensável a autorização judicial (Lei nº 12.850, de 02 de agosto de 2013).

3.3.2. Constituir-se procurador de partes ou servir de intermediário, perante qualquer repartição pública, salvo quando se tratar de interesse de cônjuge ou parente até segundo grau

A Lei Orgânica da Polícia Civil reprime a conduta do policial que se faz procurador ou intermediário das partes nas repartições públicas. Não se aceita que a pessoa se valha de sua função ou cargo de policial para apadrinhar interesses alheios junto à Administração.

Há exceção, no patrocínio de interesses de cônjuge ou parente até segundo grau (pais, avós, filhos, netos, irmãos, sogros e cunhados) por parte do policial nas repartições públicas.

No âmbito penal, a conduta em comento é tipificada como Advocacia Administrativa, prevista no art. 321 e parágrafo único do Código Penal.

3.3.3. Descumprir ordem superior, salvo quando manifestamente ilegal, representando neste caso

Trata-se de insubordinação ou indisciplina, o que é inaceitável pela Administração Pública, pautada no poder hierárquico, isto é, a subordinação do subordinado ao superior e pela coordenação no cumprimento das ordens legais.

A hierarquia e a disciplina são princípios básicos do serviço público. Hierarquia diz respeito a subordinação entre os órgãos do Poder Executivo. Disciplina corresponde ao cumprimento integral das ordens emanadas de quem de direito.

O policial civil tem o dever de obediência decorrente da sua subordinação ao seu superior hierárquico.

Ordem manifestamente ilegal, para Heleno Cláudio Fragoso, é aquela que "a) é dada por autoridade incompetente; b) sua execução não se enquadra nas atribuições legais de quem a recebe; c) não se reveste de forma legal; d) evidentemente constitui crime".[7]

O policial subordinado só se exime de cumprir a ordem superior quando for manifestamente ilegal. Nesse caso, o funcionário deve informar a irregularidade à autoridade corregedora, por meio de uma representação.

---

[7] FRAGOSO, Heleno Cláudio. *Lições de Direito Penal*, p. 217/218.

3.3.4. Não tomar as providências necessárias ou deixar de comunicar, imediatamente, à autoridade competente, faltas ou irregularidades de que tenha conhecimento

Esta transgressão deve ser analisada sob dois enfoques:

3.3.4.1. O policial civil competente que não adota as providências necessárias com relação as faltas ou irregularidades do subordinado

O policial civil, que tenha competência, não responsabiliza ou não adota as providências necessárias com relação ao subordinado que pratica falta ou conduta irregular.

Neste caso, no âmbito penal, nos deparamos com o tipo penal de condescendência criminosa, com previsão no art. 320 do Código Penal.

3.3.4.2. O policial civil que deixa de comunicar, imediatamente, à autoridade competente, faltas ou irregularidades de que tiver conhecimento no exercício de suas funções

O policial civil deve comunicar sempre à autoridade competente as irregularidades relacionadas ao serviço policial, de que tiver conhecimento em decorrência do exercício de suas funções. Nesse caso, a omissão é punida.

O policial que agir dessa maneira, por interesse ou sentimento pessoal, pode incorrer na prática do delito de prevaricação, previsto no art. 319 do Código Penal.

3.3.5. Deixar de oficiar tempestivamente nos expedientes que lhe forem encaminhados

A expressão "oficiar" foi utilizada no sentido de manifestar o exercício das atribuições no presente expediente.

A Lei Orgânica da Polícia Civil reprime a conduta do policial que por negligência, desleixo, inércia ou preguiça não cumprir os prazos ou atrasar os expedientes.

Os arts. 63 e 64 da Resolução da Secretaria da Segurança Pública nº 198, de 07 de dezembro de 1983, disciplina a tramitação e o registro de processos e documentos no âmbito da Secretaria da Segurança Pública, determinando que:

> **Art. 63.** *A tramitação dos processos, protocolados, papéis e expedientes em geral, pelas várias dependências da Secretaria da Segurança Pública e órgãos subordinados deverá processar--se com a máxima celeridade, em rigorosa observância dos prazos*

especiais que foram fixados para cada caso pelas autoridades competentes, segundo a natureza da matéria.

Art. 64. *Quando não houver prazo especificamente estipulado, deverão ser observados os seguintes prazos máximos de retenção de processos e papéis em cada dependência: 05 (cinco) dias úteis para informações ou providências e 08 (oito) dias úteis para apresentação de pareceres ou soluções que dependam de estudos mais detidos. No que se refere aos processos que devam tramitar pelo interior do Estado, estes prazos serão dilatados para 10 (dez) dias e 15 (quinze) dias úteis, respectivamente.*

Parágrafo único. *Nenhum papel ou processo poderá ficar retido no protocolo, por mais de 24 (vinte e quatro) horas, salvo se depender de pesquisa acurada.*

3.3.6. Negligenciar na execução de ordem legítima

A Lei Orgânica da Polícia Civil reprime a conduta do policial que se desincumbe mal de suas funções, contrariando assim o princípio da eficiência presente nas atividades da Administração Pública.

Nessa hipótese o policial cumpre a ordem de forma displicente, isto é, sem o devido cuidado, com a determinação emanada da autoridade competente.

3.3.7. Interceder maliciosamente em favor de parte

A Lei Orgânica da Polícia Civil reprime a conduta do policial que se vale de sua condição para beneficiar terceiros.

Para configurar esta transgressão é necessário demonstrar que o policial tem consciência de que sua conduta está beneficiando terceiros em detrimento de demais, tendo em vista o termo "maliciosamente".

3.3.8. Simular doença para esquivar-se ao cumprimento de obrigação

A Lei Orgânica da Polícia Civil reprime a conduta do policial que simula estar enfermo ou aumenta a gravidade da doença, para deixar de cumprir suas obrigações decorrentes de sua função.

A prática desta conduta gera um transtorno à Administração Pública que deve alterar a jornada de trabalho dos demais policiais para garantir a continuidade da prestação do serviço público à comunidade. Trata-se de uma violação ao princípio da lealdade à instituição.

3.3.9. Faltar, chegar atrasado ou abandonar escala de serviço ou plantões, ou deixar de comunicar, com antecedência, à autoridade a que estiver subordinado, a impossibilidade de comparecer à repartição, salvo por motivo justo

A Lei Orgânica da Polícia Civil reprime a conduta do policial que se ausenta da repartição sem a devida justificativa.

Esta transgressão está subdividida em quatro modalidades:

a) **faltar:** deixar de comparecer no trabalho;

b) **chegar atrasado:** comparecer em seu local de exercício, após o horário estipulado;

c) **abandonar escala de serviço ou plantões:** deixar o local de exercício, antes do término do horário estipulado;

d) **deixar de comunicar, com antecedência, à autoridade a que estiver subordinado, a impossibilidade de comparecer à repartição:** não cientificar o superior hierárquico da necessidade de sua ausência. Essa omissão gera transtorno à Administração, pois terá dificuldade para designar outro policial que possa exercer as funções do faltante, primando assim, pela continuidade e eficiência do serviço público.

3.3.10. Permutar horário de serviço ou execução de tarefa sem expressa permissão da autoridade competente

A Lei Orgânica da Polícia Civil reprime a conduta do policial que permuta horário de serviço ou execução de suas atividades sem submetê-la à análise e crivo da autoridade competente.

Essa transgressão busca resguardar os princípios da hierarquia e da disciplina, norteadores da Polícia Civil do Estado de São Paulo.

3.3.11. Usar vestuário incompatível com o decoro da função

O policial civil no exercício de suas funções deve usar vestuário compatível com suas atividades, zelando pela imagem da Instituição Polícia Civil.

O traje do policial deve ser decente e sóbrio, isto é, de forma a dignificar a função pública que exerce, que por sua natureza, deve ser prestada com respeito e disciplina.

3.3.12. Descurar de sua aparência física ou do asseio

A Lei Orgânica da Polícia Civil reprime o policial que não cuida de sua aparência física ou do seu asseio. Protege-se a imagem da Instituição Polícia Civil.

Exige-se do policial uma postura digna no exercício de suas funções, a iniciar-se com sua maneira de apresentação ao público.

3.3.13. Apresentar-se ao trabalho alcoolizado ou sob efeito de substância que determine dependência física ou psíquica

A Lei Orgânica da Polícia Civil reprime o policial que se apresenta sob efeito de álcool ou de substância que determine dependência física ou psíquica.

É inaceitável um policial durante suas atividades exalando odor alcoólico ou fazendo uso de drogas. Além de ser infração penal, ofende a imagem da Instituição Polícia Civil.

O policial civil que comparece habitualmente ao serviço alcoolizado ou drogado deve ser encaminhado, por seu superior hierárquico, para tratamento médico, sob pena de responsabilidade disciplinar deste por omissão.

3.3.14. Lançar intencionalmente, em registros oficiais, papéis ou quaisquer expedientes, dados errôneos, incompletos ou que possam induzir a erro, bem como inserir neles anotações indevidas

A Lei Orgânica da Polícia Civil reprime o policial que pratica o falso disciplinar, isto é, a inserção dolosa em quaisquer documentos de dados errôneos, inválidos, falsos ou ainda incompletos, que possam levar alguém a erro.

Esta transgressão não afasta o reconhecimento, no âmbito criminal, de eventual crime de falsidade.

3.3.15. Faltar, salvo motivo relevante a ser comunicado por escrito no primeiro dia em que comparecer à sua sede de exercício, a ato processual, judiciário ou administrativo, do qual tenha sido previamente cientificado

A Lei Orgânica da Polícia Civil reprime o policial desidioso ou irresponsável, que, sem motivo relevante, deixa de comparecer a ato processual, judiciário ou administrativo, mesmo sendo previamente cientificado.

3.3.16. Utilizar, para fins particulares, qualquer que seja o pretexto, material pertencente ao Estado

A Lei Orgânica da Polícia Civil reprime o policial que utiliza, em seu benefício, o material do Estado. Afronta-se o princípio da moralidade previsto no art. 37 da Constituição Federal.

O bem público é destinado única e exclusivamente a atender aos interesses públicos.

Esta transgressão não afasta o reconhecimento, no âmbito criminal, de eventual crime contra a Administração Pública.

3.3.17. Interferir indevidamente em assunto de natureza policial, que não seja de sua competência

A Lei Orgânica da Polícia Civil reprime o policial que interfere em assuntos que não tem competência legal para cuidar. Trata-se de interferência indevida, sem almejar qualquer benefício próprio ou alheio.

Essa transgressão busca evitar a interferência indevida de policiais de outras áreas que prejudique o trabalho dos funcionários responsáveis pelo atendimento da ocorrência.

3.3.18. Fazer uso indevido de bens ou valores que lhe cheguem às mãos, em decorrência da função, ou não entregá-los, com a brevidade possível, a quem de direito

A Lei Orgânica da Polícia Civil reprime o policial que se apropria de bens ou valores pertencentes a vítima, ao investigado, ao preso ou a qualquer outra pessoa.

Esta transgressão está subdividida em:

a) **utilização indevida de bens ou valores**: o policial que usa o valor exibido a título de fiança para pagar dívidas;

b) **atraso na devolução dos bens ou valores, a quem de direito**: o policial que demora para restituir o veículo, produto de furto, ao seu legítimo proprietário.

No âmbito criminal esta conduta é tipificada como peculato, previsto no art. 312 do Código Penal.

3.3.19. Exibir, desnecessariamente, arma, distintivo ou algema

A Lei Orgânica da Polícia Civil reprime o policial que ostenta desnecessariamente arma, distintivo ou algema. Não pode o servidor fazer uso explícito e desnecessário de seus instrumentos de trabalho. Pune-se a conduta exibicionista do policial, ou seja, que faz questão de mostrar a todos que está armado e com distintivo.

O policial, quando no exercício de suas funções, deve portar estes instrumentos, isto é, durante as tarefas, missões e operações afetas ao serviço policial.

O uso da carteira funcional e do distintivo de identificação está normatizado pelas Leis Complementares nº 675/91 e 947/2003 e Portaria DGP nº 28, de 19 de outubro de 1994.

3.3.20. Deixar de ostentar distintivo quando exigido para o serviço

A Lei Orgânica da Polícia Civil reprime o policial que deixa de ostentar o distintivo do seu cargo, quando exigido para o serviço policial.

3.3.21. Deixar de identificar-se, quando solicitado ou quando as circunstâncias o exigirem

A Lei Orgânica da Polícia Civil reprime o policial que, instado a se identificar, deixa de exibir sua carteira funcional.

A Portaria DGP nº 28, de 19 de outubro de 1994, disciplina o uso da cédula de identidade funcional e o uso do distintivo do cargo.

A Portaria DGP nº 19, de 21 de julho de 1997, determina que o policial civil ao ser instado a se apresentar como tal ou para ingressar em locais cujo porte de arma não seja compatível, deverá se identificar por meio de sua carteira funcional.

A Portaria DGP nº 30, de 18 de junho de 2010, regulamenta o porte de arma funcional aos policiais civis, de acordo com o art. 6º, inciso II, da Lei nº 10.826/2003.

3.3.22. Divulgar ou propiciar a divulgação, sem autorização da autoridade competente, através da imprensa escrita, falada ou televisada, de fato ocorrido na repartição

A Lei Orgânica da Polícia Civil reprime o policial que, conhecedor de fatos e de suas peculiaridades ocorridos no âmbito policial, envolvendo, inclusive, bens e direitos fundamentais do cidadão, os leva, sem o crivo da autoridade competente, ao conhecimento dos meios de comunicação.

A Portaria DGP nº 30, de 24 de novembro de 1997, disciplina a prestação de informações no exercício da atividade da Polícia Civil.

3.3.23. Promover manifestação contra atos da administração ou movimentos de apreço ou desapreço a qualquer autoridade

A Lei Orgânica da Polícia Civil reprime o policial que atua contra os fins e os objetivos legítimos da Administração Pública, notadamente, aqueles vinculados à Instituição Polícia Civil. Trata-se de ofensa aos deveres de lealdade e fidelidade.

3.3.24. Referir-se de modo depreciativo às autoridades e a atos da Administração Pública, qualquer que seja o meio empregado para esse fim

A Lei Orgânica da Polícia Civil reprime o policial que tece críticas injustas e infundadas a seus superiores hierárquicos ou aos atos por eles praticados. Trata-se de uma violação aos princípios da hierarquia e disciplina.

O policial civil tem o direito de expressão e opinião, garantido no art. 5º, inciso IV, da Constituição Federal, mas deverá ser exercido de maneira urbana, sem ofensa ao comando superior.

3.3.25. Retirar, sem prévia autorização da autoridade competente, qualquer objeto ou documentos da repartição

A Lei Orgânica da Polícia Civil reprime o policial que retira da repartição o material que lhe foi confiado, exclusivamente, para utilizar na sua atividade policial. Basta a simples retirada, sem autorização de seu superior hierárquico.

3.3.26. Tecer comentários que possam gerar descrédito da Instituição policial

A Lei Orgânica da Polícia Civil reprime o policial que tece comentários depreciativos da Instituição Polícia Civil. A conduta do funcionário deve ocasionar danos à Instituição Policial, isto é, com a intenção de macular a imagem da Polícia Civil.

Trata-se do dever de fidelidade do policial civil que prejudica a eficiência do serviço e macula a credibilidade da Instituição Polícia Civil junto à sociedade.

A Portaria DGP nº 30, de 24 de novembro de 1997, no art. 6º, veda ao policial civil, no exercício de suas funções, realizar comentários depreciativos a Instituição Polícia Civil.

3.3.27. Valer-se do cargo com o fim, ostensivo ou velado, de obter proveito de qualquer natureza para si ou para terceiros

A Lei Orgânica da Polícia Civil reprime o policial que tira proveito ilícito (podendo ser econômico, moral, político etc.) de seu *status* funcional, em detrimento da dignidade de suas funções, locupletando-se do cargo às custas do interesse público. Trata-se de malversação do cargo.

Para caracterizar esta transgressão é necessário que o policial tenha consciência de que agindo desta maneira está se aproveitando do seu cargo para obter vantagem ilícita.

3.3.28. Deixar de reassumir exercício sem motivo justo, ao final dos afastamentos regulamentares ou, ainda, depois de saber que qualquer destes foi interrompido por ordem superior

A Lei Orgânica da Polícia Civil reprime o policial que não retorna ao exercício de suas funções quando devido. É a não reassunção de suas atividades após os afastamentos regulares, tais como: férias, licenças etc., ou ainda depois da interrupção deles em decorrência de ordem superior. Preserva-se a continuidade do serviço público e a regularidade da Administração.

O dever de o servidor reassumir suas funções, após os afastamentos regulamentares, também está disciplinado no art. 183 da Lei nº 10.261/68.

Não se configura esta transgressão quando o policial, por motivo justo, deixar de reassumir suas funções.

3.3.29. Atribuir-se qualidade funcional diversa do cargo ou função que exerce

A Lei Orgânica da Polícia Civil reprime o policial que se atribui qualidade funcional diversa do seu cargo ou função que desempenha.

3.3.30. Fazer uso indevido de documento funcional, arma, algema ou bens da repartição ou cedê-los a terceiro

A Lei Orgânica da Polícia Civil reprime o policial que utiliza, de forma indevida, a cédula funcional, arma, algema ou bens da repartição. Tutela-se a dignidade da função pública.

A Portaria DGP nº 28, de 19 de outubro de 1994, como já mencionamos disciplina o uso de arma, algema, distintivo e cédula funcional.

Configura-se esta transgressão quando o policial se utiliza de forma desnecessária, imoderada ou inadequada dos referidos objetos.

3.3.31. Maltratar ou permitir maltrato físico ou moral a preso sob sua guarda

A Lei Orgânica da Polícia Civil reprime o policial que maltrata ou permite maltrato físico ou moral a preso sob sua guarda e responsabilidade. Pune-se o tratamento inadequado e impróprio à pessoa humana, ofendendo assim a dignidade do preso.

No âmbito criminal esta transgressão pode ser tipificada como crime de abuso de autoridade – Lei nº 4.898/65 ou crime de tortura, previsto no art. 1º da Lei nº 9.455/97.

Também, não podemos deixar de mencionar, que essa conduta do policial é uma ofensa aos direitos fundamentais do preso, isto é, o art. 5º, inciso XLIX, da Constituição Federal, veda qualquer tratamento desumano ou degradante ao preso.

3.3.32. Negligenciar na revista a preso

A Lei Orgânica da Polícia Civil reprime o policial que não adota o procedimento correto para revista a preso, isto é, deixa de realizar a busca pessoal minuciosa no corpo e nas roupas do detido.

Também, a conduta negligente do policial quando da revista do preso, pode resultar em fuga, ou seja, a não localização de serras, chaves falsas etc., instrumentos que poderão ser utilizados pelo preso em sua evasão.

A Portaria DGP nº 16, de 19 de junho de 1997, disciplina as medidas de segurança carcerária.

3.3.33. Desrespeitar ou procrastinar o cumprimento de decisão ou ordem judicial

A Lei Orgânica da Polícia Civil reprime o policial que pratica atos que impliquem em ofensa à dignidade do serviço público, notadamente, a Justiça.

Pune-se o policial que deixa de cumprir ou demora em atender a decisão ou ordem judicial.

3.3.34. Tratar o superior hierárquico, subordinado ou colega sem o devido respeito ou deferência

A Lei Orgânica da Polícia Civil reprime o policial que dispensa tratamento desrespeitoso ao superior hierárquico, subordinado ou colega de trabalho. Trata-se de dever de urbanidade.

3.3.35. Faltar à verdade no exercício de suas funções

A Lei Orgânica da Polícia Civil reprime o policial que se utiliza de mentiras no exercício de suas funções, ofendendo assim a moralidade da Administração Pública.

Pune-se o policial que falte à verdade de fato relevante, diretamente relacionado com a atividade que exerce, causando assim efetivo prejuízo.

3.3.36. Deixar de comunicar incontinenti à autoridade competente informação que tiver sobre perturbação da ordem pública ou qualquer fato que exija intervenção policial

A Lei Orgânica da Polícia Civil reprime o policial que não comunica à autoridade informação relevante sobre infração à ordem pública ou de fato que necessite de uma intervenção estatal, notadamente, do serviço policial.

Pune-se o policial que deixa de intervir nos casos que sua atuação é obrigatória ou não sendo competente para tanto, deixa de noticiar os fatos a quem de direito.

A Portaria DGP nº 11, de 10 de julho de 1998, disciplina a retransmissão de ocorrências relevantes ao Centro de Comunicações e Operações da Polícia Civil – CEPOL.

3.3.37. Dificultar ou deixar de encaminhar expediente à autoridade competente, se não estiver na sua alçada resolvê-lo

A Lei Orgânica da Polícia Civil reprime o policial que atrapalha os expedientes do serviço policial, embaraçando o trâmite normal, com medidas protelatórias. Ou ainda deixa de enviá-los à autoridade competente para solucioná-los.

3.3.38. Concorrer para o não cumprimento ou retardamento de ordem de autoridade competente

A Lei Orgânica da Polícia Civil reprime o policial que contribui para o não cumprimento da ordem emanada de autoridade competente ou colabora para o seu retardamento. Trata-se de ofensa aos deveres de prontidão e presteza.

3.3.39. Deixar, sem justa causa, de submeter-se a inspeção médica determinada por lei ou pela autoridade competente

A Lei Orgânica da Polícia Civil reprime o policial que se recusa a submeter-se a inspeção médica prevista por lei ou determinada pela autoridade competente.

A recusa, devidamente justificada, é causa excludente de responsabilidade do policial.

3.3.40. Deixar de concluir nos prazos legais, sem motivo justo, procedimentos de polícia judiciária, administrativos ou disciplinares

A Lei Orgânica da Polícia Civil reprime o policial que, sem motivo justo, não conclui dentro dos prazos regulamentares, procedimentos de polícia judiciária, administrativos ou disciplinares. Pune-se o servidor desidioso que provoca tumultos procedimentais.

Trata-se de violação ao princípio da continuidade do serviço público.

3.3.41. Cobrar taxas ou emolumentos não previstos em lei

A Lei Orgânica da Polícia Civil reprime o policial que cobre taxas ou emolumentos não previstos em lei, no exercício de suas funções.

Trata-se de violação ao princípio da moralidade administrativa.

3.3.42. Expedir identidade funcional ou qualquer tipo de credencial a quem não exerça cargo ou função policial civil

A Lei Orgânica da Polícia Civil reprime o policial que expede documentos funcionais a quem não exerça cargo ou função policial civil.

Trata-se de violação ao princípio da moralidade administrativa e ofensa a credibilidade da Instituição Polícia Civil.

Compete ao Departamento de Administração e Planejamento da Polícia Civil do Estado de São Paulo, através da Divisão de Serviços, a expedição das cédulas de identidade funcional.

No âmbito criminal, também, podemos tipificar essa transgressão como crime de falsificação de documento público, disposto no art. 297, § 1º, do Código Penal.

3.3.43. Deixar de encaminhar ao órgão competente, para tratamento ou inspeção médica, subordinado que apresentar sintomas de intoxicação habitual por álcool, entorpecente ou outra substância que determine dependência física

A Lei Orgânica da Polícia Civil reprime o policial que deixa de encaminhar o subordinado dependente de drogas ou de efeitos análogos como o álcool para tratamento ou inspeção médica.

3.3.44. Dirigir viatura policial com imprudência, imperícia, negligência ou sem habilitação

A Lei Orgânica da Polícia Civil reprime o policial que dirige viatura policial sem o devido cuidado, isto é, com negligência, imperícia ou imprudência. Pune, ainda, o servidor, não habilitado, que dirige veículo oficial. Nessa hipótese também responderá pelo crime previsto no art. 309 do Código de Trânsito Brasileiro.

A Resolução SSP nº 21, de 11 de abril de 1990, disciplina a diligência de perseguição a pessoa ou veículo, garantindo os direitos individuais, as liberdades públicas e segurança física dos policiais civis, militares e cidadãos.

3.3.45. Manter transação ou relacionamento indevido com preso, pessoa em custódia ou respectivos familiares

A Lei Orgânica da Polícia Civil reprime o policial que se envolve comercial ou afetivamente com preso, pessoa custodiada ou com seus familiares.

Trata-se de violação ao dever de lealdade com a Instituição Polícia Civil.

3.3.46. Criar animosidade, velada ou ostensivamente, entre subalternos e superiores ou entre colegas, ou indispô-los de qualquer forma

A Lei Orgânica da Polícia Civil reprime o policial que cria situações de intrigas, desunião, inimizade, falta de lealdade e cooperação entre os policiais.

Tutela-se a harmonia no ambiente de trabalho, em busca da eficiência administrativa.

3.3.47. Atribuir ou permitir que se atribua a pessoa estranha à repartição, fora dos casos previstos em lei, o desempenho de encargos policiais

A Lei Orgânica da Polícia Civil reprime o policial que permite que pessoas estranhas à repartição policial realizem atividades pertinentes aos encargos policiais.

A atividade policial é desempenhada em muitas situações através de informações colhidas no submundo da criminalidade, por meio dos informantes ou *alcaguetes*. Entretanto, esses informantes não podem exercer atividades ou funções peculiares de policiais.[8]

Tutela-se a lealdade à Instituição Policial e aos colegas policiais.

3.3.48. Praticar a usura em qualquer de suas formas

A Lei Orgânica da Polícia Civil reprime o policial que empresta dinheiro a juros ou cobra o empréstimo prevalecendo-se do seu cargo.

A prática de usura é reprimida pela Lei nº 1.521, de 26 de dezembro de 1951.

3.3.49. Praticar ato definido em lei como abuso de poder

A Lei Orgânica da Polícia Civil reprime o policial que pratica ato com abuso de poder, isto é, qualquer atuação abusiva e indevida.

Poder corresponde a uma prerrogativa inerente e legal do cargo exercido pelo agente público.

No âmbito administrativo, abuso de poder é gênero, tendo como suas espécies o desvio de finalidade e o excesso de poder. O primeiro é caracterizado quando o ato for praticado com finalidade diversa da estabelecida por lei. O segundo é caracterizado sempre que o conteúdo do ato se distancia dos limites legais.

---

[8] ANGERAMI, Alberto; PENTEADO FILHO, Nestor Sampaio. *Lei Orgânica da Polícia de São Paulo Comentada*, p. 97.

No âmbito criminal, encontramos a Lei nº 4.898/65, que disciplina o direito de representação e o processo de responsabilidade civil e penal, nos casos tipificados de abuso de autoridade.

3.3.50. Aceitar representação de Estado estrangeiro, sem autorização do Presidente da República

A Lei Orgânica da Polícia Civil reprime a conduta do policial de aceitar representação de Estado estrangeiro, sem autorização do Presidente da República.

Tutela-se a soberania do país, reservando, com exclusividade, a nossa ordem jurídica ao Presidente da República (art. 84, inciso VII, da Constituição Federal).

3.3.51. Tratar de interesses particulares na repartição

A Lei Orgânica da Polícia Civil reprime o policial de tratar de assuntos alheios ao interesse público, durante o exercício de suas funções. Não é aceitável que o servidor, durante o seu horário de trabalho, fique cuidando de seus interesses particulares em detrimento do exercício efetivo de sua atividade policial.

3.3.52. Exercer comércio entre colegas, promover ou subscrever listas de donativos dentro da repartição

A Lei Orgânica da Polícia Civil reprime o policial que se vale do relacionamento profissional para obter vantagens pessoais. Não é permitido que o policial civil realize comércio dentro da repartição policial. Também é vedado a promoção de listas de donativos.

3.3.53. Exercer comércio ou participar de sociedade comercial, salvo como acionista, cotista ou comanditário

A Lei Orgânica da Polícia Civil reprime o policial que exerce atividades empresariais ou participe de sociedade empresarial.

A própria lei prevê três exceções a essa regra, a saber: quando o policial exerce a atividade como acionista, cotista ou comanditário, tendo assim uma atuação mais limitada ao capital e não à atividade empresarial propriamente dita. Logo, não poderá ser comanditado, sócio-gerente ou administrador.

Trata-se de violação aos deveres de lealdade à Instituição Polícia Civil e à Administração Pública.

3.3.54. Exercer, mesmo nas horas de folga, qualquer outro emprego ou função, exceto atividade relativa ao ensino e à difusão cultural, quando compatível com a atividade policial

A Lei Orgânica da Polícia Civil reprime o policial que realiza outra atividade financeira durante o seu descanso, salvo a relativa ao ensino e à difusão cultural, desde que compatível com sua atividade policial.

A proibição de acumulação remunerada foi excepcionada pelo art. 37, inciso XVI, da Constituição Federal, permitindo, desde que haja compatibilidade de horário, o exercício de atividades relativas ao ensino e à difusão cultural.

Essa transgressão tem a finalidade de evitar que o policial transforme o serviço público em atividade secundária, isto é, o seu interesse particular se sobreponha ao público.

3.3.55. Exercer pressão ou influir junto a subordinado para forçar determinada solução ou resultado

A Lei Orgânica da Polícia Civil reprime a conduta do policial consistente em exercer pressão ou influir junto ao subordinado para forçar determinada solução ou resultado.

Trata-se de ofensa à moralidade pública, ao dever de lealdade à Instituição Polícia Civil.

No âmbito criminal, encontramos o crime de tráfico de influência, disposto no art. 332 do Código Penal.

3.4. PROIBIÇÃO DE O POLICIAL CIVIL TRABALHAR COM PARENTES

O art. 64 da Lei Orgânica da Polícia Civil veda ao policial civil o exercício de suas funções sob as ordens diretas e imediatas de parentes até segundo grau (pais, avós, filhos e netos), salvo nos casos de cargo de confiança, de livre escolha. Não pode exceder o número de 02 (dois) auxiliares.

Não há distinção entre o parentesco por consanguinidade e por afinidade, sendo assim a restrição de trabalho deve ser ampliada para cônjuge, sogro e sogra, genro e nora.

Tutela-se a moralidade da Administração Pública, evitando assim a prática do nepotismo na Polícia Civil.

3.5. DAS RESPONSABILIDADES

A Lei Orgânica da Polícia Civil prevê a possibilidade de o policial civil ser processado, de forma isolada e autônoma, nas esferas civil, administrativa e criminal. Prevê, então, a independência das instâncias na apuração das responsabilidades.

3.5.1. Responsabilidade civil, penal e administrativa

O art. 65 da Lei Orgânica da Polícia Civil disciplina a responsabilidade civil, penal e administrativa do policial civil pelo exercício irregular de suas funções, ficando sujeito, cumulativamente, às cominações das respectivas searas.

3.5.1.1. Responsabilidade civil

A responsabilidade civil decorre de ato, omissivo ou comissivo, doloso ou culposo, praticado pelo policial civil que resultou em prejuízo ao erário ou a terceiros.

Para Maria Sylvia Zanella Di Pietro, a responsabilidade extracontratual do Estado "corresponde à obrigação de reparar danos causados a terceiros em decorrência de comportamento comissivo ou omissivos, materiais ou jurídicos, lícitos ou ilícitos, imputáveis aos agentes públicos".[9]

A responsabilidade civil está disciplinada pelo Código Civil nos arts. 186 a 188 e 927.

O art. 37, § 6º, da Constituição Federal prevê a responsabilidade civil do Estado pelos danos causados por seus agentes a terceiros, ficando assegurado o direito de regresso contra o agente público responsável, que tenha agido com dolo ou culpa.

A responsabilidade civil do Estado se baseia na teoria da responsabilidade objetiva do Estado. Basta a ocorrência do dano resultante da atuação estatal, isto é, independe da existência de culpa ou dolo.

Nessa esteira, Pablo Stolze Gagliano e Rodolfo Pamplona Filho afirmam "que, sem sombra de qualquer dúvida, a responsabilidade civil prevista na Constituição Federal de 1988 é essencialmente objetiva, prescindindo da ideia de culpa, como pressuposto para a obrigação de indenizar".[10]

A responsabilidade do agente público, por força constitucional, é subjetiva. Há necessidade de comprovar a culpa ou dolo do agente causador do dano.

Uma vez fixada a responsabilidade do Estado, com efetiva indenização ao particular do dano suportado em decorrência da atividade de pessoa jurídica de direito público ou de direito privado prestadora de serviço público, ensejará a possibilidade de regresso.

O Estado, de posse das provas de culpa do agente público e na busca da reparação do valor efetivamente pago pelo dano suportado pelo particular, ajuizará a ação regressiva contra o agente causador da lesão. A ação dependerá, assim, da atuação dolosa ou culposa do agente e da condenação anterior do Estado, que arcou com o ressarcimento devido à vítima.[11]

O art. 66, parágrafo único, da Lei Orgânica da Polícia Civil dispõe que o valor da indenização será descontado nos próprios vencimentos do policial

---

[9] PIETRO, Maria Sylvia Zanella Di. *Direito Administrativo*, p. 408.
[10] GAGLIANO, Pablo Stolze; PAMPLONA FILHO, Rodolfo. *Novo Curso de Direito Civil – Responsabilidade Civil*, p. 195.
[11] ROSA, Márcio Fernando Elias. *Direito Administrativo – parte II*, p. 136.

causador do dano, entretanto não poderá ser superior a 10% da sua remuneração mensal.

3.5.1.2. Responsabilidade penal

O policial civil será responsabilizado penalmente quando sua conduta for tipificada, pela legislação penal, como infração criminal.

Há crimes que só podem ser praticados por funcionários públicos, os quais estão dispostos nos arts. 312 *usque* 326 do Código Penal. Nesses casos, há violação das regras administrativas.

3.5.1.3. Responsabilidade administrativa

O policial civil que praticar um ilícito administrativo será responsabilizado pela Corregedoria da Polícia, ou seja, *interna corporis*.

A responsabilidade administrativa é corolário de mecanismo de controle interno da Administração.[12]

A responsabilidade administrativa do policial deve ser apurada por meio de sindicância ou processo administrativo disciplinar, estando assegurado o contraditório e a ampla defesa, previstos no art. 5º, inciso LV, da Constituição Federal.

3.5.2. Independência das responsabilidades administrativa, civil e penal

O art. 65, § 1º, da Lei Orgânica da Polícia Civil reconhece, para efeito de responsabilidade, a autonomia das esferas administrativa, civil e penal.

Há possibilidade de o policial civil ser processado, pela mesma conduta, civil, administrativa e penalmente, mas de forma isolada e autônoma. Isto é, um processo no âmbito administrativo não impede a existência de outro no âmbito criminal.

Importante destacar que a existência de processo crime apurando o mesmo fato que se analise no procedimento administrativo não impede a sua conclusão, ou seja, o processo administrativo disciplinar pode ser encerrado independentemente da prolação de sentença no procedimento penal.

3.5.3. Reintegração ao serviço público

Reintegração é a recondução ou retorno do servidor ao mesmo cargo de que fora demitido, com o ressarcimento integral de seus vencimentos,

---

[12] ANGERAMI, Alberto; PENTEADO FILHO, Nestor Sampaio. *Lei Orgânica da Polícia de São Paulo Comentada*, p. 104.

inclusive, com as vantagens devidas durante o período que esteve afastado, em decorrência do reconhecimento judicial da ilegalidade do ato demissório.[13]

O art. 65, § 2º, da Lei Orgânica da Polícia Civil, acrescido pela Lei Complementar nº 922, de 02 de julho de 2002, prevê a possibilidade de o policial ser reintegrado aos quadros policiais civis. Também, há previsão de reintegração ao serviço público nos arts. 30 usque 32, do Estatuto dos Funcionários Públicos Civis do Estado de São Paulo.

Em que pese a independência das instâncias administrativa, civil e penal, o policial civil será reintegrado ao serviço público, no mesmo cargo que ocupava e com todos direitos e vantagens devidas, durante a sua demissão, com o trânsito em julgado da sentença absolutória que reconheceu a negativa de sua autoria, a inexistência da infração ou do fato que originou sua pena demissória.

Importante ressaltar que se a sentença absolutória for por falta de provas, não será cabível a reintegração do policial ao serviço público.

3.5.4. Sobrestamento do processo administrativo

Carlos Alberto Marchi de Queiroz define sobrestamento como "a suspensão dos atos do processo administrativo, com a finalidade de aguardar a sentença penal ou a realização de provas relevantes, que propiciarão maior segurança na prolação da decisão administrativa".[14]

O sobrestamento do processo administrativo somente poderá ocorrer quando houver nexo causal com investigação criminal ou processo, isto porque há possibilidade de o policial estar respondendo pelos dois procedimentos e por motivos autônomos.

O sobrestamento só poderá ser aplicado por despacho motivado da autoridade competente para aplicar a pena.

O pedido do sobrestamento deve ser formulado pela defesa do policial, mas nada impede que o Delegado de Polícia Presidente do processo administrativo disciplinar ou qualquer Conselheiro do Conselho da Polícia Civil, o promova ex officio.

3.6. JURISPRUDÊNCIA

EMENTA: MANDADO DE SEGURANÇA. ADMINISTRATIVO. SERVIDOR PÚBLICO. AGENTE DE POLÍCIA. HOMICÍDIO. ATO DEMISSÓRIO ALICERÇADO EXCLUSIVAMENTE

---

[13] ANGERAMI, Alberto; PENTEADO FILHO, Nestor Sampaio. Lei Orgânica da Polícia de São Paulo Comentada, p. 107.

[14] QUEIROZ, Carlos Alberto Marchi de. O Sobrestamento do Processo Administrativo Disciplinar, p. 23.

EM TIPO PENAL. DEMISSÃO ANTES DE RESPOSTA, EM DEFINITIVO, DA INSTÂNCIA PENAL. INFRINGÊNCIA AO PRINCÍPIO DA PRESUNÇÃO DE INOCÊNCIA. DECISÃO ABSOLUTÓRIA NO JUÍZO CRIMINAL. INEXISTÊNCIA DE FALTA RESIDUAL. COMUNICABILIDADE DAS INSTÂNCIAS. RECURSO PROVIDO. 1. O ilícito tomado como ensejador da aplicação da penalidade de demissão (art. 31, XLVIII, da Lei nº 6.425/72) é notadamente dependente da efetiva ocorrência de uma infração penal, tipificada pelas leis penais. 2. Inobstante a independência das instâncias penal e administrativa, estando o ato demissório alicerçado exclusivamente em tipo penal, imprescindível é que haja provimento condenatório com trânsito em julgado para que a demissão seja efetivada, sob pena de patente infringência ao princípio da presunção de inocência, segundo o qual "ninguém será considerado culpado até o trânsito em julgado de sentença penal condenatória" (art. 5º, LVII, da Constituição Federal). 3. O recorrente foi absolvido na esfera penal, perante o 1º Tribunal do Júri da Comarca de Recife, do crime de homicídio que lhe foi imputado, por estar amparado pela excludente da legítima defesa (art. 23, II, Código Penal), hipótese na qual não há crime. Nesta hipótese, não havendo o recorrente incidido na prática de qualquer infração penal, forçoso que se reconheça a não incidência do mesmo na transgressão disciplinar prevista no art. 31, XLVIII, da Lei nº 6.425/72, vez que esta requer, para sua materialização, a efetiva prática de uma infração penal. 4. Inocentado do ilícito penal que lhe foi imputado, não há que se falar na existência da chamada "falta residual" a que se refere a Súmula 18 – STF. Não havendo – como não há – falta residual, a absolvição na esfera criminal repercute na órbita administrativa, conforme inteligência a *contrario sensu* da Súmula 18 do STF. 5. Recurso conhecido e provido (STJ, RMS 14.405/PE, Rel.ª Min.ª Alderita Ramos de Oliveira, DJe 1º/07/2013).

3.7. SÍNTESE DO CAPÍTULO

Deveres do policial civil	Estão dispostos no art. 62 da LOPC
Classificação dos deveres	– Deveres internos: são aqueles que o servidor obedece durante a relação que mantém com a Administração Pública. – Deveres externos: são aqueles que o servidor observa durante a sua relação com particulares, mas vinculada à sua condição de funcionário público.
1 - Ser assíduo e pontual	– Assíduo: é aquele policial civil que regular e habitualmente cumpre seu horário de trabalho. – Pontual: diz respeito ao policial que chega no horário predeterminado.
2 - Ser leal às instituições	O policial deve ser leal às instituições, contribuindo para a cooperação e integração entre as instituições responsáveis pela segurança pública e as que estiverem diretamente relacionadas com o interesse público.

3 - Cumprir as normas legais e regulamentares	O dever do policial de acatar e cumprir ordens emanadas do seu superior hierárquico, salvo as manifestamente ilegais.
4 - Zelar pela economia e conservação dos bens do Estado, especialmente daqueles cuja guarda ou utilização lhe for confiada	O dever do policial de zelar pelos bens públicos. Tem o dever de agir com moderação, evitando desperdícios e gastos desnecessários.
5 - Desempenhar com zelo e presteza as missões que lhe forem confiadas, usando moderadamente de força ou outro meio adequado de que dispõe para esse fim.	O policial civil durante as missões que lhe forem confiadas deve agir num padrão médio e razoável, pautado pela prudência e ausência de excesso. Exige-se do policial um comportamento positivo no seu trabalho, porque deve sempre servir ao interesse público.
6 - Informar incontinenti toda e qualquer alteração de endereço da residência e número de telefone, se houver	O policial civil tem o dever de manter atualizado, junto a sua Unidade Policial, seu endereço residencial e os números de telefones, fixos ou móveis.
7 - Prestar informações corretas ou encaminhar o solicitante a quem possa prestá-las	O policial civil deve prestar corretamente as informações que forem necessárias à solução do fato. Caso não seja a autoridade competente para a solução em comento, deverá encaminhar o cidadão a quem tem a competência.
8 - Comunicar o endereço onde possa ser encontrado, quando dos afastamentos regulamentares	O policial civil deve informar aos seus superiores hierárquicos onde possa ser localizado durante o período de seus afastamentos regulamentares.
9 - Proceder na vida pública e particular de modo a dignificar a função policial	O policial deve proceder de maneira socialmente adequada aos costumes regionais. Como agente do Estado deve, com mais razão, agir na vida pública e particular de modo a dignificar o seu mister.
10 - Residir na sede do Município onde exerça o cargo ou função, ou onde autorizado	O policial civil deve residir no Município em que exerce suas funções, pois o exercício da atividade policial exige do funcionário a obrigação de estar sempre presente, pronto a atender qualquer ocorrência.
11 - Frequentar, com assiduidade, para fins de aperfeiçoamento e atualização de conhecimentos profissionais, cursos instituídos periodicamente pela Academia de Polícia	O dever de aperfeiçoamento do policial é corolário do princípio da eficiência da Administração.
12 - Portar a carteira funcional	O policial deve portar sua carteira funcional para que possa identificar-se nas situações que esteja obrigado a intervir, funcionalmente, em defesa da segurança pública.

DOS DEVERES, DAS TRANSGRESSÕES E DAS RESPONSABILIDADES

CAPÍTULO 3

13 - Promover as comemorações do "Dia da Polícia", a 21 de abril ou delas participar, exaltando o vulto de Joaquim José da Silva Xavier, o Tiradentes, Patrono da Polícia	O dever de promover a solenidade cabe aos superiores hierárquicos e aos subordinados, a obrigação de participar dos eventos comemorativos. A Lei nº 12.259, de 15 de fevereiro de 2006, instituiu o dia da Polícia Civil do Estado de São Paulo, a ser comemorado todo dia 30 de setembro.
14 - Ser leal para com os companheiros de trabalho e com eles cooperar e manter espírito de solidariedade	O policial tem o dever de lealdade com seus colegas com quem trabalha ou de qualquer maneira se relaciona em virtude de sua atividade policial.
15 - Estar em dia com as normas de interesse policial	O policial civil está vinculado diretamente ao princípio da legalidade, razão pela qual deve buscar diariamente se atualizar em face das normas e leis.
16 - Divulgar para conhecimento dos subordinados as normas referidas no inciso anterior	Os superiores hierárquicos dos policiais civis devem providenciar a divulgação das normas de interesse policial aos seus subordinados.
17 - Manter discrição sobre os assuntos da repartição e, especialmente, sobre despachos, decisões e providências	O policial deve zelar pelo sigilo dos atos praticados na Unidade Policial, visto que exerce atividades voltadas para apuração das circunstâncias, da materialidade e da autoria das infrações penais.
Transgressão disciplinar	– É espécie de infração administrativa pela qual o legislador impõe ao servidor um comportamento negativo. Exige-se do policial abstenção de prática de algumas condutas. – As transgressões disciplinares do policial civil estão previstas no art. 63 da LOPC.
1 - Manter relações de amizade ou exibir-se em público com pessoas de notórios e desabonadores antecedentes criminais, salvo por motivo de serviço	Reprime-se o comportamento do policial que compromete o decoro e a dignidade da função policial. Para configurar essa transgressão é necessário que os antecedentes criminais da pessoa com quem o policial se relaciona sejam de conhecimento público.
2 - Constituir-se procurador de partes ou servir de intermediário, perante qualquer repartição pública, salvo quando se tratar de interesse de cônjuge ou parente até segundo grau	Reprime-se a conduta do policial que se faz procurador ou intermediário das partes nas repartições públicas. Não se aceita que a pessoa se valha de sua função ou cargo de policial para apadrinhar interesses alheios junto à Administração. Exceção: patrocínio de interesses de cônjuge ou parente até segundo grau por parte do policial, nas repartições públicas.
3 - Descumprir ordem superior, salvo quando manifestamente ilegal, representando neste caso	O policial civil tem o dever de obediência decorrente de sua subordinação ao seu superior hierárquico. O policial subordinado só se exime de cumprir a ordem superior, quando for manifestamente ilegal. Nesse caso, o funcionário deve informar a irregularidade à autoridade corregedora, por meio de uma representação.

4 - Não tomar as providências necessárias ou deixar de comunicar, imediatamente, à autoridade competente, faltas ou irregularidades de que tenha conhecimento	– O policial civil competente que não adota as providências necessárias com relação as faltas ou irregularidades do subordinado. – O policial civil que deixar de comunicar, imediatamente, à autoridade competente, faltas ou irregularidades de que tiver conhecimento no exercício de suas funções.
5 - Deixar de oficiar tempestivamente nos expedientes que lhe forem encaminhados	Reprime-se a conduta do policial que por negligência, desleixo, inércia ou preguiça não cumprir os prazos ou atrasar os expedientes.
6 - Negligenciar na execução de ordem legítima	Reprime-se a conduta do policial que se desincumbe mal de suas funções. O policial cumpre a ordem de forma displicente, sem o devido cuidado.
7 - Interceder maliciosamente em favor de parte	Reprime-se a conduta do policial que se vale de sua condição para beneficiar terceiros.
8 - Simular doença para esquivar-se ao cumprimento de obrigação	Reprime-se a conduta do policial que simula estar enfermo ou aumenta a gravidade da doença, para deixar de cumprir suas obrigações decorrentes de sua função.
9 - Faltar, chegar atrasado ou abandonar escala de serviço ou plantões, ou deixar de comunicar, com antecedência, à autoridade a que estiver subordinado, a impossibilidade de comparecer à repartição, salvo por motivo justo	Reprime-se a conduta do policial que se ausenta da repartição sem a devida justificativa.
10 - Permutar horário de serviço ou execução de tarefa sem expressa permissão da autoridade competente	Reprime-se a conduta do policial que permuta horário de serviço ou execução de suas atividades sem submetê-la à análise e crivo da autoridade competente.
11 - Usar vestuário incompatível com o decoro da função	O policial civil no exercício de suas funções deve usar vestuário compatível com suas atividades, zelando pela imagem da Polícia Civil.
12 - Descurar de sua aparência física ou do asseio	Reprime-se o policial que não cuida de sua aparência física ou do seu asseio.
13 - Apresentar-se ao trabalho alcoolizado ou sob efeito de substância que determine dependência física ou psíquica	Reprime-se o policial que se apresenta sob efeito de álcool ou de substância que determine dependência física ou psíquica.
14 - Lançar intencionalmente, em registros oficiais, papéis ou quaisquer expedientes, dados errôneos, incompletos ou que possam induzir a erro, bem como inserir neles anotações indevidas	Reprime-se o policial que pratica o falso disciplinar, isto é, a inserção dolosa em quaisquer documentos de dados errôneos, inválidos, falsos ou ainda incompletos, que possam levar alguém a erro.

15 - Faltar, salvo motivo relevante a ser comunicado por escrito no primeiro dia em que comparecer à sua sede de exercício, a ato processual, judiciário ou administrativo, do qual tenha sido previamente cientificado	Reprime-se o policial desidioso ou irresponsável, que, sem motivo relevante, deixa de comparecer a ato processual, judiciário ou administrativo, mesmo sendo previamente cientificado.
16 - Utilizar, para fins particulares, qualquer que seja o pretexto, material pertencente ao Estado	Reprime-se o policial que utiliza, em seu benefício, do material do Estado. Ofensa ao princípio da moralidade.
17 - Interferir indevidamente em assunto de natureza policial, que não seja de sua competência	Reprime-se o policial que interfere em assuntos que não tem competência legal para cuidar. Trata-se de interferência indevida, sem almejar qualquer beneficio próprio ou alheio.
18 - Fazer uso indevido de bens ou valores que lhe cheguem às mãos, em decorrência da função, ou não entregá-los, com a brevidade possível, a quem de direito	Reprime-se o policial que se apropria de bens ou valores pertencentes a vítima, ao investigado, ao preso ou a qualquer outra pessoa. Está subdividida em: – utilização indevida de bens ou valores; – atraso na devolução dos bens ou valores, a quem de direito.
19 - Exibir, desnecessariamente, arma, distintivo ou algema	Reprime-se o policial que ostenta desnecessariamente arma, distintivo ou algema. Não pode o servidor fazer uso explícito e desnecessário de seus instrumentos de trabalho.
20 - Deixar de ostentar distintivo quando exigido para o serviço	Reprime-se o policial que deixa de ostentar o distintivo do seu cargo, quando exigido para o serviço policial.
21 - Deixar de identificar-se, quando solicitado ou quando as circunstâncias o exigirem	Reprime-se o policial que, instado a se identificar, deixa de exibir sua carteira funcional.
22 - Divulgar ou propiciar a divulgação, sem autorização da autoridade competente, através da imprensa escrita, falada ou televisada, de fato ocorrido na repartição	Reprime-se o policial que, conhecedor de fatos e de suas peculiaridades ocorridos no âmbito policial, envolvendo, inclusive, bens e direitos fundamentais do cidadão, leva, sem o crivo da autoridade competente, ao conhecimento dos meios de comunicação.
23 - Promover manifestação contra atos da administração ou movimentos de apreço ou desapreço a qualquer autoridade	Reprime-se o policial que atua contra os fins e os objetivos legítimos da Administração Pública, notadamente, aqueles vinculados a Instituição Polícia Civil.

24 - Referir-se de modo depreciativo às autoridades e a atos da Administração Pública, qualquer que seja o meio empregado para esse fim	Reprime-se o policial que tece críticas injustas e infundadas a seus superiores hierárquicos ou aos atos por eles praticados.
25 - Retirar, sem prévia autorização da autoridade competente, qualquer objeto ou documentos da repartição	Reprime o policial que retira da repartição o material que lhe foi confiado, exclusivamente, para utilizar na sua atividade policial.
26 - Tecer comentários que possam gerar descrédito da Instituição policial	Reprime o policial que tece comentários depreciativos da Instituição Polícia Civil. A conduta do funcionário deve ocasionar danos à Instituição policial.
27 - Valer-se do cargo com o fim, ostensivo ou velado, de obter proveito de qualquer natureza para si ou para terceiros	Reprime-se o policial que tira proveito ilícito (podendo ser econômico, moral, político etc.) de *status* funcional, em detrimento da dignidade de suas funções, locupletando-se do cargo às custas do interesse público.
28 - Deixar de reassumir exercício sem motivo justo, ao final dos afastamentos regulamentares ou, ainda, depois de saber que qualquer destes foi interrompido por ordem superior	Reprime-se o policial que não retorna ao exercício de suas funções quando devido. É a não reassunção das suas atividades após os afastamentos regulares.
29 - Atribuir-se qualidade funcional diversa do cargo ou função que exerce	Reprime-se o policial que se autoatribui qualidade funcional diversa do seu cargo ou função que desempenha.
30 - Fazer uso indevido de documento funcional, arma, algema ou bem da repartição ou cedê-los a terceiro	Reprime-se o policial que utiliza, de forma indevida, a cédula funcional, arma, algema ou bens da repartição.
31 - Maltratar ou permitir maltrato físico ou moral a preso sob sua guarda	Reprime-se o policial que maltrata ou permite maltrato físico ou moral a preso sob sua guarda e responsabilidade. Pune-se o tratamento inadequado e impróprio à pessoa humana, ofendendo assim a dignidade do preso.
32 - Negligenciar na revista a preso	Reprime-se o policial que não adota o procedimento correto para revista a preso, isto é, deixar de realizar a busca pessoal minuciosa no corpo e nas roupas do detido.
33 - Desrespeitar ou procrastinar o cumprimento de decisão ou ordem judicial	Reprime-se o policial que pratica atos que impliquem em ofensa à dignidade do serviço público, notadamente, a Justiça.

Transgressão	Descrição
34 - Tratar o superior hierárquico, subordinado ou colega sem o devido respeito ou deferência	Reprime-se o policial que dispensa tratamento desrespeitoso para com o superior hierárquico, subordinado ou colega de trabalho.
35 - Faltar à verdade no exercício de suas funções	Reprime-se o policial que falte à verdade de fato relevante, diretamente relacionado com a atividade que exerce, causando assim efetivo prejuízo.
36 - Deixar de comunicar incontinenti à autoridade competente informação que tiver sobre perturbação da ordem pública ou qualquer fato que exija intervenção policial	Reprime-se o policial que não comunica à autoridade informação relevante sobre a infração à ordem pública ou de fato que necessite de uma intervenção estatal, notadamente, do serviço policial.
37 - Dificultar ou deixar de encaminhar expediente à autoridade competente, se não estiver na sua alçada resolvê-lo	Reprime-se o policial que atrapalha os expedientes do serviço policial, embaraçando o trâmite normal, com medidas protelatórias, ou ainda deixa de enviá-los à autoridade competente para solucioná-los.
38 - Concorrer para o não cumprimento ou retardamento de ordem de autoridade competente	Reprime-se o policial que contribui para o não cumprimento da ordem emanada de autoridade competente ou colabora para o seu retardamento.
39 - Deixar, sem justa causa, de submeter-se a inspeção médica determinada por lei ou pela autoridade competente	Reprime-se o policial que se recusa a submeter a inspeção médica prevista por lei ou determinada pela autoridade competente.
40 - Deixar de concluir nos prazos legais, sem motivo justo, procedimentos de polícia judiciária, administrativos ou disciplinares	Reprime-se o policial que, sem motivo justo, não conclui dentro dos prazos regulamentares, procedimentos de polícia judiciária, administrativos ou disciplinares.
41 - Cobrar taxas ou emolumentos não previstos em lei	Reprime-se o policial que cobre taxas ou emolumentos não previstos em lei, no exercício de suas funções.
42 - Expedir identidade funcional ou qualquer tipo de credencial a quem não exerça cargo ou função policial civil	Reprime-se o policial que expede documentos funcionais a quem não exerça cargo ou função policial civil.
43 - Deixar de encaminhar ao órgão competente, para tratamento ou inspeção médica, subordinado que apresentar sintomas de intoxicação habitual por álcool, entorpecente ou outra substância que determine dependência física	Reprime-se o policial que deixa de encaminhar o subordinado dependente de drogas ou de efeitos análogos como o álcool para tratamento ou inspeção médica.

44 - Dirigir viatura policial com imprudência, imperícia, negligência ou sem habilitação	Reprime-se o policial que dirige viatura policial sem o devido cuidado, isto é, com negligência, imperícia ou imprudência. Pune-se, ainda, o servidor, não habilitado, que dirige veículo oficial.
45 - Manter transação ou relacionamento indevido com preso, pessoa em custódia ou respectivos familiares	Reprime-se o policial que se envolve comercialmente ou afetivamente com preso, pessoa custodiada ou com seus familiares.
46 - Criar animosidade, velada ou ostensivamente, entre subalternos e superiores ou entre colegas, ou indispô-los de qualquer forma	Reprime-se o policial que cria situações de intrigas, desunião, inimizade, falta de lealdade e cooperação entre os policiais.
47 - Atribuir ou permitir que se atribua a pessoa estranha à repartição, fora dos casos previstos em lei, o desempenho de encargos policiais	Reprime-se o policial que permite que pessoas estranhas à repartição policial realizem atividades pertinentes aos encargos policiais.
48 - Praticar a usura em qualquer de suas formas	Reprime-se o policial que empresta dinheiro a juros ou cobra o empréstimo, prevalecendo-se do seu cargo.
49 - Praticar ato definido em lei como abuso de poder	Reprime-se o policial que pratica ato com abuso de poder, isto é, qualquer atuação abusiva e indevida.
50 - Aceitar representação de Estado estrangeiro, sem autorização do Presidente da República	Reprime a conduta do policial de aceitar representação de Estado estrangeiro, sem autorização do Presidente da República.
51 - Tratar de interesses particulares na repartição	Reprime-se o policial de tratar de assuntos alheios ao interesse público, durante o exercício de suas funções.
52 - Exercer comércio entre colegas, promover ou subscrever listas de donativos dentro da repartição	Reprime-se o policial que se vale do relacionamento profissional para obter vantagens pessoais. Não é permitido que o servidor realize comércio dentro da repartição pública.
53 - Exercer comércio ou participar de sociedade comercial, salvo como acionista, cotista ou comanditário	Reprime-se o policial que exerce atividades empresariais ou participe de sociedade empresarial. Exceções: o policial que exerce a atividade como acionista, cotista ou comanditário, tendo assim uma atuação mais limitada ao capital e não à atividade empresarial propriamente dita.
54 - Exercer, mesmo nas horas de folga, qualquer outro emprego ou função exceto atividade relativa ao ensino e à difusão cultural, quando compatível com a atividade policial	Reprime-se o policial que realiza outra atividade financeira durante o seu descanso, salvo a relativa ao ensino e à difusão cultural, desde que compatível com sua atividade policial.

55 - Exercer pressão ou influir junto a subordinado para forçar determinada solução ou resultado	Reprime a conduta do policial consistente em exercer pressão ou influir junto ao subordinado para forçar determinada solução ou resultado.
Proibição de o policial civil trabalhar com parentes	Veda-se ao policial civil o exercício de suas funções sob as ordens diretas e imediatas de parentes até segundo grau (pais, avós, filhos e netos), salvo nos casos de cargo de confiança, de livre escolha. Não pode exceder o número de 02 (dois) auxiliares.
Responsabilidades	O policial civil pode ser processado, de forma isolada e autônoma, nas esferas civil, administrativa e criminal. Há independência das instâncias na apuração das responsabilidades.
Responsabilidade civil	A responsabilidade civil decorre de ato, omissivo ou comissivo, doloso ou culposo, praticado pelo policial civil que resultou em prejuízo ao erário ou a terceiros. A responsabilidade civil do Estado se baseia na teoria da responsabilidade objetiva do Estado. Basta a ocorrência do dano resultante da atuação estatal, isto é, independe da existência de culpa ou dolo. A responsabilidade do agente público, por força constitucional, é subjetiva. Há necessidade de comprovar a culpa ou dolo do agente causador do dano. Uma vez fixada a responsabilidade do Estado, com efetiva indenização ao particular do dano suportado em decorrência da atividade de pessoa jurídica de direito público ou de direito privado prestadora de serviço público, ensejará a possibilidade de regresso. O Estado, de posse das provas de culpa do agente público e na busca da reparação do valor efetivamente pago pelo dano suportado pelo particular, ajuizará a ação regressiva contra o agente causador da lesão. O art. 66, parágrafo único, dispõe que o valor da indenização será descontado dos próprios vencimentos do policial causador do dano, entretanto não poderá ser superior a 10% da sua remuneração mensal.
Responsabilidade penal	O policial civil será responsabilizado penalmente quando sua conduta foi tipificada, pela legislação penal, como infração criminal.
Responsabilidade administrativa	O policial civil que praticar um ilícito administrativo será responsabilizado pela Corregedoria da Polícia, ou seja, *interna corporis*. A responsabilidade administrativa do policial deve ser apurada por meio de sindicância ou processo administrativo disciplinar, estando assegurados o contraditório e a ampla defesa, previstos no art. 5º, inciso LV, da Constituição Federal.

Independência das responsabilidades administrativa, civil e penal	Para efeito de responsabilidade, a LOPC, reconhece a autonomia das esferas administrativa, civil e penal. Há possibilidade de o policial civil ser processado, pela mesma conduta, civil, administrativa e penalmente, mas de forma isolada e autônoma. Isto é, um processo no âmbito administrativo não impede a existência de outro no âmbito criminal.
Reintegração ao serviço público	O art. 65, § 2º, da LOPC, prevê a possibilidade de o policial ser reintegrado aos quadros policiais civis. Em que pese a independência das instâncias administrativa, civil e penal, o policial civil será reintegrado ao serviço público, no mesmo cargo que ocupava e com todos os direitos e vantagens devidas, durante a sua demissão, com o trânsito em julgado da sentença absolutória que reconheceu a negativa de sua autoria, a inexistência da infração ou do fato que originou sua pena demissória.
Sobrestamento do processo administrativo	O sobrestamento do processo administrativo somente poderá ocorrer quando houver nexo causal com investigação criminal ou processo, isto porque há possibilidade de o policial estar respondendo pelos dois procedimentos e por motivos autônomos. Só poderá ser aplicado por despacho motivado da autoridade competente para aplicar a pena.

3.8. QUESTÕES

3.8.1. Questões comentadas

1. Assinale a alternativa INCORRETA. São deveres do policial civil:
   a) ser assíduo e pontual;
   b) cumprir as normas legais e regulamentares;
   c) desempenhar com zelo e presteza os trabalhos de que for incumbido;
   d) negligenciar na execução de ordem legítima;
   e) ser leal às instituições.

Correta: D – *Comentários:* *O art. 63 da Lei Orgânica da Polícia Civil dispõe sobre as transgressões disciplinares. No seu inciso VI, encontramos: "negligenciar na execução de ordem legítima". As demais alternativas estão previstas no art. 62 e seus incisos, também da Lei Orgânica da Polícia Civil, que dispõe sobre deveres do policial civil.*

2. Assinale a alternativa CORRETA. São deveres do policial civil:
   a) concorrer para o não cumprimento ou retardamento de ordem de autoridade competente;

b) manter transação ou relacionamento indevido com preso, pessoa em custódia ou respectivos familiares;
c) residir na sede do Município onde exerça o cargo ou função, ou onde autorizado;
d) tratar o superior hieráquico, subordinado ou colega sem o devido respeito ou deferência;
e) manter relações de amizade ou exibir-se em público com pessoas de notórios e desabonadores antecedentes criminais, salvo por motivo de serviço.

Correta: C – Comentários: *O art. 62 da Lei Orgânica da Polícia trata dos deveres do policial civil e no seu inciso X – "residir na sede do Município onde exerça o cargo ou função, ou onde autorizado". As demais alternativas encontramos no rol das transgressões disciplinares – art. 63 e seus incisos.*

3. **Assinale a alternativa CORRETA. São deveres do policial civil:**
   a) zelar pela economia do material do Estado e pela conservação do que for confiado à sua guarda ou utilização;
   b) usar vestuário incompatível com o decoro da função;
   c) descurar de sua aparência física ou do asseio;
   d) praticar a usura em qualquer de suas formas;
   e) interceder maliciosamente em favor de parte.

Correta: A – Comentários: *O art. 62 da Lei Orgânica da Polícia trata dos deveres do policial civil e no seu inciso IV – "zelar pela economia e conservação dos bens do Estado, especialmente daqueles cuja guarda ou utilização lhe for confiada". As demais alternativas, encontramos no rol das transgressões disciplinares – art. 63 e seus incisos.*

4. **Assinale a alternativa INCORRETA. São transgressões disciplinares:**
   a) manter discrição sobre os assuntos da repartição e, especialmente, sobre despachos, decisões e providências;
   b) deixar de oficiar tempestivamente nos expedientes que lhe forem encaminhados;
   c) apresentar-se ao trabalho alcoolizado ou sob efeito de substância que determine dependência física ou psíquica;
   d) cobrar taxas ou emolumentos não previstos em lei;
   e) exercer comércio ou participar de sociedade comercial, salvo como acionista, cotista ou comanditário.

Correta: A – Comentários: *O enunciado desta questão solicita que assinale a alternativa incorreta, isto é, a que não corresponde com uma das transgressões disciplinares dispostas no art. 63 da Lei Orgânica da Polícia Civil. Manter discrição sobre os assuntos da repartição e, especialmente, sobre despachos, decisões e providências – corresponde a dever do policial civil, previsto no inciso XVII, do art. 62, da Lei Orgânica da Polícia Civil.*

5. Ao policial civil é proibido referir-se depreciativamente, em informação, parecer ou despacho, ou pela imprensa, ou qualquer meio de divulgação:
   a) às autoridades constituídas;
   b) aos atos da Administração;
   c) às autoridades e a atos da Administração;
   d) a qualquer pessoa;
   e) aos colegas.

Correta: C – *Comentários: O art. 63, inciso XXIV, da Lei Orgânica da Polícia prevê como transgressão: "referir-se de modo depreciativo às autoridades e a atos da administração pública, qualquer que seja o meio empregado para esse fim".*

6. Ao policial civil é proibido tratar de:
   a) serviços referentes à repartição em outra seção;
   b) interesses particulares na repartição;
   c) interesses particulares fora da repartição;
   d) interesses da Administração Pública fora da repartição;
   e) interesses alheios ao público.

Correta: B – *Comentários: O art. 63, inciso LI, da Lei Orgânica da Polícia prevê como transgressão: "tratar de interesses particulares na repartição".*

7. Ao policial civil é proibido promover:
   a) manifestação de apreço dentro da repartição;
   b) manifestação de desapreço dentro da repartição;
   c) manifestação contra atos da administração ou movimentos de apreço ou desapreço a qualquer autoridade;
   d) tornar-se solidário às manifestações de desapreço dentro da repartição;
   e) todas as alternativas estão corretas.

Correta: C – *Comentários: O art. 63, inciso XIII, da Lei Orgânica da Polícia prevê como transgressão: "manifestação contra atos da administração ou movimentos de apreço ou desapreço a qualquer autoridade".*

8. Assinale a alternativa CORRETA. É proibido ao policial civil:
   a) aceitar representação de Estado estrangeiro sem autorização do Presidente da República;
   b) incitar greves ou a elas aderir, ou praticar atos de sabotagem contra o serviço público;
   c) estudar;
   d) todas as alternativas estão corretas;
   e) todas as alternativas estão incorretas.

Correta: A – Comentários: *O art. 63, inciso L, da Lei Orgânica da Polícia prevê como transgressão: "aceitar representação de Estado estrangeiro sem autorização do Presidente da República".*

9. **É vedado ao policial civil trabalhar sob as ordens imediatas de:**
    a) parentes, até segundo grau, salvo quando se tratar de função de confiança e livre escolha, não podendo exceder a 2 (dois) o número de auxiliares nessas condições;
    b) parentes, até terceiro grau, salvo quando se tratar de função de confiança e livre escolha, não podendo exceder a 2 (dois) o número de auxiliares nessas condições;
    c) parentes, até segundo grau, salvo quando se tratar de função de confiança e livre escolha, não podendo exceder a 3 (três) o número de auxiliares nessas condições;
    d) parentes, até segundo grau, quando se tratar de função de confiança e livre escolha, não podendo exceder a 2 (dois) o número de auxiliares nessas condições;
    e) parentes, até primeiro grau, salvo quando se tratar de função de confiança e livre escolha, não podendo exceder a 2 (dois) o número de auxiliares nessas condições.

Correta: A – Comentários: *O art. 64 da Lei Orgânica da Polícia Civil, veda ao policial civil trabalhar sob as ordens imediatas de parentes, até segundo grau, salvo quando se tratar de função de confiança e livre escolha, não podendo exceder de 2 (dois) o número de auxiliares nestas condições.*

10. **Quando o policial civil paga indenização a que foi obrigado por ter sido responsabilizado administrativamente, ainda poderá contra ele incorrer:**
    a) responsabilidade civil;
    b) responsabilidade criminal;
    c) pena disciplinar;
    d) responsabilidade civil e criminal;
    e) todas as alternativas estão corretas.

Correta: D – Comentários: *O policial responde civil, penal e administrativamente pelo exercício irregular de suas atribuições. O § 1º do art. 65 da Lei Orgânica da Polícia Civil, prevê: "a responsabilidade administrativa é independente da civil e da criminal".*

3.8.2. Questões de concurso

1. **(DELPOL/SP – 01/2011) A responsabilidade civil do policial decorre:**
    a) da prática de dano por erro determinado por terceiro;
    b) da prática de ofensas verbais ou físicas contra servidores ou particulares;

c) apenas da prática de crime funcional de que resulte prejuízo para a Fazenda Publica;

d) de omissão antijurídica cometida em obediência a ordem superior;

e) de procedimento doloso ou culposo que importe prejuízo á Fazenda Pública ou a terceiros.

Correta: E – Comentários: *O art. 66 da Lei Orgânica da Polícia Civil dispõe: "A responsabilidade civil decorre de procedimento doloso ou culposo, que importe prejuízo à Fazenda Pública ou a terceiros".*

2. **(DEPOLPOL/SP – 01/2003) O processo administrativo disciplinar instaurado em desfavor de Delegado de Polícia só pode ser sobrestado para aguardar o desfecho de processo-crime correlato por despacho motivado do:**

a) Governador;

b) Secretário de Segurança;

c) Delegado Geral de Polícia;

d) Delegado Diretor da Corregedoria Geral.

Correta: A – Comentários: *A ideia de crime funcional está implícita. O policial civil infrator estará sujeito à pena demissória. Sendo assim, o Governador é autoridade competente para decidir quanto ao sobrestamento.*

Capítulo 4
Penalidades Administrativas e Extinção da Punibilidade

4.1. CONSIDERAÇÕES GERAIS

A finalidade de todo procedimento administrativo é a busca da verdade dos fatos. Fazendo um paralelo ao processo penal, a conclusão de processo na seara administrativa também leva à absolvição ou condenação do acusado. Entretanto, aqui o réu é um servidor público, policial civil, que poderá até ser demitido a bem do serviço público, caso fique demonstrada sua culpa no trâmite do processo.

A Lei Orgânica da Polícia Civil prevê no seu art. 67, como penas disciplinares principais, a advertência, repreensão, multa, suspensão, demissão, demissão a bem do serviço público e cassação de aposentadoria ou disponibilidade.

Também existe a previsão da aplicação da pena disciplinar acessória de remoção compulsória, que poderá ser aplicada cumulativamente com as penas de advertência, repreensão, multa e suspensão, quando em razão da falta cometida houver conveniência no afastamento do policial civil. Todo policial civil, inclusive o Delegado de Polícia, está sujeito a esta penalidade acessória.

Importante frisar que na aplicação das penas disciplinares, a autoridade corregedora deverá considerar a natureza, gravidade, motivos determinantes e a repercussão da infração administrativa cometida, bem como os danos causados, a personalidade e os antecedentes do agente, além da intensidade do dolo ou o grau da culpa. Tal previsão encontra-se disposta no art. 69 da Lei Orgânica da Polícia Civil e possui grande semelhança ao art. 59 do Código Penal, utilizado na primeira fase do cálculo da pena para a fixação da pena-base.

4.2. PENAS DISCIPLINARES

Prevê o art. 67 da Lei Orgânica da Polícia Civil, em seus incisos I a VII as penas disciplinares principais. Encontramos:

a) **as penas de natureza corretiva:** a advertência, repreensão, multa e suspensão;

b) **as penas de natureza expulsiva:** a demissão e a demissão a bem do serviço público;

c) **pena de natureza revogatória:** a cassação de aposentadoria ou de disponibilidade.

4.2.1. Advertência

A advertência é a sanção administrativa mais leve a ser aplicada aos servidores públicos pelo cometimento de infrações administrativas.

A pena de advertência é aplicada ao servidor policial civil primário e consiste em uma admoestação verbal quando ocorrer falta de cumprimento dos deveres, descritos no art. 62 da Lei Orgânica da Polícia Civil, os quais foram objeto de análise no Capítulo 2.

A advertência, para Alberto Angerami e Nestor Sampaio Penteado Filho, equivale a um chamamento de atenção, no caso de falta do cumprimento dos deveres, em se tratando de policial infrator primário.[1]

A advertência não acarreta perda de qualquer vencimento ou vantagem de ordem funcional, como por exemplo, licença prêmio ou posição na lista de classificação da carreira visando à promoção por antiguidade. Entretanto, prevê a legislação que a penalidade de advertência acarretará pontos negativos na avaliação de desempenho.

Tal penalidade pode ser imposta em sede de sindicância administrativa ou processo administrativo disciplinar.

4.2.2. Repreensão

A pena de repreensão consiste em uma advertência por escrito, nas hipóteses de transgressão disciplinar previstas no art. 63 da Lei Orgânica da Polícia Civil, sendo o policial civil infrator primário, ou na reincidência de falta de cumprimento dos deveres previstas no art. 62 da mesma lei.

Prevê a legislação em comento que a pena de repreensão poderá ser transformada em pena de advertência, porém, será aplicada por escrito e sem

---

[1] ANGERAMI, Alberto; PENTEADO FILHO, Nestor Sampaio. *Lei Orgânica da Polícia de São Paulo Comentada*, p. 116.

publicidade. Tal previsão está estampada no parágrafo único do art. 72 da Lei Orgânica da Polícia Civil.

Tal penalidade pode ser lançada em sede de sindicância administrativa ou processo administrativo disciplinar.

4.2.3. Multa

A pena de multa é uma sanção pecuniária imposta ao policial civil mediante desconto de 50% (cinquenta por cento) por dia de seu vencimento e demais vantagens, ficando o infrator obrigado a permanecer em serviço, conforme estabelece o § 2º do art. 73 do Estatuto Policial.

A pena de multa será aplicada na hipótese de conversão da pena de suspensão em multa, sendo que o policial punido continuará prestando sua atividade policial normalmente.

4.2.4. Suspensão

A pena de suspensão é uma sanção imposta ao policial civil infrator nos casos de descumprimento dos deveres e transgressão disciplinar, ocorrendo dolo ou má-fé e reincidência em falta já punida com repreensão.

Tem a finalidade de afastar o policial civil do exercício de seu cargo durante certo período, ficando suspensos todos os direitos e vantagens decorrentes, como por exemplo seu salário.

> **ATENÇÃO:** *A suspensão não poderá ser superior a noventa dias.*

Para a aplicação da suspensão deverá ocorrer descumprimento de dever e transgressão disciplinar cumulativamente, ou seja, a lei exige o concurso de infrações. Ocorrendo descumprimento de dever ou transgressão disciplinar, isoladamente, não haverá possibilidade de impor tal sanção.

Importante frisar que a suspensão de até trinta dias pode ser aplicada tanto em sede de sindicância administrativa como em processo administrativo disciplinar.

Conforme citamos no tópico anterior, a pena de suspensão pode ser convertida em multa, na base de 50% (cinquenta por cento) por dia do vencimento e demais vantagens, sendo que neste caso o policial civil permanecerá em serviço.

4.2.5. Demissão

A pena de demissão é uma sanção disciplinar pela qual o servidor policial civil será excluído da sua função pública. Ela é uma pena eliminatória.

A legislação em comento, em seu art. 74, elencou as hipóteses taxativas de cabimento desta sanção. Ela ocorrerá quando houver abandono do cargo, procedimento irregular de natureza grave, ineficiência intencional e reiterada no serviço, aplicação indevida de dinheiro público, insubordinação grave e ausência ao serviço, sem causa justificável, por mais de quarenta e cinco dias, interpoladamente, durante um ano.

4.2.5.1. Abandono de cargo

A conduta definida como abandono de cargo encontra respaldo no Código Penal, em seu art. 323 e parágrafos, bem como no art. 256, inciso I, § 1º, da Lei nº 10.261/68 – Estatuto dos Funcionários Públicos do Estado de São Paulo.

Caracteriza-se pela ausência intencional do servidor ao serviço, por mais de 30 (trinta) dias consecutivos, ou falta por ano de 60 dias interpolados caracterizando inassiduidade habitual, sem que haja justificativa plausível de sua ausência. A configuração do abandono intencional do cargo através de Apuração Preliminar, solicitado pelo Delegado de Polícia titular da unidade de lotação do servidor ao órgão corregedor. No procedimento em questão deve-se comprovar a ausência através do documento de apuração diária de frequência e comprovação de correspondência enviada ao servidor.

4.2.5.2. Procedimento irregular de natureza grave

O procedimento irregular de natureza grave consiste em um tipo aberto, onde o julgador administrativo irá avaliar a irregularidade e a gravidade da conduta do servidor. Poderá o policial civil, através de uma conduta comissiva ou omissiva praticar um ato, entendido pela Administração Superior, como sendo irregular de natureza grave, impondo a ele a pena demissória. Necessário demonstrar a lesão relevante ao interesse da Administração Pública ou manifestamente contrário ao seu dever funcional, sem que esteja tipificando outro tipo administrativo.

Egberto Maia Luz conceitua procedimento irregular de natureza grave, que "consiste na ação ou omissão não capitulada na previsão da pena demissória qualificada e que, pela sua natureza configure lesão relevante ao interesse da administração pública ou manifestamente contrária ao dever funcional e não previsto nos artigos 62, 63 e 64 da Lei Complementar nº 207/79".[2]

Devemos frisar que o procedimento irregular de natureza grave deve ofender os principais princípios norteadores da Administração Pública, dentro eles o princípio da moralidade pública.

---

[2] LUZ, Egberto Maia. *Sindicância e Processo Disciplinar:* Teoria e Prática, p. 143.

4.2.5.3. Ineficiência intencional e reiterada no serviço

A ineficiência intencional e reiterada no serviço é a desídia reiterada. Caracteriza-se pelo desleixo do policial civil, desatenção, indolência, na execução de suas atividades de polícia judiciária.

Podemos classificá-la como desídia fortuita ou ocasional, que pode ocorrer por um descuido de momento ou por uma desatenção momentânea, não constituindo motivo para a aplicação de uma sanção demissória, ou desídia habitual, sendo esta que poderá provocar a demissão do policial civil.

4.2.5.4. Aplicação indevida de dinheiro público

A aplicação indevida de dinheiro público consiste na conduta do policial civil que aplica dinheiro público, na forma da lei, porém de modo irregular. Não se fala no tipo penal previsto no art. 315 do Código Penal, já que neste caso a aplicação do dinheiro público ocorrerá em desacordo com a lei, enquadrando-se nas hipóteses da demissão a bem do serviço público.

O policial civil que atua nas Unidades Gestoras Executoras deve ter a consciência de que está trabalhando com o erário e sua destinação tem que ser de acordo com o interesse público, jamais visando ao interesse particular.

4.2.5.5. Insubordinação grave

A insubordinação grave ocorre quando o policial civil pratica de maneira ostensiva uma desobediência ao seu superior hierárquico, desrespeitando-o. Nota-se que a hierarquia e a disciplina formam os pilares da estrutura policial, constituindo princípios indispensáveis do trabalho da Polícia Civil.

A insubordinação grave em serviço deverá ser definida pela chefia do servidor público, de maneira discricionária, o que se considera como grave.

4.2.5.6. Ausência injustificada e interpolada ao serviço

A ausência injustificada e interpolada ao serviço foi acrescida na Lei Orgânica da Polícia Civil em 2002 através da Lei Complementar nº 922/2002. Com isso, o policial civil que durante um ano se ausentar do serviço, sem causa justificável, por mais de 45 (quarenta e cinco) dias, interpoladamente, sofrerá a pena demissória por inassiduidade.

Necessário frisar que deverá restar demonstrado no procedimento administrativo a prova da ausência do policial civil através de atestados de frequência negativos, ou seja, figurando as faltas sem justificativas.

4.2.6. Demissão a bem do serviço público

Encontramos ainda na Lei Orgânica da Polícia Civil, em seu art. 75, doze hipóteses de aplicação da sanção de demissão a bem do serviço público. São elas:

I – conduzir-se com incontinência pública e escandalosa e praticar jogos proibidos;

II – praticar ato definido como crime contra a Administração Pública, a Fé Pública e a Fazenda Pública ou previsto na Lei de Segurança Nacional;

III – revelar dolosamente segredos de que tenha conhecimento em razão do cargo ou função, com prejuízo para o Estado ou particulares;

IV – praticar ofensas físicas contra funcionários, servidores ou particulares, salvo em legítima defesa;

V – causar lesão dolosa ao patrimônio ou aos cofres públicos;

VI – exigir, receber ou solicitar vantagem indevida, diretamente ou por intermédio de outrem, ainda que fora de suas funções, mas em razão destas;

VII – provocar movimento de paralisação total ou parcial do serviço policial ou outro qualquer serviço, ou dele participar;

VIII – pedir ou aceitar empréstimo de dinheiro ou valor de pessoas que tratem de interesses ou os tenham na repartição, ou estejam sujeitos à sua fiscalização;

IX – exercer advocacia administrativa.

X – praticar ato definido como crime hediondo, tortura, tráfico ilícito de entorpecentes e drogas afins e terrorismo;

XI – praticar ato definido como crime contra o Sistema Financeiro, ou de lavagem ou ocultação de bens, direitos ou valores;

XII – praticar ato definido em lei como de improbidade.

Os incisos X, XI e XII foram acrescidos na Lei Orgânica da Polícia Civil em 2002, com a edição da Lei Complementar nº 922, de 02/07/2002.

4.2.6.1. Conduzir-se com incontinência pública e escandalosa e praticar jogos proibidos

Encontramos nesta tipificação duas condutas a serem analisadas:

a) a primeira parte do inciso I do art. 75: pune aquele que emprega palavras grosseiras, não dignas de um policial civil, realizando agressões morais, tanto na vida privada como na vida pública, denegrindo a sua imagem, bem como a da própria Instituição Policial Civil perante a sociedade;

b) na segunda parte do mesmo tipo, pune-se a prática do policial civil em jogos proibidos, como por exemplo o jogo do bicho e demais loterias não autorizadas, definidas como contravenção penal pelas leis penais especiais.

4.2.7. Praticar ato definido como crime contra a Administração Pública, a Fé Pública e a Fazenda Pública ou previsto na Lei de Segurança Nacional

Crimes praticados contra a Administração Pública, a Fé Pública e a Fazenda Pública são tipos penais previstos no Código Penal, enquanto os crimes previstos na Lei de Segurança Nacional estão tipificados na Lei nº 7.170/83.

Podemos dividir os crimes contra a Administração Pública em três espécies:

a) crimes funcionais, ou seja, praticados por funcionários públicos, previstos nos arts. 312 a 326 do Código Penal;

b) crimes praticados por particulares contra a Administração Pública em geral, previstos nos arts. 328 a 337-D do Código Penal;

c) crimes contra a Administração da Justiça, previstos nos arts. 338 a 359-H do Código Penal.

Importante frisar que o policial civil poderá ser demitido se praticar qualquer dos crimes acima elencados, não ficando restrito apenas aos crimes funcionais.

Prevê o Código Penal em seu art. 92 que são efeitos da condenação: a perda de cargo, função pública ou mandato eletivo quando aplicada pena privativa de liberdade por tempo igual ou superior a um ano, nos crimes praticados com abuso de poder ou violação de dever para com a Administração Pública ou quando for aplicada pena privativa de liberdade por tempo superior a 4 (quatro) anos nos demais casos. Entretanto, tais efeitos não são automáticos, devendo ser motivadamente declarados na sentença.

4.2.7.1. Revelar dolosamente segredos de que tenha conhecimento em razão do cargo ou função, com prejuízo para o Estado ou particulares

Encontramos aqui uma redundância da Lei Orgânica da Polícia Civil, uma vez que a revelação dolosa de segredo de que tenha conhecimento em razão do cargo ou função, com prejuízo para o Estado ou particular é crime contra a Administração Pública previsto nos arts. 325 e 326 do Código Penal. Sendo assim, tal prática se enquadraria no inciso anterior. Ainda, encontramos na Legislação em comento como dever do policial civil no art. 62, inciso XVII, a manutenção de discrição sobre os assuntos da repartição, principalmente sobre decisões e providências atinentes ao seu exercício policial.

Ainda, o art. 63, inciso XXII, do mesmo Estatuto prevê como transgressão disciplinar divulgar ou propiciar a divulgação, sem autorização da autoridade competente, através da imprensa escrita, falada ou televisada, de fato ocorrido na repartição policial.

Nota-se a total preocupação do legislador com os assuntos que são discutidos no ambiente policial. A relevância das questões tratadas pela Polícia exige do policial total sigilo, jamais comentando suas atividades em rodas de amigos, por exemplo.

4.2.7.2. Praticar ofensas físicas contra funcionários, servidores ou particulares, salvo em legítima defesa

Será punido com demissão a bem do serviço público o policial civil que praticar ofensas físicas contra funcionários, servidores ou particulares, não havendo distinção pela lei sobre a gravidade da lesão, ou seja, se leve, grave ou gravíssima, ou até mesmo a morte. Também não há diferenciação em sendo ofensas dolosas, culposas ou preterdolosas. A única excludente aqui prevista é a legítima defesa, prevista também como causa justificadora no Código Penal. Entendemos ainda que as demais causas justificadoras devem ser abarcadas pela exceção do dispositivo por uma questão óbvia de excludente de crime.

4.2.7.3. Causar lesão dolosa ao patrimônio ou aos cofres públicos

Aqui também encontramos definições semelhantes em outros tipos administrativos previstos na Lei Orgânica da Polícia Civil, uma vez que uma lesão dolosa ao patrimônio ou aos cofres públicos caracterizará o crime de peculato, punido no inciso II, do art. 75, ou até mesmo uma improbidade administrativa, punido no inciso XII do mesmo artigo.

Vale ressaltar, que neste caso é possível declarar a indisponibilidade dos bens do servidor até que seja feito o completo ressarcimento ao erário público pelos danos causados.

4.2.7.4. Exigir, receber ou solicitar vantagem indevida, diretamente ou por intermédio de outrem, ainda que fora de suas funções, mas em razão destas

Novamente a legislação repete preceitos já abordados anteriormente. Quem exige, recebe ou solicita vantagem indevida, direta ou por intermédio de outrem, mesmo que fora de suas funções policiais mas em razão destas está praticando crime funcional previsto no Código Penal em seus arts. 316 e 317, ou seja, concussão e corrupção passiva. Em tais hipóteses, a conduta do policial civil já estaria enquadrada no inciso II do art. 75.

4.2.7.5. Provocar movimento de paralisação total ou parcial do serviço policial ou outro qualquer serviço, ou dele participar

Pune-se a greve no serviço policial. A própria Constituição Federal em seu art. 37, inciso VII, estabelece a greve no serviço público, entretanto, exige lei específica para regulamentá-la.

A greve é um ato social que ocorre a partir do momento em que o Estado deixa de cumprir a sua obrigação de pacificador social. É um direito de coerção que visa à solução de um conflito coletivo. Pode ser considerada um direito potestativo dos empregados. Com isso, a parte contrária deve submeter-se à situação. A greve tem um único objetivo: fazer a parte contrária ceder sob um determinado ponto da negociação.

Como a regulamentação não ocorreu até o momento, a jurisprudência decorrente das lides judiciais adota posição no sentido de considerar lícito o desconto dos dias parados. Muitas vezes aplica sanções de responsabilização civil e até mesmo penal, dependendo da gravidade do caso. O Supremo Tribunal Federal, em outubro do ano de 2007, em decisão no Mandado de Injunção nº 670/712, declarou que é aplicável ao serviço público, enquanto não for disciplinada pelo Legislativo, a Lei de Greve do setor privado, qual seja, a Lei nº 7.783/89. Em seu voto, o Ministro Celso de Mello assim julgou:*(...) viabilizar, desde logo, nos termos e com as ressalvas e temperamentos preconizados por Suas Excelências, o exercício, pelos servidores públicos civis, do direito de greve, até que seja colmatada, pelo Congresso Nacional, a lacuna normativa decorrente da inconstitucional falta de edição da lei especial a que se refere o inciso VII do art. 37 da Constituição da República".*

Em setembro de 2009, ao julgar uma greve de policiais civis do Estado de São Paulo, alguns Ministros do Supremo Tribunal Federal expressaram em Plenário a opinião de que a Corte deveria assentar a proibição de greve das polícias civis, muito embora o art. 37, inciso VII, da Constituição Federal assegure o direito de greve aos servidores públicos. A proposta foi apresentada pelo relator da Reclamação 6.568, Ministro Eros Grau, que citou jurisprudência das Cortes Constitucionais da Itália, França e Espanha que proíbem a greve no setor, sob o fundamento de que se trata de um setor essencial que visa a proteger direitos fundamentais do cidadão em geral, garantidos nas respectivas Constituições. O Ministro ainda sustentou a relativização do direito de greve no serviço público, defendendo a sua extensão a todos os serviços de que dependa a ordem pública. Entre eles, citou a Justiça, as categorias responsáveis pela exação tributária e a saúde. Também o Ministro Gilmar Mendes disse que há categorias cuja greve é inimaginável. O então Ministro Cezar Peluso observou também que a Polícia Civil não pode ser autorizada a funcionar com apenas 80% de seus efetivos, se nem com 100% deles consegue garantir plenamente a ordem pública e garantir ao cidadão a segurança física e a proteção de seus bens, asseguradas pela Constituição Federal.

Na verdade não há qualquer regulamentação que disponha sobre greve no serviço policial. Com isso, o Estatuto Policial em questão pune com sanção demissória qualificada o exercício deste direito previsto na Constituição Federal.

4.2.7.6. Pedir ou aceitar empréstimo de dinheiro ou valor de pessoas que tratem de interesses ou os tenham na repartição, ou estejam sujeitos à sua fiscalização

O policial civil que se prevalecendo do seu cargo, pede ou aceita empréstimos de terceiros que cuidam de interesses na delegacia de polícia ou de pessoas que estão sob a sua fiscalização está sujeito a sofrer a sanção demissória prevista no inciso VIII do art. 75 da Lei Orgânica da Polícia Civil. Aqui visa a punir uma conduta imoral, onde o policial possa valer-se de seu cargo para obter benefícios no empréstimo de dinheiro ou valores.

4.2.7.7. Exercer advocacia administrativa

A advocacia administrativa está prevista como crime funcional no art. 321 do Código Penal, sendo crime contra a Administração Pública, também punível no inciso II do art. 75. Consiste na conduta do policial civil que se vale da qualidade de funcionário e patrocina, direta ou indiretamente, interesse privado perante a Administração Pública, agindo como procurador ou intermediário de partes perante qualquer repartição pública.

4.2.7.8. Praticar ato definido como crime hediondo, tortura, tráfico ilícito de entorpecentes e drogas afins e terrorismo

Esta conduta foi introduzida na Lei Orgânica da Polícia Civil em 2002 com o advento da Lei Complementar nº 922/2002. Policial civil que praticar ato definido como crime hediondo, tortura, tráfico ilícito de drogas e terrorismo sofrerá sanção demissória qualificada. Seguindo o critério legal, a legislação pátria define os crimes hediondos no art. 1º da Lei nº 8.072/90, quais sejam: homicídio, quando praticado em atividade típica de grupo de extermínio, ainda que cometido por um só agente, e homicídio qualificado; latrocínio; extorsão qualificada pela morte; extorsão mediante sequestro e na forma qualificada; estupro; estupro de vulnerável; epidemia com resultado morte; falsificação, corrupção, adulteração ou alteração de produto destinado a fins terapêuticos ou medicinais. Considera-se, também, hediondo o crime de genocídio previsto nos arts. 1º, 2º e 3º da Lei nº 2.889, de 1º de outubro de 1956, tentado ou consumado. Ainda, equiparam-se a hediondo a prática da tortura, o tráfico ilícito de entorpecentes e drogas afins e o terrorismo.

A tortura é definida pela Lei nº 9.455/97 e o tráfico ilícito de drogas traz sua previsão legal na Lei nº 11.340/2006. Com relação ao crime de terrorismo, não há lei definindo tal conduta, sendo que alguns doutrinadores entendem que a tipificação pode ocorrer pela Lei nº 7.170/83 – Lei de Segurança Nacional.

4.2.7.9. Praticar ato definido como crime contra o Sistema Financeiro, ou de lavagem ou ocultação de bens, direitos ou valores

Define o legislador a possibilidade de aplicação de pena demissória qualificada ao policial civil que praticar as condutas previstas na Lei nº 7.492/86 – crimes contra o Sistema Financeiro Nacional e na Lei nº 9.613/98, que foi recentemente alterada pela Lei nº 12.683/2012 – crimes de lavagem dinheiro ou ocultação de bens, direitos e valores.

4.2.7.10. Praticar ato definido em lei como de improbidade

A Lei nº 8.429/92 dispõe sobre as sanções aplicáveis aos agentes públicos nos casos de enriquecimento ilícito no exercício de mandato, cargo, emprego ou função na Administração Pública direta, indireta ou fundacional. Com isso, em 2002 a Lei Complementar nº 922/2002 introduziu na Lei Orgânica da Polícia Civil a sanção demissória para o policial civil que pratique ato de improbidade administrativa no exercício de sua função policial.

A improbidade administrativa caracteriza a conduta inadequada de agentes públicos, ou de particulares envolvidos, que por meio da função pública enriqueçam ou obtenham alguma vantagem econômica de forma indevida em razão do exercício de cargo, mandato, função, emprego ou atividade em órgãos e entidades do serviço público; causem dano ao patrimônio público, com o uso de bens públicos para fins particulares, a aplicação irregular de verba pública, a facilitação do enriquecimento de terceiros à custa do dinheiro público, entre outros atos; violem os deveres de honestidade, imparcialidade, legalidade e lealdade às instituições públicas.

Além, das sanções previstas na Lei de Improbidade, o servidor público estará sujeito à indisponibilidade dos seus bens até que seja feito o completo ressarcimento ao erário público pelos danos causados.

4.2.8. Cassação da aposentadoria ou disponibilidade

A cassação da aposentadoria ou disponibilidade deve ser aplicada pela autoridade competente para a imposição da pena de demissão. Ocorre quando o inativo haja praticado, na atividade, falta a que corresponderia tal sanção, e, ainda que a lei não o diga, terá de acarretar, por identidade de razão, as mesmas consequências previstas para os casos de demissão.[3]

Trata-se de uma sanção revocatória, uma vez que o policial civil inativo terá sua aposentadoria ou disponibilidade cassadas. Ela ocorrerá quando ficar demonstrado que o policial civil praticou, quando em atividade, infração para a qual é cominada nesta lei a pena de demissão ou de demissão a bem do serviço público; aceitou ilegalmente cargo ou função pública ou aceitou representação de Estado estrangeiro sem prévia autorização do Presidente da República.

Com isso, caso o policial civil tenha descumprido seus deveres ou praticado transgressões disciplinares, que poderão sofrer repreenda de até suspensão, ele não terá cassada sua aposentadoria. Sendo assim, nada impede que o policial que esteja sendo processado administrativamente venha a se aposentar a pedido ou compulsoriamente. Entretanto, poderá ter cassada sua aposentadoria.

4.3. REMOÇÃO COMPULSÓRIA

Prevê a Lei Orgânica da Polícia Civil a pena disciplinar acessória de remoção compulsória do policial civil que poderá ser aplicada cumulativamente com as penas de repreensão, multa e suspensão quando em razão da falta cometida houver conveniência do afastamento para o serviço policial.

Com isso, havendo um procedimento administrativo que culmine com uma das sanções acima declinadas, poderá ser lançada a punição de remoção do policial civil de sua sede de exercício. Para tanto, deverá motivar sua decisão tendo em vista a impossibilidade de manter o policial no Município onde exerça sua função.

O Delegado de Polícia também poderá sofrer tal sanção acessória. Entretanto, em tal hipótese, deverá ser ouvido o Egrégio Conselho da Polícia Civil antes da decisão.

---

[3] MELLO, Celso Antônio Bandeira de. *Curso de Direito Administrativo*, p. 330.

A remoção compulsória está prevista no art. 68 da Lei Orgânica da Polícia Civil, sendo que a remoção do Delegado de Polícia possui aspectos a serem obedecidos nos termos do art. 36, inciso IV, do mesmo Estatuto e do art. 140, § 6º, da Constituição do Estado de São Paulo.

Esta sanção acessória será aplicada apenas pelo Delegado Geral de Polícia a qualquer policial civil, inclusive o Delegado de Polícia, nos termos do art. 70, § 4º, da Lei Orgânica da Polícia Civil.

4.4. AUTORIDADES COMPETENTES PARA A APLICAÇÃO DA PENA

Para cada tipo de sanção disciplinar existe uma autoridade competente para aplicá-la.

O art. 70 da Lei Orgânica da Polícia Civil elenca o rol de autoridades que possuem competência para aplicação das penalidades, são elas: – o Governador; o Secretário da Segurança Pública; o Delegado Geral de Polícia; o Delegado de Polícia Diretor da Corregedoria Geral da Polícia Civil e os Delegados de Polícia Corregedores Auxiliares da Corregedoria Geral da Polícia Civil.

O Governador do Estado é a autoridade que poderá aplicar sanções administrativas a qualquer servidor policial civil, inclusive ao Delegado de Polícia. Aliás, apenas o Governador do Estado poderá aplicar pena demissória ao Delegado de Polícia. Antes de sua decisão será necessário ouvir previamente o órgão da consultoria jurídica do Palácio do Governo.

O Secretário da Segurança Pública poderá aplicar qualquer penalidade a todos os policiais civis, exceto a pena demissória ao Delegado de Polícia. Com isso, poderá o Secretário da Segurança Pública impor pena de demissão a um escrivão de polícia, por exemplo. Porém, poderá aplicar ao Delegado de Polícia apenas as sanções de advertência, repreensão, multa e suspensão. A pena demissória cabe apenas ao Governador do Estado. Antes da decisão será necessário ouvir previamente o órgão da consultoria jurídica da Pasta da Segurança Pública.

O Delegado Geral de Polícia poderá aplicar, em sede de sindicância administrativa, até a pena de suspensão a qualquer policial civil, inclusive Delegado de Polícia. Tal punição só poderá ser lançada em sede de sindicância administrativa, uma vez que havendo processo administrativo disciplinar, este deverá ser encaminhado ao Secretário da Segurança Pública para análise de punição ou não. Caso o processado seja Delegado de Polícia, o processo seguirá até o Governador, uma vez que é ele a autoridade competente para aplicar uma possível pena de demissão.

O Delegado de Polícia Diretor da Corregedoria Geral da Polícia Civil poderá aplicar, em sede de sindicância administrativa, até a pena de suspensão limitada a sessenta dias a qualquer policial civil, exceto Delegado de Polícia. Com isso, sendo uma sindicância administrativa que apresente um Delegado de Polícia como sindicado, o Delegado de Polícia Corregedor deverá encaminhar os autos ao Delegado Geral de Polícia para decisão.

Os Delegados de Polícia Corregedores Auxiliares poderão aplicar, em sede de sindicância administrativa, até a pena de repreensão a qualquer policial civil, exceto Delegado de Polícia.

As penas de demissão, demissão a bem do serviço público e cassação da aposentadoria ou disponibilidade somente serão lançadas em sede de processo administrativo disciplinar. Em tal procedimento, antes da decisão do Secretário da Segurança Pública e do Governador do Estado, o Conselho da Polícia Civil lançará sua análise ao caso, onde haverá um Conselheiro Relator que emitirá um parecer, sendo votado por todos os integrantes do colegiado.

Em síntese, quanto às autoridades competentes para aplicação das penalidades, temos:

AUTORIDADES	POLICIAIS CIVIS	PENALIDADES
GOVERNADOR DO ESTADO	Delegado de Polícia	Demissão, demissão a bem do serviço público e cassação de aposentadoria e disponibilidade
	Delegado de Polícia e demais carreiras policiais	Advertência, repreensão, multa e suspensão até **90 dias**
	Demais carreiras policiais	Demissão, demissão a bem do serviço público e cassação de aposentadoria e disponibilidade
SECRETÁRIO DA SEGURANÇA PÚBLICA	Demais carreiras policiais	Demissão, demissão a bem do serviço público e cassação de aposentadoria e disponibilidade
	Delegado de Polícia e demais carreiras policiais	Advertência, repreensão, multa e suspensão até **90 dias**
DELEGADO GERAL DE POLÍCIA	Delegado de Polícia e demais carreiras policiais	Advertência, repreensão, multa, suspensão até **90 dias**, além da remoção compulsória
DELEGADO DIRETOR DA CORREGEDORIA	Demais carreiras policiais	Advertência, repreensão, multa e suspensão até **60 dias**
DELEGADOS CORREGEDORES AUXILIARES	Demais carreiras policiais	Advertência e repreensão

4.5. MEDIDAS CAUTELARES APLICÁVEIS AO POLICIAL CIVIL

Durante a instrução de sindicância ou processo administrativo disciplinar, poderá o policial civil sofrer medidas cautelares como forma de prevenir novas infrações. Tais medidas são:

a) afastamento preventivo do policial civil quando o recomendar a moralidade administrativa ou a repercussão do fato, sem prejuízo de vencimentos ou vantagens, até 180 (cento e oitenta) dias, prorrogáveis uma única vez por igual período;

b) designação do policial acusado para o exercício de atividades exclusivamente burocráticas até decisão final do procedimento;

c) recolhimento de carteira funcional, distintivo, armas e algemas;

d) proibição de arma de armas;

e) comparecimento obrigatório, em periodicidade a ser estabelecida, para tomar ciência dos atos do procedimento.

Referidas medidas cautelares serão determinadas pelo Delegado Geral de Polícia quando houver conveniência para a instrução ou para o serviço policial ou recomendar a moralidade administrativa ou a repercussão do fato, e poderão ser aplicadas cumulativamente ou não.

Caso a medida não seja decretada de ofício pelo Delegado Geral de Polícia, poderá o Delegado de Polícia Diretor da Corregedoria, ou qualquer autoridade que determinar a instauração ou presidir sindicância ou processo administrativo, representar ao Delegado Geral de Polícia para propor a aplicação das medidas cautelares em questão, bem como sua cessação ou alteração.

Também o Delegado Geral de Polícia poderá, a qualquer momento, por despacho fundamentado, fazer cessar ou alterar as medidas cautelares acima mencionadas.

O período de afastamento preventivo do policial civil acusado em sindicância ou processo administrativo disciplinar computa-se como de efetivo exercício, não sendo descontado da pena de suspensão eventualmente aplicada.

A previsão legal desta medida cautelar está no art. 86 da Lei Orgânica da Polícia Civil.

4.6. CAUSAS DE EXTINÇÃO DA PUNIBILIDADE

A Lei Orgânica da Polícia Civil prevê quatro causas de extinção da punibilidade: prescrição, morte do agente, anistia administrativa e retroatividade de lei que não considere o fato como falta.

4.6.1. Prescrição

O art. 80 da Lei Orgânica da Polícia Civil apresenta a extinção da punibilidade na modalidade prescrição. O referido dispositivo elenca três hipóteses de extinção da punibilidade pela prescrição com o respectivo prazo prescricional, a saber:

a) haverá extinção da punibilidade **em dois anos** quando a infração administrativa for sujeita à pena de advertência, repreensão, multa ou suspensão;

b) ocorrerá a extinção da punibilidade **em cinco anos** quando a infração administrativa for sujeita à pena de demissão, demissão a bem do serviço público e de cassação da aposentadoria ou disponibilidade;

c) ocorrerá a extinção da punibilidade no **prazo da prescrição em abstrato da pena criminal**, se for superior a cinco anos, quando a infração administrativa estiver prevista em lei como infração penal. Nesse caso, se o processo administrativo disciplinar envolver infração também tipificada como crime, prevalecerá a prescrição prevista no art. 109 do Código Penal, caso ela seja superior a cinco anos. Com isso, nas hipóteses dos incisos V e VI do mesmo artigo, cuja prescrição é abaixo de 05 anos, prevalecerá o *quantum* de 05 anos, previsto na Lei Orgânica da Polícia Civil.

A prescrição administrativa começa a correr do dia em que a falta for cometida ou do dia em que tenha cessado a continuação ou a permanência, nas faltas continuadas ou permanentes. Haverá interrupção da prescrição com a elaboração da portaria que instaura sindicância e da que instaura processo administrativo.

Na hipótese de desclassificação da infração, a prescrição corresponderá ao da pena efetivamente aplicada. No caso de mitigação ou atenuação, ao da pena em tese cabível. Com isso, caso a infração administrativa preveja aplicação de uma pena demissória, porém, a autoridade que irá aplicá-la decide mitigá-la, a prescrição terá como marco a penalidade efetivamente aplicada ao infrator.

Não correrá a prescrição, ficando suspenso o processo administrativo disciplinar quando este estiver sobrestado, aguardando decisão judicial, conforme estabelece o art. 65, § 3º, da Lei Orgânica da Polícia Civil. Ou ainda, a prescrição fica suspensa enquanto insubsistente o vínculo funcional que venha a ser restabelecido.

Importante frisar que a decisão que reconhecer a existência de prescrição deverá determinar, desde logo, as providências necessárias à apuração da responsabilidade pela sua ocorrência, devendo ser instaurado procedimento administrativo pelo órgão corregedor.

Em suma, a prescrição nas infrações administrativas:

PENALIDADES	PRESCRIÇÃO
Advertência, repreensão, suspensão ou multa	02 (dois) anos
Demissão, demissão a bem de serviço público e cassação de aposentadoria ou disponibilidade	05 (cinco) anos
Infração administrativa que corresponde a infração penal	O prazo prescricional será regido pelo art. 109 do Código Penal, salvo se inferior a 05 (cinco) anos

4.6.2. Morte do agente

O art. 81 da Lei Orgânica da Polícia Civil elenca as demais causas de extinção de punibilidade. O inciso I prevê a hipótese da morte do agente.

A penalidade administrativa tem caráter personalíssimo, razão pela qual não pode atingir os familiares do policial civil infrator. Assim, falecendo o agente, ocorre a extinção da punibilidade.

A morte do agente deve ser comprovada com a certidão de óbito.

4.6.3. Anistia administrativa

A anistia administrativa está prevista no art. 81, inciso II, da Lei Orgânica da Polícia Civil, como causa de extinção de punibilidade.

Ricardo Ambrosio Fazzani Bina define anistia como sendo "o perdão, o esquecimento do fato infracional. Significa dizer que a respectiva infração funcional deixou de ser reprimida, não pela sua revogação, mas por razões políticas".[4]

A concessão da anistia administrativa deve ser motivada e não cabe ao policial civil beneficiado recusá-la, salvo quando for aplicada com imposição de condição ou restrição.

4.6.4. Retroatividade de lei que não considere o fato como falta

A retroatividade de lei que não considere o fato como falta está prevista no art. 81, inciso III, da Lei Orgânica da Polícia Civil, também, como causa de extinção de punibilidade.

A retroatividade de lei que não considere o fato como falta corresponde a situação idêntica à da *abolitio criminis* prevista no Direito Penal. Isto é, uma

---

[4] BINA, Ricardo Ambrosio Fazzani. *Lei Orgânica da Polícia Civil do Estado de São Paulo*, p.159.

nova Lei, por exemplo, exclui uma das hipóteses previstas no art. 75 da Lei Orgânica da Polícia Civil, como causa de demissão a bem do serviço público.

Essa causa de extinção de punibilidade permite que policiais civis demitidos em razão de falta disciplinar, que deixou de existir, sejam reintegrados no serviço público.

Aplica-se esse mesmo raciocínio para os casos de outras penalidades, as quais deverão ser extraídas do prontuário funcional do policial civil.

4.7. SÍNTESE DO CAPÍTULO

Penas disciplinares de natureza corretiva	– advertência – repreensão – multa – suspensão
Penas disciplinares de natureza expulsiva	– demissão – demissão a bem do serviço público
Penas disciplinares de natureza revogatória	– cassação de aposentadoria – disponibilidade
Advertência	– É aplicada ao policial civil primário e consiste em uma admoestação verbal quando ocorrer falta de cumprimento dos deveres descritos no art. 62 da LOPC. – Não acarreta perda de qualquer vencimento ou vantagem de ordem funcional. – Acarreta pontos negativos na avaliação de desempenho. – Pode ser aplicada em sindicância administrativa ou processo administrativo disciplinar.
Repreensão	– Consiste em uma advertência por escrito, nas hipóteses de transgressão disciplinar (art. 63, LOPC), sendo o policial civil infrator primário, ou na reincidência de falta de cumprimento dos deveres (art. 62, LOPC). – A pena de repreensão poderá ser transformada em pena de advertência, porém, será aplicada por escrito e sem publicidade. – Pode ser aplicada em sindicância administrativa ou processo administrativo disciplinar.
Multa	– É uma sanção pecuniária imposta ao policial civil mediante desconto de 50% por dia de seu vencimento e demais vantagens, ficando o infrator obrigado a permanecer em serviço (art. 73, § 2º, LOPC). – Esta pena será aplicada na hipótese de conversão da pena de suspensão em multa, sendo que o policial punido continuará prestando sua atividade policial normalmente.

Suspensão	– É uma sanção imposta ao policial civil infrator nos casos de descumprimento dos deveres e transgressão disciplinar, ocorrendo dolo ou má-fé e reincidência em falta já punida com repreensão. – Tem a finalidade de afastar o policial civil do exercício de seu cargo durante certo período, ficando suspenso de todos os direitos e vantagens decorrentes. – A suspensão não poderá ser superior a noventa dias. Para a sua aplicação, deverá ocorrer descumprimento de dever e transgressão disciplinar cumulativamente. A lei exige o concurso de infrações. – Suspensão de até trinta dias pode ser aplicada tanto em sede de sindicância administrativa como em processo administrativo disciplinar. – A suspensão pode ser convertida em multa, na base de 50% por dia do vencimento e demais vantagens, sendo que neste caso o policial civil permanecerá em serviço.
Demissão	– É uma sanção disciplinar onde o servidor policial civil será excluído da sua função pública. A LOPC, em seu art. 74, elencou as hipóteses taxativas de cabimento desta sanção. Ela ocorrerá quando houver abandono do cargo, procedimento irregular de natureza grave, ineficiência intencional e reiterada no serviço, aplicação indevida de dinheiro público, insubordinação grave e ausência ao serviço, sem causa justificável, por mais de quarenta e cinco dias, interpoladamente, durante um ano.
1. Abandono de cargo	– Caracteriza-se pela ausência intencional do servidor ao serviço, por mais de 30 (trinta) dias consecutivos, ou falta por ano de 60 dias interpolados caracterizando inassiduidade habitual. A configuração do abandono intencional do cargo através de Apuração Preliminar, solicitada pelo Delegado de Polícia titular da Unidade de lotação do servidor ao órgão corregedor. No procedimento em questão deve-se comprovar a ausência através do documento de apuração diária da frequência e comprovação de correspondência enviada ao servidor.
2. Procedimento irregular de natureza grave	– Consiste em um tipo aberto, onde o julgador administrativo irá avaliar a irregularidade e a gravidade da conduta do servidor. Poderá o policial civil, através de uma conduta comissiva ou omissiva, praticar um ato entendido pela Administração Superior como sendo irregular de natureza grave, impondo a ele a pena demissória. Necessário demonstrar a lesão relevante ao interesse da Administração Pública ou manifestamente contrário ao seu dever funcional, sem que esteja tipificando outro tipo administrativo.

3. Ineficiência intencional e reiterada no serviço	– Caracteriza-se pelo desleixo do policial civil, desatenção, indolência, na execução de suas atividades de polícia judiciária. – Podemos classificá-la como desídia fortuita ou ocasional, que pode ocorrer por um descuido de momento ou por uma desatenção momentânea, não constituindo motivo para a aplicação de uma sanção demissória, ou desídia habitual, sendo esta que poderá provocar a demissão do policial civil.
4. Aplicação indevida de dinheiro público	– Consiste na conduta do policial civil que aplica dinheiro público, na forma da lei, porém de modo irregular.
5. Insubordinação grave	– Ocorre quando o policial civil pratica de maneira ostensiva uma desobediência ao seu superior hierárquico, desrespeitando-o.
6. Ausência injustificada e interpolada ao serviço	– O policial civil que durante um ano se ausentar do serviço, sem causa justificável, por mais de 45 dias, interpoladamente, sofrerá a pena demissória por inassiduidade. – Deverá ficar demonstrado no procedimento administrativo a prova da ausência do policial civil através de atestados de frequência negativos.
Demissão a bem do serviço público – Hipóteses	I – conduzir-se com incontinência pública e escandalosa e praticar jogos proibidos; II – praticar ato definido como crime contra a Administração Pública, a Fé Pública e a Fazenda Pública ou previsto na Lei de Segurança Nacional; III – revelar dolosamente segredos de que tenha conhecimento em razão do cargo ou função, com prejuízo para o Estado ou particulares; IV – praticar ofensas físicas contra funcionários, servidores ou particulares, salvo em legítima defesa; V – causar lesão dolosa ao patrimônio ou aos cofres públicos; VI – exigir, receber ou solicitar vantagem indevida, diretamente ou por intermédio de outrem, ainda que fora de suas funções, mas em razão destas; VII – provocar movimento de paralisação total ou parcial do serviço policial ou outro qualquer serviço, ou dele participar; VIII – pedir ou aceitar empréstimo de dinheiro ou valor de pessoas que tratem de interesses ou os tenham na repartição, ou estejam sujeitos à sua fiscalização; IX – exercer advocacia administrativa. X – praticar ato definido como crime hediondo, tortura, tráfico ilícito de entorpecentes e drogas afins e terrorismo; XI – praticar ato definido como crime contra o Sistema Financeiro, ou de lavagem ou ocultação de bens, direitos ou valores; XII – praticar ato definido em lei como de improbidade.

Cassação da aposentadoria ou disponibilidade	– Trata-se de uma sanção revocatória, uma vez que o policial civil inativo terá sua aposentadoria ou disponibilidade cassadas. Ela ocorrerá quando ficar demonstrado que o policial civil praticou, quando em atividade, infração para a qual é cominada nesta lei a pena de demissão ou de demissão a bem do serviço público; aceitou ilegalmente cargo ou função pública ou aceitou representação de Estado estrangeiro sem prévia autorização do Presidente da República.
Remoção compulsória	– Trata-se de pena disciplinar acessória de remoção compulsória do policial civil, que poderá ser aplicada cumulativamente com as penas de repreensão, multa e suspensão quando em razão da falta cometida houver conveniência do afastamento para o serviço policial.
Autoridades competentes para a aplicação da pena	– Governador do Estado: competente para aplicar sanções administrativas a qualquer servidor policial civil, inclusive ao Delegado de Polícia. Aliás, apenas o Governador do Estado poderá aplicar pena demissória ao Delegado de Polícia. Antes de sua decisão será necessário ouvir previamente o órgão da consultoria jurídica do Palácio do Governo. – Secretário da Segurança Pública: competente para aplicar qualquer penalidade a todos os policiais civis, exceto a pena demissória ao Delegado de Polícia. – Delegado Geral de Polícia: competente para aplicar, em sede de sindicância administrativa, até a pena de suspensão a qualquer policial civil, inclusive Delegado de Polícia. Tal punição só poderá ser lançada em sede de sindicância administrativa, uma vez que havendo processo administrativo disciplinar, este deverá ser encaminhado ao Secretário da Segurança Pública para análise de punição ou não. Caso o processado seja Delegado de Polícia, o processo seguirá até o Governador, uma vez que é ele a autoridade competente para aplicar uma possível pena de demissão. – Delegado de Polícia Diretor da Corregedoria Geral da Polícia Civil: competente para aplicar, em sede de sindicância administrativa, até a pena de suspensão limitada a sessenta dias a qualquer policial civil, exceto Delegado de Polícia. Com isso, sendo uma sindicância administrativa que apresente um Delegado de Polícia como sindicado, o Delegado de Polícia Corregedor deverá encaminhar os autos ao Delegado Geral de Polícia para decisão. – Delegados de Polícia Corregedores Auxiliares: competentes para aplicar, em sede de sindicância administrativa, até a pena de repreensão a qualquer policial civil, exceto Delegado de Polícia.

Medidas cautelares aplicáveis ao policial civil	– Afastamento preventivo: o policial ficará afastado de suas funções até 180 dias, sem prejuízo de vencimentos ou vantagens, podendo ser prorrogável uma única vez por igual período. Nesse caso será designado para o exercício de atividades exclusivamente burocráticas até decisão final do procedimento. – Recolhimento de carteira funcional, distintivo, armas e algemas. – Proibição do porte de armas. – Comparecimento obrigatório, em periodicidade a ser estabelecida, para tomar ciência dos atos do procedimento disciplinar.
Causas de extinção da punibilidade	1 – Por prescrição: a) em dois anos: quando a infração administrativa for sujeita à pena de advertência, repreensão, multa ou suspensão. b) em cinco anos: quando a infração administrativa for sujeita à pena de demissão, demissão a bem do serviço público e de cassação da aposentadoria ou disponibilidade. c) no prazo da prescrição em abstrato da pena criminal, se for superior a cinco anos: quando a infração administrativa estiver prevista em lei como infração penal. Nesse caso, se o processo administrativo disciplinar envolver infração também tipificada como crime, prevalecerá a prescrição prevista no art. 109 do Código Penal, caso ela seja superior a cinco anos. Com isso, nas hipóteses dos incisos V e VI do mesmo artigo, prevalecerá a prescrição de cinco anos do Estatuto Policial. – A prescrição administrativa começa a correr do dia em que a falta for cometida ou do dia em que tenha cessado a continuação ou a permanência, nas faltas continuadas ou permanentes. Haverá interrupção da prescrição com a elaboração da portaria que instaura sindicância e a que instaura processo administrativo. – Na hipótese de desclassificação da infração, a prescrição corresponderá ao da pena efetivamente aplicada. No caso de mitigação ou atenuação, ao da pena em tese cabível. – Não correrá a prescrição, ficando suspenso o processo administrativo disciplinar: **a)** quando este estiver sobrestado, aguardando decisão judicial; **b)** quando insubsistente o vínculo funcional que venha a ser restabelecido. 2 – Morte do policial infrator. 3 – Anistia administrativa. 4 – Retroatividade de lei que não considere mais o fato como falta.

PENALIDADES ADMINISTRATIVAS E EXTINÇÃO
DA PUNIBILIDADE

CAPÍTULO 4

4.8. QUESTÕES

4.8.1. Questões comentadas

1. A Lei Orgânica da Polícia Civil prevê as formas de extinção da punibilidade. Identifique a alternativa que NÃO apresenta as formas corretas:
   a) prescrição e decadência;
   b) anistia administrativa e prescrição;
   c) morte do agente e prescrição;
   d) prescrição e retroatividade da lei destipificadora;
   e) prescrição e perempção.

Correta: A – *Comentários: Os arts. 80, § 1º, e 81, da Lei Orgânica da Polícia Civil, indicam as formas de extinção de punibilidade, a saber: prescrição, morte do agente, pela anistia administrativa e pela retroatividade de lei que não considera o fato como falta.*

2. Quanto aos atos de que decorrem demissão, demissão a bem do serviço público, cassação da aposentadoria ou disponibilidade do policial civil, a prescrição ocorrerá em:
   a) 120 dias;
   b) 5 anos;
   c) 2 anos;
   d) 3 anos;
   e) 1 ano.

Correta: B – *Comentários: O art. 80, inciso II, da Lei Orgânica da Polícia Civil, prevê expressamente: – da falta sujeita à pena de demissão, demissão a bem do serviço público e de cassação da aposentadoria ou disponibilidade, extingue-se a punibilidade pela prescrição, em 05 (cinco) anos.*

3. Assinale a alternativa CORRETA. São penas de natureza corretiva:
   a) demissão e demissão a bem do serviço público;
   b) demissão, cassação de aposentadoria e disponibilidade;
   c) suspensão, repreensão, demissão e demissão a bem do serviço público;
   d) advertência, repreensão, multa e suspensão;
   e) advertência, repreensão, demissão e suspensão.

Correta: D – *Comentários: O art. 67 da Lei Orgânica da Polícia Civil elenca as penas disciplinares principais, sendo que nos incisos I a IV encontramos as penas de natureza corretiva, a saber: advertência, repreensão, multa e suspensão.*

4. A pena que corresponde a uma sanção imposta ao policial civil infrator nos casos de descumprimento dos deveres e transgressão disciplinar, ocorrendo dolo ou má fé e reincidência em falta já punida com repreensão corresponde a:

115

a) advertência;
b) repreensão;
c) suspensão;
d) demissão;
e) demissão a bem de serviço público.

Correta: C – Comentários: *O art. 73 da Lei Orgânica da Polícia Civil trata das circunstâncias da pena de suspensão. Encontramos nos incisos I e II as hipóteses em que essa pena é possível.*

5. A ineficiência intencional e reiterada no serviço é passível de que punição?
a) Demissão a bem de serviço público.
b) Suspensão.
c) Advertência.
d) Repreensão.
e) Demissão.

Correta: E – Comentários: *O art. 74 da Lei Orgânica da Polícia Civil apresenta os casos em que ensejará a pena de demissão. No inciso III – ineficiência intencional e reiterada no serviço.*

6. É cabível demissão a bem do serviço público, EXCETO:
a) pedir ou aceitar empréstimo de dinheiro ou valor de pessoas que tratem de interesses ou os tenham na repartição, ou estejam sujeitos à sua fiscalização;
b) aplicação indevida de dinheiros públicos;
c) conduzir-se com incontinência pública e escandalosa e praticar jogos proibidos;
d) revelar dolosamente segredos de que tenha conhecimento em razão do cargo ou função, com prejuízo para o Estado ou particulares;
e) exercer advocacia administrativa

Correta: B – Comentários: *O art. 75 da Lei Orgânica da Polícia Civil apresenta os casos em que será aplicada a pena de demissão a bem do serviço público. A hipótese constante na alternativa b – está elencada no art. 74 da lei em comento, isto é, onde se trata dos casos que ensejam a demissão.*

7. São Autoridades competentes para aplicação das penas:
a) Governador, Secretário da Segurança Pública, Delegado Geral de Polícia, Delegado de Polícia da Corregedoria e Delegados de Polícia Corregedores Auxiliares;
b) Governador, Secretário da Segurança Pública, Delegado Geral de Polícia, Delegado de Polícia da Corregedoria, Delegados de Polícia Corregedores Auxiliares e Delegados de Polícia Diretores, membros do Conselho da Polícia Civil;

c) Governador, Secretário da Segurança Pública, Delegado Geral de Polícia, Delegado de Polícia da Corregedoria e Conselho da Polícia Civil;
d) Governador, Secretário da Segurança Pública, Delegado Geral de Polícia, Delegado Geral de Polícia Adjunto, Delegado de Polícia da Corregedoria e Delegados de Polícia Corregedores Auxiliares;
e) Governador, Secretário da Segurança Pública, Delegado Geral de Polícia, Delegado de Polícia da Corregedoria, Delegados de Polícia Corregedores Auxiliares e Delegados de Polícia Seccionais.

Correta: A – *Comentários:* *O art. 70 da Lei Orgânica da Polícia Civil apresenta as autoridades competentes para aplicação das penas. Encontramos: Governador, Secretário da Segurança Pública, Delegado Geral de Polícia, Delegado de Polícia da Corregedoria e Delegados de Polícia Corregedores Auxiliares.*

8. Remoção compulsória será aplicada por:
a) Governador;
b) Secretário da Segurança Pública;
c) Delegado Geral de Polícia;
d) Conselho da Polícia Civil;
e) Governador e Secretário da Segurança Pública.

Correta: C – *Comentários:* *O § 4º do art. 70 da Lei Orgânica da Polícia Civil, dispõe: para a aplicação da pena prevista no art. 68 (remoção compulsória) é competente o Delegado Geral de Polícia.*

9. O Delegado Geral de Polícia é competente para aplicar as penas:
a) advertência, repreensão, suspensão, multa e demissão;
b) advertência, repreensão, suspensão até sessenta dias e multa;
c) advertência, repreensão, suspensão e demissão;
d) advertência, repreensão, multa, demissão e suspensão até sessenta dias;
e) advertência, repreensão, multa e suspensão.

Correta: E – *Comentários:* *O art. 70, inciso III, da Lei Orgânica da Polícia Civil, dispõe que o Delegado Geral de Polícia é competente para aplicar as penas até a suspensão.*

10. A pena de suspensão, não excederá:
a) 90 dias;
b) 60 dias;
c) 30 dias;
d) 45 dias;
e) 15 dias.

Correta: A – *Comentários:* *O art. 73 da Lei Orgânica da Polícia Civil dispõe: a pena de suspensão, que não excederá 90 (noventa) dias.*

4.8.2. Questões de concurso

1. **(DELPOL/SP 01/2011)** O afastamento preventivo do policial civil é medida que somente pode ser aplicada se:
   a) instaurado processo administrativo;
   b) instaurada sindicância ou processo administrativo, ou durante o curso de tais procedimentos;
   c) instaurada sindicância;
   d) tiver sido instaurado inquérito policial que apure crime funcional, ou no seu curso;
   e) tiver sido decretada prisão cautelar.

   Correta: B – Comentários: O art. 86, caput e inciso I, da Lei Orgânica da Polícia Civil dispõe: "Determinada a instauração de sindicância ou processo administrativo, ou no seu curso, havendo conveniência para a instrução ou para o serviço policial, poderá o Delegado Geral de Polícia, por despacho fundamentado, ordenar as seguintes providências: I – afastamento preventivo do policial civil, quando o recomendar a moralidade administrativa ou a repercussão do fato, sem prejuízo de vencimento ou vantagens, até 180 (cento e oitenta) dias, prorrogáveis uma única vez por igual período".

2. **(DELPOL/SP 01/2011)** Policial civil requer aposentadoria visando elidir eventual penalidade de demissão em processo administrativo a que responde:
   a) poderá ser punido mesmo aposentado;
   b) o pedido de aposentadoria será indeferido enquanto não julgado o processo administrativo;
   c) só se eximirá de penalidade caso a aposentadoria se der por invalidez;
   d) não poderá ser alcançado por penalidade demissória se registrar mais de 25 anos de trabalho de natureza estritamente policial;
   e) não poderá ser demitido após 65 anos de idade

   Correta: A – Comentários: O art. 77, caput e inciso I, da Lei Orgânica da Polícia Civil dispõe: "Será aplicada a pena de cassação de aposentadoria ou disponibilidade, se ficar provado que o inativo: I – praticou, quando em atividade, falta para a qual é cominada nesta lei complementar a pena de demissão ou de demissão a bem do serviço público".

3. **(DELPOL/SP – 01/2008)** Não são formas de extinção da punibilidade previstas na Lei Complementar nº 207/79:
   a) prescrição e decadência;
   b) anistia administrativa e prescrição;
   c) morte do agente e prescrição;
   d) prescrição e retroatividade de lei destipificadora;
   e) prescrição e a perempção.

PENALIDADES ADMINISTRATIVAS E EXTINÇÃO DA PUNIBILIDADE   CAPÍTULO 4

Correta: A – *Comentários:* *Os arts. 80 e 81 da Lei Orgânica da Polícia Civil apresentam as formas de extinção da punibilidade, a saber: prescrição, morte do agente, anistia administrativa, retroatividade da lei que não considere o fato como falta. Como observamos, não há previsão legal para decadência.*

4. **(DELPOL/SP 01/2001) Autoridade policial é presa em flagrante por crime de concussão. Em seu desfavor, além do processo penal, é instaurado procedimento disciplinar que culmina com decreto demissório. Para atender os requisitos de validade do ato administrativo esse decreto foi assinado pelo:**
   a) Presidente da Comissão Processante;
   b) Governador;
   c) Secretário da Segurança Pública;
   c) Juiz criminal.

Correta: B. *Comentários:* *O art. 70, § 1º, da Lei Orgânica da Polícia Civil dispõe: "Compete exclusivamente ao Governador do Estado, a aplicação das penas de demissão, demissão a bem do serviço público e cassação de aposentadoria ou disponibilidade a Delegado de Polícia".*

5. **(Investigador de Polícia/SP/2018) – De acordo com a Lei Complementar nº 207/79, poderá ser aplicada pena de demissão a bem do serviço público nos casos de:**
   a) procedimento irregular, de natureza grave;
   b) ineficiência intencional e reiterada no serviço;
   c) insubordinação grave;
   d) abandono de cargo;
   e) exercício de advocacia administrativa.

Correta: E – *Comentários:* *Trata-se da hipótese prevista no art. 75, inciso IX, da Lei nº 207/79.*

4.9. EXERCÍCIOS DE FIXAÇÃO DO TEXTO LEGAL

1. Art. 72, LOPC – A pena de _____ será aplicada por escrito, no caso de transgressão disciplinar, sendo o infrator primário e na _____ de falta de cumprimento dos deveres.
2. Art. 81, inciso I, LOPC – Extingue-se, ainda, a punibilidade: pela _____ do agente.
3. Art. 140, § 1º, CE – O Delegado Geral da Polícia Civil, integrante da última classe da carreira, será nomeado pelo _____ e deverá fazer _____ no ato da _____ e da sua exoneração.

119

4. Art. 80, inciso I, LOPC – Extingue-se a punibilidade pela prescrição: da falta sujeita à pena de advertência, repreensão, multa ou suspensão, em _____ anos.

5. Art. 86, inciso I, LOPC – Determinada a instauração de sindicância ou processo administrativo, ou no seu curso, havendo conveniência para a instrução ou para o serviço policial, poderá o Delegado Geral de Polícia, por despacho fundamentado, ordenar as seguintes providências: I – afastamento _____ do policial civil, quando o recomendar a moralidade administrativa ou a repercussão do fato, sem prejuízo de vencimentos ou vantagens, até _____ dias, prorrogáveis uma única vez por igual período.

4.10. GABARITO

1. repreensão – reincidência

2. morte

3. Governador do Estado – declaração pública de bens – posse

4. dois

5. preventivo – cento e oitenta

Capítulo 5
Procedimentos Disciplinares

5.1. CONSIDERAÇÕES GERAIS

A Lei Orgânica da Polícia Civil de São Paulo estabelece as modalidades de apuração de responsabilidade administrativa do policial civil. Com isso utiliza de procedimentos administrativos, que são instrumentos pelos quais a Administração Pública exerce seu poder-dever para apurar as infrações funcionais e aplicar penalidades aos agentes da Polícia Civil.

Tais procedimentos não possuem a finalidade de apurar apenas a culpabilidade do policial acusado de cometer uma infração funcional, já que oferece a oportunidade de ser provada sua inocência, aplicando os princípios da ampla defesa e do contraditório.

Encontramos na lei em estudo três modalidades de procedimentos administrativos, a saber: Apuração Preliminar, Sindicância Administrativa e Processo Administrativo Disciplinar.

A apuração preliminar é o procedimento previsto para identificar a autoria da infração administrativa. Fazendo uma comparação com o processo penal, seria a fase pré-processual representada pelo inquérito policial. Identificado o autor, os procedimentos disciplinares que deverão ser instaurados serão a sindicância administrativa e o processo administrativo disciplinar, dependendo do tipo de punição a ser aplicada.

A sindicância administrativa é o procedimento utilizado para apurar as infrações que sua natureza poderá ensejar nas penas de advertência, represensão, multa ou suspensão.

O processo administrativo disciplinar é o procedimento adotado para apurar as faltas ou os ilícitos administrativos, onde poderá ensejar a pena de demissão, demissão a bem de serviço público e cassação de aposentadoria ou disponibilidade.

Em suma, encontramos na Lei Orgânica da Polícia Civil:

PROCEDIMENTOS ADMINISTRATIVOS	PENALIDADES
Sindicância Administrativa ou Processo Administrativo Disciplinar	Advertência, repreensão, multa ou suspensão
Processo Administrativo Disciplinar – obrigatório	Demissão, demissão a bem de serviço público e cassação de aposentadoria ou disponibilidade

Importante ressalvar que na sindicância administrativa e no processo administrativo disciplinar estão assegurados o contraditório e a ampla defesa, nos termos do art. 87 da Lei Orgânica da Polícia Civil.

Entretanto, devemos observar o teor da Súmula Vinculante nº 5 do Supremo Tribunal Federal estabelecendo que a falta de defesa técnica por advogado no processo administrativo disciplinar não ofende a Constituição.

5.2. APURAÇÃO PRELIMINAR

O art. 84 e seguintes da Lei Orgânica da Polícia Civil regulamentam a apuração preliminar. Trata-se de procedimento a ser aplicado nas hipóteses de identificar a autoria de uma infração administrativa disciplinar. Fazendo uma comparação com o processo penal, a apuração preliminar ocupa o espaço do inquérito policial, buscando identificar o autor do fato, a materialidade e suas circunstâncias.

Estabelece a legislação em comento que a autoridade policial ao tomar conhecimento de irregularidade funcional ou criminal praticada por policial civil comunicará imediatamente o fato à Corregedoria da Polícia Civil, independentemente de adotar medidas urgentes que o caso requer.

Obviamente que a suposta infração criminal será apurada através de inquérito policial, restando à apuração preliminar apurar eventual infração funcional.

A Lei nº 12.830, de 20 de junho de 2013, definiu autoridade policial como sendo o Delegado de Polícia. Com isso, qualquer Delegado de Polícia, independentemente de ser o superior hierárquico ou não do policial infrator, deverá comunicar a Corregedoria da Polícia Civil assim que tomar conhecimento de irregularidades. Ainda, a legislação em questão determina que as medidas de urgências sejam adotadas pelo Delegado de Polícia de imediato, não prejudicando a comunicação às autoridades superiores.

Podemos citar, por exemplo, um policial que é surpreendido com grande quantidade de drogas, ou mesmo com armas ilegais. Neste caso, o Delegado de Polícia de um distrito policial poderá autuá-lo em flagrante delito, ou providenciar a apreensão da droga ou das armas, para depois conduzi-lo até a unidade corregedora mais próxima.

Importante frisar que caso a prisão do policial civil ocorra pela Polícia Federal, esta deverá realizar os atos de polícia judiciária com comunicação imediata à Corregedoria da Polícia Civil, a qual ficará encarregada da adoção das medidas administrativas pertinentes.

A apuração preliminar terá natureza investigativa e somente será instaurada nas hipóteses de não estar caracterizada suficientemente a autoria da infração administrativa. Tão logo seja instaurado este procedimento, deverá o Corregedor Geral da Polícia Civil ser comunicado.

Conforme abordamos no início deste capítulo, a apuração preliminar segue a linha do inquérito policial, e sendo assim, deverá ser concluída no prazo de trinta dias, e encaminhada ao Corregedor Geral da Polícia Civil.

Na apuração preliminar não haverá ampla defesa e nem contraditório, uma vez que não há acusação.

As provas serão arrecadadas para que se possa iniciar um procedimento próprio acusatório. Nada impede, todavia, que um defensor possa acompanhar o investigado nos atos administrativos ali realizados.

A instauração da apuração preliminar ficará a cargo de qualquer Delegado de Polícia que atue na Corregedoria Geral da Polícia Civil ou ainda nas Corregedorias Auxiliares, uma vez que a Lei Orgânica da Polícia Civil, em seu art. 85 utiliza a expressão "autoridade corregedora". Com isso qualquer delegado pode decidir pela instauração do feito.

Caso o Delegado que presida a apuração preliminar não consiga encerrá-la no prazo, poderá requerer dilação ao Corregedor Geral da Polícia Civil. Neste caso, a autoridade presidente do feito deverá elaborar um relatório das diligências realizadas e quais ainda deverão ser realizadas, indicando o tempo necessário para o término dos trabalhos. Nesta hipótese o pedido de prazo é formulado por ofício, permanecendo os autos principais da unidade corregedora para prosseguimento dos trabalhos investigativos.

Diferente do que ocorre no inquérito policial, na apuração preliminar o Delegado de Polícia que presidiu o feito deverá opinar fundamentadamente pelo destino do procedimento, ou seja, se cabe o seu arquivamento ou em caso negativo, propor a instauração de sindicância administrativa ou processo administrativo disciplinar.

Em síntese, ao final da apuração preliminar teremos:

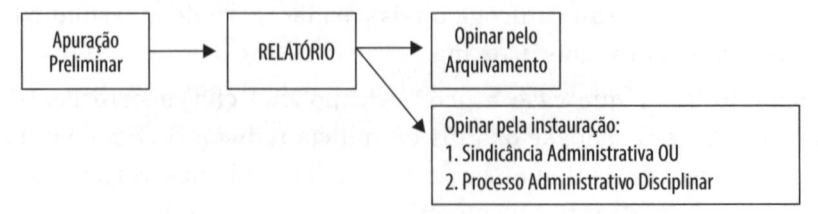

```
Apuração          RELATÓRIO         Opinar pelo
Preliminar    →              →      Arquivamento
                         ↘
                           Opinar pela instauração:
                           1. Sindicância Administrativa OU
                           2. Processo Administrativo Disciplinar
```

Importante ressaltar que neste momento o arquivamento será ato exclusivo do Delegado de Polícia Corregedor Geral da Polícia Civil de São Paulo, não havendo qualquer participação do Egrégio Conselho da Polícia Civil.

Na hipótese de a infração administrativa também ser tipificada como um delito, a instauração de inquérito policial supre a necessidade de se instaurar também uma apuração preliminar. Com isso, terminado o inquérito policial, o delegado que o presidiu deverá encaminhar cópia do feito à divisão de apurações preliminares para que se decida pelo arquivamento ou propositura de sindicância ou processo administrativo disciplinar.

5.3. SINDICÂNCIA ADMINISTRATIVA

A sindicância administrativa é o procedimento para a apuração de irregularidades no serviço policial quando as penas a serem aplicadas forem de advertência, repreensão, multa e suspensão.[1]

Para Hely Lopes Meirelles, sindicância administrativa corresponde a um processo simplificado, sendo essencial para a legalidade da punição disciplinar, que a autoridade que a imponha se baseie em elementos concretos da existência da infração, indique os meios de seu conhecimento e justifique a sua aplicação.[2]

A sindicância administrativa pode gerar penalidades, ainda que mais leves, e, por isso deve respeitar os princípios do contraditório e da ampla defesa, sob pena de ser declarada ilegal.

Será instaurada sindicância administrativa quando já estiverem demonstradas a autoria, a materialidade e as circunstâncias da falta funcional, e esta for passível de uma advertência, repreensão, multa ou suspensão.

A sindicância será instaurada e presidida por um Delegado de Polícia que atue na Corregedoria Geral da Polícia Civil ou nas Corregedorias Auxiliares, estando assegurados o contraditório e a ampla defesa.

---

[1] ANGERAMI, Alberto; PENTEADO FILHO, Nestor Sampaio. *Lei Orgânica da Polícia de São Paulo Comentada*, 165.
[2] MEIRELLES, Hely Lopes. *Direito Administrativo Brasileiro*, p. 426.

As autoridades elencadas no art. 70 da Lei Orgânica da Polícia Civil são as competentes para determinar a instauração da sindicância administrativa. Com isso poderão o Governador do Estado, o Secretário da Segurança Pública, o Delegado Geral de Polícia e o Delegado de Polícia Diretor da Corregedoria Geral da Polícia Civil determinar a instauração de sindicância contra Delegados de Polícia.

Com relação aos demais policiais civis, todas as autoridades acima mencionadas e também o Delegado de Polícia Corregedor Auxiliar poderão determinar a instauração de sindicância administrativa.

Determinada a instauração deste procedimento administrativo, toda a instrução e sua conclusão ficarão a cargo das unidades policiais subordinadas à Corregedoria Geral da Polícia Civil, podendo ser, inclusive, uma Corregedoria Auxiliar situada no interior do Estado de São Paulo.

A instauração da sindicância administrativa deverá ser comunicada à Corregedoria Geral da Polícia Civil e também ao setor de pessoal onde está lotado o policial civil sindicado.

Caso o sindicado seja Delegado de Polícia, a autoridade que irá presidir a sindicância administrativa em questão deverá ocupar a mesma classe ou classe superior a ele, não podendo ser seu amigo íntimo ou inimigo, parente consanguíneo ou afim, em linha reta ou colateral, até o terceiro grau inclusive, cônjuge, companheiro ou qualquer integrante do seu núcleo familiar, bem como seu subordinado. Tais impedimentos são aplicados ao Delegado de Polícia que irá presidir o feito bem como ao escrivão de polícia que irá secretariá-lo.

Na hipótese de a sindicância ter sido provocada por denunciante, a regra do impedimento do delegado e escrivão que atuem na sindicância também se estende a ele.

5.3.1. Instauração

A sindicância será iniciada por portaria do Delegado de Polícia presidente, que deverá ser elaborada no prazo de até oito dias do recebimento da determinação de instauração, devendo ser concluída no prazo de sessenta dias após a citação do acusado.

Vencidos sessenta dias sem a conclusão da sindicância administrativa, este prazo poderá ser prorrogado, devendo o delegado presidente encaminhar relatório circunstanciado ao Delegado de Polícia Corregedor Geral da Polícia Civil indicando as providências faltantes e o tempo necessário para a conclusão do procedimento.

Entretanto, caso a sindicância administrativa não esteja concluída no prazo de cento e oitenta dias, o Delegado de Polícia Diretor da Corregedoria Geral da Polícia Civil deverá justificar o fato circunstanciadamente ao Delegado Geral de Polícia e ao Secretário da Segurança Pública.

Na portaria que iniciará a sindicância administrativa deverá constar:

a) o nome e a identificação do acusado;

b) a infração que lhe é atribuída, com a descrição sucinta dos fatos;

c) a indicação das normas infringidas;

d) nome e qualificação das testemunhas.

Nota-se a semelhança entre o procedimento da sindicância administrativa adotado pela Lei Orgânica da Polícia Civil com o texto reproduzido no Código de Processo Penal quando se refere à denúncia nos crimes de ação penal pública ou queixa-crime nos delitos de ação penal privada.

Falhou o legislador ao não determinar que conste na portaria a necessidade de o presidente da sindicância arrolar as testemunhas. Em que pese tal omissão legislativa, o Delegado de Polícia deverá fazer constar na peça inaugural o nome e dados das testemunhas que serão inquiridas na fase acusatória.

A sindicância administrativa admite até o número de três testemunhas arroladas pela acusação e o mesmo número pela defesa, nos termos do art. 92, inciso I, da Lei Orgânica da Polícia Civil.

PORTARIA
Deve constar
1 – Nome e identificação do policial civil infrator.
2 – A infração que é atribuída ao policial civil, com a descrição sucinta dos fatos.
3 – A indicação das normas infringidas – conforme a Lei Orgânica da Polícia Civil.
4 – Nome e qualificação das testemunhas.

5.3.2. Citação

A próxima etapa da sindicância administrativa será citar o policial civil acusado, a fim de dar-lhe ciência das acusações que existem contra ele, devendo se defender. No mandado de citação deverão constar:

a) cópia da portaria;

b) data, hora e local do interrogatório, que poderá ser acompanhado pelo advogado do acusado;

c) data, hora e local da oitiva do denunciante, se houver, que deverá ser acompanhada pelo advogado do acusado;

d) esclarecimento de que o acusado será defendido por advogado dativo, caso não constitua advogado próprio;

e) informação de que o acusado poderá arrolar testemunhas e requerer provas, no prazo de três dias após a data designada para seu interrogatório;

f) advertência de que o processo será extinto se o acusado pedir exoneração até o interrogatório, quando se tratar exclusivamente de abandono de cargo.

A citação do acusado será feita pessoalmente com um prazo mínimo de dois dias de antecedência da data do interrogatório, por intermédio de seu superior hierárquico, ou diretamente, onde possa ser encontrado. Entretanto, caso não seja o policial acusado encontrado, seja por estar se furtando da diligência ou por apresentar paradeiro ignorado, sua citação será feita por edital, publicada uma vez no *Diário Oficial do Estado de São Paulo*, com no mínimo dez dias de antecedência da data agendada para o interrogatório.

Estando o acusado preso no Presídio Especial da Polícia Civil de São Paulo, sua citação será feita através do Delegado de Polícia diretor da unidade carcerária.

5.3.3. Denunciante

Na hipótese de a sindicância administrativa ter sido provocada por denúncia, o denunciante deverá ser ouvido após a citação do policial acusado e antes de seu interrogatório. Suas declarações serão tomadas pelo Delegado de Polícia presidente do procedimento, e deverá ser acompanhado pelo advogado do acusado. Caso o policial acusado não apresente defensor, deverá ser-lhe nomeado um dativo.

Determina a Lei Orgânica da Polícia Civil que as declarações do denunciante serão colhidas sem a presença do policial acusado. Entretanto, ele terá ciência do teor das informações prestadas pelo denunciante antes de seu interrogatório.

O denunciante pode ser qualquer pessoa, inclusive criança ou adolescente, desde que apresente fatos que demonstrem a necessidade de uma apuração pelo órgão corregedor.

5.3.4. Interrogatório

Não havendo denunciante, a instrução do procedimento administrativo inicia-se com o interrogatório do policial civil acusado, o qual poderá constituir advogado que o representará em todos os atos e termos do processo.

O defensor constituído do acusado será intimado por publicação no *Diário Oficial do Estado*, constando seu nome e número de inscrição na Ordem dos Advogados do Brasil, bem como os dados necessários à identificação do procedimento.

Entretanto, não tendo condições financeiras para arcar com todos os custos do processo, bem como contratar advogado, deverá o Delegado de Polícia presidente da sindicância administrativa nomear um defensor dativo, através de convênio com a Ordem dos Advogados do Brasil.

Nada impede, porém, que a qualquer tempo do processo o acusado constitua um advogado para conduzir a sua defesa. Todavia, o defensor assumirá o procedimento já em andamento, prosseguindo em sua defesa técnica.

A Lei Orgânica da Polícia Civil cuida também do acusado revel. Após devidamente citado, caso o policial acusado não compareça nos atos processuais, o Delegado de Polícia presidente do feito emitirá despacho fundamentado, decretando sua revelia, prosseguindo-se nos demais atos e termos do processo, sendo-lhe nomeado um advogado dativo.

Comparecendo o acusado, este será interrogado, dando início a fase de instrução, caso não exista a figura do denunciante. Seguindo a vertente traçada pelo Código de Processo Penal, o interrogatório do policial deverá ser acompanhado por seu advogado nomeado ou dativo.

Na hipótese de ser o advogado dativo, a autoridade presidente do procedimento deverá autorizar o direito do acusado de manter entrevista prévia e reservada com seu defensor, assim como ocorre no procedimento criminal. Também, antes do início do interrogatório, deverá ser cientificado do seu direito constitucional de permanecer calado e de não responder perguntas que lhe forem formuladas.

Caso o acusado opte em responder as indagações formuladas pelo Delegado de Polícia presidente, será dada oportunidade à defesa para manifestar-se.

Havendo mais de um acusado, o interrogatório de cada um deles deverá ser colhido separadamente.

5.3.5. Defesa Prévia

Encerrado o interrogatório ou não comparecendo o acusado, iniciará o prazo de três dias para o oferecimento de defesa prévia, onde poderá ser requerida a produção de provas ou então sua apresentação.

A apresentação da defesa prévia será obrigatória, devendo o advogado arrolar suas testemunhas, juntar documentos, requerer perícias, fornecer certidões etc.

O número máximo de testemunhas arroladas na defesa prévia será de três por transgressão disciplinar descrita na portaria.

5.3.6. Vida Pregressa

Será também anexada aos autos a vida pregressa do policial acusado através de documentação expedida pela Divisão de Informações Funcionais da Corregedoria Geral da Polícia Civil.

Com relação a juntada aos autos da vida pregressa do acusado, entendemos que sua utilização deve ficar restrita aos limites estabelecidos pela Súmula nº 444 do Superior de Tribunal de Justiça, aplicada ao processo penal, onde é vedada a utilização de inquéritos policiais e ações penais em curso para agravar a pena-base. Ora, o mesmo raciocínio deve ser lançado com relação a procedimentos administrativos em curso.

Ainda, caso exista condenações em outros procedimentos administrativos decorridos cinco anos de seu efetivo exercício contado do cumprimento da sanção disciplinar, sem cometimento de nova infração, não mais poderá ser considerada em prejuízo do policial acusado, inclusive para efeito de reincidência, conforme estabelece o art. 118 da Lei Orgânica da Polícia Civil.

5.3.7. Audiência de instrução

O próximo passo a ser seguido será a realização da audiência de instrução, a qual será agendada pelo Delegado de Polícia presidente do feito até a data do interrogatório do acusado.

Nesta audiência de instrução serão inquiridas as testemunhas arroladas pelo presidente do feito, bem como as testemunhas de defesa.

Sendo a testemunha servidora pública, seu comparecimento ao ato processual deverá ser solicitado ao seu superior hierárquico imediato, com todas as indicações necessárias para sua realização. A mesma regra se aplica no caso de testemunhas militares.

Quando a testemunha for policial civil e o depoimento ocorrer em local fora de sua sede de exercício, terá direito a transporte e diárias na forma da legislação pertinente, podendo ainda ser expedida carta precatória ao seu domicílio para cumprimento de tal diligência.

Entretanto, havendo recusa por parte do policial civil em depor, não havendo justa causa para tanto, será aplicada sanção disposta no art. 82 da Lei Orgânica da Polícia Civil, ou seja, terá suspenso o pagamento de seus vencimentos, até que realize sua oitiva. Importante ressaltar que tal medida corretiva também se aplica ao policial civil aposentado ou em disponibilidade.

Encontramos na legislação em comento restrições à obrigação de servir como testemunha. Com isso, se for ascendente, descendente, cônjuge, ainda que legalmente separado, companheiro, irmão, sogro e cunhado, pai, mãe ou filho adotivo do acusado, poderá eximir-se de depor. Tal medida não será aplicada apenas quando não for possível, de outro modo, obter-se ou integrar-se a prova do fato e de suas circunstâncias.

Estabelece também a lei que se as restrições lançadas acima envolverem o denunciante e a testemunha, esta ficará proibida de depor.

Agora, ficam proibidas de depor as pessoas que em razão de função, ministério, ofício ou profissão, devem guardar segredo, salvo se, desobrigadas pela parte interessada, quiserem dar o seu testemunho.

Devemos observar que quanto ao advogado, estabelece o art. 7º, inciso XIX, da Lei nº 8.906/94 que é dever do defensor recusar-se a depor como testemunha em processo no qual funcionou ou deva funcionar, ou sobre fato relacionado com pessoa de quem seja ou foi advogado, mesmo quando autorizado ou solicitado pelo constituinte, bem como sobre fato que constitua sigilo profissional. Tal regra se aplica também aos procedimentos administrativos disciplinares previstos na Lei Orgânica da Polícia Civil.

A testemunha arrolada pelo acusado deverá comparecer à audiência de instrução independente de notificação. Entretanto, deverá ser notificada quando seu depoimento for relevante e não tiver comparecido espontaneamente.

Na hipótese de a testemunha não ser localizada para sua inquirição na audiência de instrução, a defesa poderá substituí-la, caso entenda pertinente, levando na mesma data designada para o ato processual outra pessoa, independente de notificação.

Residindo em Município diverso do local onde tramita a sindicância administrativa, o Delegado de Polícia presidente do feito deverá expedir carta precatória, observando um prazo razoável para ciência da defesa.

A Lei Orgânica da Polícia Civil não fez qualquer referência à possibilidade de acareação. Mesmo diante de tal omissão, entendo pertinente e oportuno que havendo necessidade, o Delegado de Polícia determine a acareação entre testemunhas, ou entre acusados, ou entre estes e aquelas.

5.3.8. Requerimento de diligências

Além das oitivas das testemunhas arroladas pela Administração e pelo defensor, poderá, em qualquer fase do procedimento, o Delegado de Polícia presidente, de ofício ou a requerimento da defesa, ordenar diligências que entenda conveniente, como documentos, peças de inquérito policial, ou mesmo de processo criminal, bem como exames periciais, que serão requisitados diretamente à Superintendência da Polícia Científica, ou seja, ao Instituto de Criminalística ou ao Núcleo de Perícias Médico Legais.

Para tanto, as informações necessárias serão solicitadas diretamente ao órgão interessado, sem observância de vinculação hierárquica, através de ofício, juntando-se cópia nos autos.

Cabe ressaltar que o Delegado de Polícia presidente da sindicância administrativa poderá indeferir, mediante decisão fundamentada, os requerimentos que não guardem nenhum interesse para o esclarecimento do fato, bem como as provas ilícitas, impertinentes, desnecessárias ou protelatórias.

Durante toda a instrução da sindicância administrativa, os autos permanecerão na repartição corregedora onde ocorre sua tramitação. Entretanto, sempre que não prejudique o curso do procedimento será concedida vista dos autos ao defensor ou acusado, mediante simples solicitação.

Nas hipóteses de manifestação obrigatória da defesa, haverá publicação no *Diário Oficial do Estado de São Paulo* notificando o defensor a comparecer na repartição policial corregedora, onde lhe será concedida vista da sindicância administrativa.

O advogado tem o direito assegurado de retirar os autos da repartição, mediante recibo, durante o prazo para manifestação, salvo nas hipóteses de prazo comum, ou de procedimento administrativo que esteja sob regime de segredo de justiça ou quando existirem nos autos documentos originais de difícil restauração ou ainda se ocorrer circunstância relevante que justifique a sua permanência na repartição corregedora. Aqui será necessária decisão fundamentada do Delegado de Polícia presidente do feito justificando a medida adotada.

Surgindo no curso da sindicância administrativa fatos novos imputáveis ao policial civil acusado, poderá o Delegado de Polícia presidente do feito requerer a instauração de um novo procedimento administrativo para sua apuração, inclusive inquérito policial, ou, caso entenda conveniente e oportuno, aditar a portaria, lançando a nova acusação, abrindo prazo para nova manifestação da defesa.

Necessário ressaltar que uma portaria que não descreve corretamente as infrações administrativas imputadas ao policial civil torna-se inepta, acarretando a nulidade de todo o procedimento.

5.3.9. Alegações finais

Terminada a fase de colheita de provas, será aberta vista dos autos para o advogado de defesa que deverá apresentar sua defesa técnica através das alegações finais. Para tanto terá o prazo de sete dias.

As alegações finais são obrigatórias no procedimento administrativo. Não sendo apresentada no prazo legal de sete dias, o Delegado de Polícia presidente da sindicância deverá designar um advogado dativo para oferecer a defesa técnica em novo prazo preestabelecido.

Por fim, saneado o procedimento, será elaborado pelo presidente um relatório, no prazo de dez dias após a juntada aos autos das alegações finais, onde deverão ser descritas as irregularidades apontadas a cada policial civil acusado, narrando as provas colhidas e as razões da defesa. Também no relatório a autoridade presidente deverá opinar pelo destino daquele procedimento, propondo a absolvição ou punição ao acusado, indicando, neste caso, qual pena entenda cabível, ou seja, advertência, repreensão, multa ou suspensão.

Entendendo ser necessária a aplicação de uma pena demissória, a autoridade deverá representar pela instauração de um processo administrativo disciplinar.

Ainda no relatório deverá ser lançada qualquer sugestão de interesse do serviço público.

5.3.10. Decisão

Concluída a sindicância administrativa, que deverá ocorrer no prazo de sessenta dias, os autos serão encaminhados à autoridade competente para aplicar a medida proposta, nos termos do art. 92, inciso III, da Lei Orgânica da Polícia Civil.

Assim, se a medida a ser aplicada for uma pena de suspensão, esta poderá ser imposta pelo Governador do Estado ou pelo Secretário da Segurança Pública ou pelo Delegado Geral de Polícia ou pelo Delegado de Polícia Diretor da Corregedoria Geral da Polícia Civil, quando a suspensão se limitar a sessenta dias.

Caso a medida a ser aplicada seja de advertência ou repreensão poderá ser imposta pelo Delegado de Polícia Corregedor Auxiliar das Corregedorias Auxiliares que integram a Corregedoria Geral da Polícia Civil de São Paulo.

Caso o sindicado seja integrante da carreira de Delegado de Polícia, eventual aplicação de pena somente poderá ser imposta pelo Governador do Estado, ou pelo Secretário da Segurança Pública ou pelo Delegado Geral de Polícia, ficando excluído de tal medida o Delegado de Polícia Diretor da Corregedoria Geral da Polícia Civil e os Delegados de Polícia Corregedores Auxiliares.

Sempre que houver manifestação do Secretário da Segurança Pública ou do Governador do Estado será ouvida a Consultoria Jurídica da respectiva pasta.

Para as decisões de sindicâncias administrativas o Egrégio Conselho da Polícia Civil de São Paulo não será consultado, ficando, porém, a critério do Delegado Geral de Polícia, quando entender conveniente, solicitar a manifestação do colegiado, antes de opinar ou proferir sua decisão em sindicância.

5.4. PROCESSO ADMINISTRATIVO DISCIPLINAR

Processo administrativo disciplinar consiste no conjunto ordenado de formalidades a que a Administração submete o servidor público que cometeu falta grave atentatória à hierarquia administrativa.[3]

Hely Lopes Meirelles apresenta o processo administrativo disciplinar como sendo "o conjunto coordenado de atos investigatórios, e provas coligidas para demonstrar a acusação inicial. Não tem rito especial, mas deve seguir a tramitação estabelecida em lei ou regulamento, com a oportunidade de defesa ao acusado".[4]

Será instaurado processo administrativo disciplinar quando já estiver demonstrada a autoria, materialidade e circunstâncias da falta funcional, e esta for passível de uma demissão, demissão a bem do serviço público ou cassação de aposentadoria ou disponibilidade.

O processo administrativo disciplinar será instaurado e presidido por um Delegado de Polícia que atue em Unidade Processante da Corregedoria Geral da Polícia Civil ou nas Corregedorias Auxiliares, estando assegurados o contraditório e a ampla defesa. Importante frisar que não haverá comissão processante, com três integrantes Delegados de Polícia, como era antes de 2002. Com a edição da Lei Complementar nº 922/2002, a Lei Orgânica da Polícia Civil passou a instituir a unidade processante, com apenas um Delegado de Polícia presidindo o feito administrativo.

No processo administrativo disciplinar também deve ser assegurado ao acusado o devido processo legal, que, na ótica de Celso de Mello visa

---

[3] CRETELLA JÚNIIOR, José. *Prática do Processo Administrativo*, p. 67.

[4] MEIRELLES, Hely Lopes. *Direito Administrativo Brasileiro*, p. 423.

"a garantir a pessoa contra a ação arbitrária do Estado e a colocá-la sob a imediata proteção da lei".[5]

Apenas algumas autoridades elencadas no art. 70 da Lei Orgânica da Polícia Civil são competentes para determinar a instauração de processo administrativo disciplinar. Com isso poderão o Governador do Estado, o Secretário da Segurança Pública, o Delegado Geral de Polícia e o Delegado de Polícia Diretor da Corregedoria Geral da Polícia Civil determinar a instauração de processo administrativo disciplinar contra policial civil, exceto Delegados de Polícia.

Com relação aos Delegados de Polícia, apenas o Governador do Estado, o Secretário da Segurança Pública e o Delegado Geral de Polícia poderão determinar a instauração de processo administrativo disciplinar.

5.4.1. Instauração

Determinada a instauração deste procedimento administrativo, toda a instrução e sua conclusão ficarão a cargo das unidades processantes subordinadas à Corregedoria Geral da Polícia Civil ou de uma Corregedoria Auxiliar. Sua instauração deverá ser comunicada à Corregedoria Geral da Polícia Civil e também ao setor de pessoal onde está lotado o policial civil acusado.

Assim como ocorre nas sindicâncias administrativas, sendo o acusado Delegado de Polícia, a autoridade que irá presidi-la deverá ocupar a mesma classe ou classe superior a ele, não podendo ser seu amigo íntimo ou inimigo, parente consanguíneo ou afim, em linha reta ou colateral, até o terceiro grau inclusive, cônjuge, companheiro ou qualquer integrante do seu núcleo familiar, bem como seu subordinado. Tais impedimentos são aplicados ao Delegado de Polícia que irá presidir o feito, bem como ao escrivão de polícia que irá secretariá-lo. Quando o processo administrativo disciplinar for provocado por denunciante, a regra do impedimento do Delegado e do Escrivão que atuem no procedimento também se estende a ele.

O processo administrativo disciplinar será iniciado por portaria do Delegado de Polícia presidente, que deverá ser elaborada no prazo de até oito dias do recebimento da determinação de instauração, devendo ser concluída no prazo de noventa dias após a citação do acusado.

Decorrido o prazo previsto na legislação sem a conclusão do procedimento, este prazo poderá ser prorrogado, devendo o Delegado presidente encaminhar relatório circunstanciado ao Delegado de Polícia Corregedor Geral da

---

[5] MELLO, Celso. *Constituição Anotada*, p. 341.

Polícia Civil indicando as providências faltantes e o tempo necessário para a conclusão do procedimento. Entretanto, caso não esteja concluída no prazo de cento e oitenta dias, o Delegado de Polícia Diretor da Corregedoria Geral da Polícia Civil deverá justificar o fato circunstanciadamente ao Delegado Geral de Polícia e ao Secretário da Segurança Pública.

Na portaria que iniciará o processo administrativo disciplinar deverão constar o nome e a identificação do acusado, a infração que lhe é atribuída, com a descrição sucinta dos fatos e a indicação das normas infringidas, assim como ocorre no Código de Processo Penal quando cuida da denúncia nos crimes de ação penal pública ou queixa-crime nos delitos de ação penal privada.

O estatuto policial não exige que seja lançada na portaria do processo administrativo disciplinar o rol de testemunhas.

O processo administrativo disciplinar admite até o número de cinco testemunhas arroladas pela acusação e o mesmo número pela defesa, nos termos do art. 103 da Lei Orgânica da Polícia Civil.

5.4.2. Citação

Elaborada a portaria, será citado o policial civil acusado, a fim de dar-lhe ciência das acusações que existem contra ele, devendo se defender. No mandado de citação deverá constar: cópia da portaria; data, hora e local do interrogatório, que poderá ser acompanhado pelo advogado do acusado; data, hora e local da oitiva do denunciante, se houver, que deverá ser acompanhada pelo advogado do acusado; esclarecimento de que o acusado será defendido por advogado dativo, caso não constitua advogado próprio; informação de que o acusado poderá arrolar testemunhas e requerer provas, no prazo de três dias após a data designada para seu interrogatório; advertência de que o processo será extinto se o acusado pedir exoneração até o interrogatório, quando se tratar exclusivamente de abandono de cargo.

A citação será feita pessoalmente com um prazo mínimo de dois dias de antecedência da data do interrogatório, por intermédio de seu superior hierárquico, ou diretamente, onde possa ser encontrado. Entretanto, caso não seja o policial acusado encontrado, seja por estar se furtando da diligência ou por apresentar paradeiro ignorado, sua citação será feita por edital, publicada uma vez no *Diário Oficial do Estado de São Paulo*, com no mínimo dez dias de antecedência da data agendada para o interrogatório. Estando preso no Presídio Especial da Polícia Civil de São Paulo, sua citação será feita através do Delegado de Polícia diretor da unidade carcerária.

5.4.3. Denunciante

Quando o processo administrativo disciplinar for provocado por denúncia, o denunciante deverá ser ouvido após a citação do policial acusado e antes de seu interrogatório. Suas declarações serão tomadas pelo Delegado de Polícia presidente do procedimento, e deverá ser acompanhado pelo advogado do acusado. Caso o policial acusado não apresente defensor, deverá ser-lhe nomeado um dativo. Determina a Lei Orgânica da Polícia Civil que as declarações do denunciante serão colhidas sem a presença do policial acusado. Entretanto, ele terá ciência do teor das informações prestadas pelo denunciante antes de seu interrogatório. O denunciante pode ser qualquer pessoa, inclusive criança ou adolescente, desde que apresente fatos que demonstrem a necessidade de uma apuração pelo órgão corregedor.

5.4.4. Interrogatório

Não havendo denunciante, inicia-se a instrução do processo administrativo disciplinar através do interrogatório do policial civil acusado. Para tanto, poderá constituir advogado que o representará em todos os atos e termos do processo. O defensor constituído do acusado será intimado por publicação no *Diário Oficial do Estado*, constando seu nome e número de inscrição na Ordem dos Advogados do Brasil, bem como os dados necessários à identificação do procedimento. Não tendo condições financeiras para arcar com todas os custos do processo, bem como contratar advogado, deverá o Delegado de Polícia presidente do processo administrativo disciplinar nomear um defensor dativo, através de convênio com a Ordem dos Advogados do Brasil.

Porém nada impede que a qualquer tempo do processo do acusado constitua um advogado para conduzir a sua defesa. Todavia, o defensor assumirá o procedimento já em andamento, prosseguindo em sua defesa técnica.

A Lei Orgânica da Polícia Civil cuida também do acusado revel. Após devidamente citado, caso o policial acusado não compareça nos atos processuais, o Delegado de Polícia presidente do feito emitirá despacho fundamentado, decretando sua revelia, prosseguindo-se nos demais atos e termos do processo, sendo-lhe nomeado um advogado dativo.

Não havendo a figura do denunciante o processo será deflagrado com o interrogatório do policial civil acusado. Seguindo as regras do Código de Processo Penal, o interrogatório deverá ser acompanhado por seu advogado nomeado ou dativo. Na hipótese de ser o advogado dativo, a autoridade presidente do processo administrativo disciplinar deverá autorizar o direito do acusado de manter entrevista prévia e reservada com seu defensor, assim como ocorre no procedimento criminal. Também, deverá ser cientificado do seu direito constitucional de permanecer calado e de não responder perguntas que lhe forem formuladas. Caso o acusado opte em responder as indagações formuladas pelo Delegado de Polícia presidente, será dada oportunidade à defesa para se manifestar.

Havendo mais de um acusado, o interrogatório de cada um deles deverá ser colhido separadamente.

5.4.5. Defesa Prévia

Encerrado o interrogatório ou não comparecendo o acusado, iniciará o prazo de três dias para o oferecimento de defesa prévia, onde poderá ser requerida a produção de provas ou então sua apresentação.

A apresentação da defesa prévia será obrigatória, devendo o advogado arrolar suas testemunhas, juntar documentos, requerer perícias, fornecer certidões etc.

O número máximo de testemunhas arroladas na defesa prévia será de cinco pessoas por transgressão disciplinar descrita na portaria.

5.4.6. Vida Pregressa

Será também anexada aos autos a vida pregressa do policial acusado através de documentação expedida pela Divisão de Informações Funcionais da Corregedoria Geral da Polícia Civil.

Assim como ocorre nas sindicâncias administrativas, entendemos que a juntada aos autos da vida pregressa do acusado, deve ser interpretada de acordo com os limites estabelecidos pela Súmula nº 444 do Superior de Tribunal de Justiça, aplicada ao processo penal, onde é vedada a utilização de inquéritos policiais e ações penais em curso para agravar a pena-base. Ainda, caso exista condenações em outros procedimentos administrativos decorridos cinco anos de seu efetivo exercício contado do cumprimento da sanção disciplinar, sem cometimento de nova infração, não mais poderá ser considerada em prejuízo do policial acusado, inclusive para efeito de reincidência, conforme estabelece o art. 118 da Lei Orgânica da Polícia Civil.

5.4.7. Audiência de instrução

O próximo passo a ser seguido será a realização da audiência de instrução, a qual será agendada pelo Delegado de Polícia presidente do feito até a data do interrogatório do acusado. Nesta audiência de instrução serão inquiridas as testemunhas arroladas pelo presidente do feito, bem como as testemunhas de defesa. Estabelece a legislação o número máximo de cinco testemunhas para cada parte.

Sendo a testemunha servidora pública, seu comparecimento ao ato processual deverá ser solicitado ao seu superior hierárquico imediato, com todas as indicações necessárias para sua realização. A mesma regra se aplica no caso de testemunhas militares. Quando for policial civil e o depoimento ocorrer em local fora de sua sede de exercício, terá direito a transporte e diárias na forma da legislação pertinente, podendo ainda ser expedida carta precatória ao seu domicílio para cumprimento de tal diligência.

Entretanto, havendo recusa por parte do policial civil em depor, não havendo justa causa para tanto, será aplicada sanção disposta no art. 82 da Lei Orgânica da Polícia Civil, ou seja, terá suspenso o pagamento de seus vencimentos, até que realize sua oitiva. Importante ressaltar que tal medida corretiva também se aplica ao policial civil aposentado ou em disponibilidade.

Encontramos na legislação em comento restrições à obrigação de servir como testemunha. Com isso, se for ascendente, descendente, cônjuge, ainda que legalmente separado, companheiro, irmão, sogro e cunhado, pai, mãe ou filho adotivo do acusado, poderá eximir-se de depor. Tal medida não será aplicada apenas quando não for possível, de outro modo, obter-se ou integrar-se a prova do fato e de suas circunstâncias. Estabelece também a lei que se as restrições lançadas acima envolverem o denunciante e a testemunha, esta ficará proibida de depor.

Agora, ficam proibidas de depor as pessoas que em razão de função, ministério, ofício ou profissão, devem guardar segredo, salvo se, desobrigadas pela parte interessada, quiserem dar o seu testemunho.

Devemos observar que quanto ao advogado, estabelece o art. 7º, inciso XIX, da Lei nº 8.906/94 que é dever do defensor recusar-se a depor como testemunha em processo no qual funcionou ou deva funcionar, ou sobre fato relacionado com pessoa de quem seja ou foi advogado, mesmo quando autorizado ou solicitado pelo constituinte, bem como sobre fato que constitua sigilo profissional. Tal regra se aplica também aos procedimentos administrativos disciplinares previstos na Lei Orgânica da Polícia Civil.

A testemunha arrolada pelo acusado deverá comparecer à audiência de instrução independente de notificação. Entretanto, deverá ser notificada quando seu depoimento for relevante e não tiver comparecido espontaneamente. Na hipótese de não ser localizada para sua inquirição na audiência de instrução, a defesa poderá substituí-la, caso entenda pertinente, levando na mesma data designada para o ato processual outra pessoa, independente de notificação.

Residindo em Município diverso do local onde tramita o processo administrativo disciplinar, a autoridade presidente do feito deverá expedir carta precatória, observando um prazo razoável para ciência da defesa.

A Lei Orgânica da Polícia Civil não fez qualquer referência à possibilidade de acareação. Assim como ocorre nas sindicâncias administrativas, entendemos que mesmo diante de tal omissão, será oportuno que havendo necessidade, o Delegado de Polícia determine a acareação entre testemunhas, ou entre acusados, ou entre estes e aquelas.

5.4.8. Requerimento de diligências

Além das oitivas das testemunhas arroladas pela Administração e pelo defensor, poderá, em qualquer fase do procedimento, o Delegado de Polícia presidente, de ofício ou a requerimento da defesa, ordenar diligências que entenda conveniente, como documentos, peças de inquérito policial, ou mesmo de processo criminal, bem como exames periciais, que serão requisitados diretamente à Superintendência da Polícia Científica, ou seja, ao Instituto de Criminalística ou ao Núcleo de Perícias Médico Legais. Para tanto, as informações necessárias serão solicitadas diretamente ao órgão interessado, sem observância de vinculação hierárquica, através de ofício, juntando-se cópia nos autos.

Cabe ressaltar que o Delegado de Polícia presidente do processo administrativo disciplinar poderá indeferir, mediante decisão fundamentada, os requerimentos que não guardem nenhum interesse para o esclarecimento do fato, bem como as provas ilícitas, impertinentes, desnecessárias ou protelatórias.

Durante toda a instrução, os autos permanecerão na repartição corregedora onde ocorre sua tramitação. Entretanto, sempre que não prejudique o curso do procedimento será concedida vista dos autos ao defensor ou acusado, mediante simples solicitação.

Nas hipóteses de manifestação obrigatória da defesa, haverá publicação no *Diário Oficial do Estado de São Paulo* notificando o defensor a comparecer na repartição policial corregedora, onde lhe será concedida vista do processo administrativo disciplinar.

O advogado tem o direito assegurado de retirar os autos da repartição, mediante recibo, durante o prazo para manifestação, salvo nas hipóteses de prazo comum, ou de procedimento administrativo que esteja sob regime de segredo de justiça ou quando existirem nos autos documentos originais de difícil restauração ou ainda se ocorrer circunstância relevante que justifique a sua permanência na repartição corregedora. Aqui será necessária decisão fundamentada do Delegado de Polícia presidente do feito justificando a medida adotada.

Surgindo no curso do processo administrativo disciplinar fatos novos imputáveis ao policial civil acusado, poderá o Delegado de Polícia presidente do feito requerer a instauração de um novo procedimento administrativo para sua apuração, inclusive inquérito policial, ou, caso entenda conveniente e oportuno, aditar a portaria, lançando a nova acusação, abrindo prazo para nova manifestação da defesa.

Necessário ressaltar que uma portaria que não descreve corretamente as infrações administrativas imputadas ao policial civil torna-se inepta, acarretando a nulidade de todo o procedimento.

5.4.8.1. Prova emprestada no processo administrativo

É possível que um policial civil esteja respondendo a processo judicial e ao mesmo tempo a processo administrativo disciplinar, pelo mesmo fato. Durante a instrução criminal, foi autorizada a interceptação telefônica. As provas produzidas no bojo desta medida poderiam ser utilizadas no âmbito administrativo, levando em consideração que não há previsão legal para interceptação telefônica? *Não há nenhum impedimento legal para a utilização desta prova emprestada, desde que tenha sido obtida legalmente no processo judicial.*

Na mesma esteira, temos a Súmula nº 591 do STJ, segundo a qual: *"É permitida a prova emprestada no processo administrativo disciplinar, desde que devidamente autorizada pelo juízo competente e respeitados o contraditório e a ampla defesa".*

5.4.9. Alegações finais

Terminada a fase de colheita de provas, será aberta vista dos autos para o advogado de defesa que deverá apresentar sua defesa técnica através das alegações finais. Para tanto terá o prazo de sete dias.

As alegações finais são obrigatórias no procedimento administrativo. Não sendo apresentada no prazo legal de sete dias, a autoridade presidente deverá designar um advogado dativo para oferecer a defesa técnica em novo prazo preestabelecido.

5.4.10. Relatório final

Por fim, saneado o procedimento, será elaborado pelo presidente um relatório, no prazo de dez dias após a juntada aos autos das alegações finais, onde deverão ser descritas as irregularidades apontadas a cada policial civil acusado, narrando as provas colhidas e as razões da defesa. Também no relatório a autoridade presidente deverá opinar pelo destino daquele procedimento, propondo a absolvição ou punição ao acusado, indicando, neste caso, qual pena entenda cabível. Ainda no relatório deverá ser lançada qualquer sugestão de interesse do serviço público.

5.4.11. Manifestação do Egrégio Conselho da Polícia Civil

Relatado, o processo administrativo disciplinar será encaminhado ao Delegado Geral de Polícia, que o submeterá à análise de um Conselheiro do Egrégio Conselho da Polícia Civil, no prazo de quarenta e oito horas.

O Delegado Geral de Polícia que atua como Presidente do Conselho da Polícia Civil, no prazo de vinte dias, poderá determinar a realização de diligência, sempre que necessário ao esclarecimento dos fatos.

Determinada a diligência, a autoridade encarregada do processo administrativo terá prazo de quinze dias para seu cumprimento, abrindo vista à defesa para manifestar-se em cinco dias.

Cumpridas as diligências, o Conselheiro Relator do Conselho da Polícia Civil emitirá parecer conclusivo, no prazo de vinte dias, que deverá ser aprovado pela maioria do Colegiado, não havendo decisão por turmas ou câmaras, e os autos serão encaminhados a análise do Delegado Geral de Polícia.

5.4.12. Decisão

O Delegado Geral de Polícia, no prazo de dez dias, emitirá manifestação conclusiva e encaminhará o processo administrativo à autoridade competente para decisão, ou seja, ao Secretário de Segurança Pública nos casos envolvendo policiais civis exceto Delegado de Polícia, já que nesta hipótese a autoridade competente para aplicar pena demissória será apenas o Governador do Estado.

A autoridade que proferir decisão determinará os atos dela decorrentes e as providências necessárias a sua execução para cumprimento das autoridades superiores hierárquicas do policial civil condenado.

5.4.13. Esquematização do Processo Administrativo Disciplinar

ESQUEMA DO PROCESSO ADMINISTRATIVO DISCIPLINAR
1. DETERMINAÇÃO DA INSTAURAÇÃO – **ART. 94**
2. PORTARIA – **ART. 97**
3. AUTUAÇÃO DA PORTARIA E DEMAIS PEÇAS – **ART. 98**, *CAPUT*
4. CITAÇÃO DO ACUSADO – **ART. 98** – DESIGNAÇÃO DO INTERROGATÓRIO – **ART. 100** – NOTIFICAÇÃO DO DENUNCIANTE (SE HOUVER) – **ART. 99**

5. OITIVA DO DENUNCIANTE (SE HOUVER) – observado o contraditório
6. INTERROGATÓRIO – **ART. 100**
7. DEFESA PRÉVIA – **ART. 103**
8. AUDIÊNCIA DE INSTRUÇÃO – **ART. 104**
a) Testemunhas indicadas na portaria
b) Testemunhas arroladas pela defesa
9. ALEGAÇÕES FINAIS – **ART. 112**
10. RELATÓRIO FINAL – **ART. 113**
11. PARECER CONCLUSIVO DO CONSELHO DA POLÍCIA CIVIL (**ART. 114, § 3º**) – em 20 dias **OU** PEDIDO DE DILIGÊNCIAS (**ART. 114, § 1º**)
12. DELEGADO GERAL DE POLÍCIA – **ART. 114, § 4º**
13. AUTORIDADE COMPETENTE PARA DECIDIR – Secretário da Segurança Pública **OU** Governador do Estado de São Paulo – **ART. 114, § 5º**

5.4.14. Considerações finais

Sempre que houver manifestação do Secretário da Segurança Pública ou do Governador do Estado será ouvida a Consultoria Jurídica da respectiva pasta.

Estabelece a Lei Orgânica da Polícia Civil que não será declarada a nulidade de nenhum ato processual que não houver influído na apuração da verdade substancial ou diretamente na decisão do procedimento administrativo disciplinar.

Ainda, fica proibido fornecer à imprensa em geral informações sobre os atos processuais, salvo quando for no interesse da Administração, ficando tal decisão a critério do Delegado Geral de Polícia.

Apresentada detalhadamente a forma procedimental da apuração preliminar, sindicância administrativa e processo administrativo disciplinar, utilizados pela Polícia Civil em face à ocorrência de uma irregularidade funcional, desenhamos um quadro comparativo, vejamos:

	APURAÇÃO PRELIMINAR	SINDICÂNCIA ADMINISTRATIVA	PROCESSO ADMINISTRATIVO DISCIPLINAR
Finalidade	Simplesmente investigativa	Apurar as infrações cuja natureza possa ensejar penas de advertência, repreensão, multa ou suspensão	Apurar as infrações cuja natureza possa ensejar penas de demissão, demissão a bem de serviço público e cassação de aposentadoria ou disponibilidade
Garantias	Não tem ampla defesa e contraditório	Tem ampla defesa e contraditório	Tem ampla defesa e contraditório

	APURAÇÃO PRELIMINAR	SINDICÂNCIA ADMINISTRATIVA	PROCESSO ADMINISTRATIVO DISCIPLINAR
Testemunhas	Não há número definido	03 (três) testemunhas	05 (cinco) testemunhas
Prazo de conclusão	30 (trinta) dias, podendo ser prorrogado	60 (sessenta) dias, podendo ser prorrogado	90 (noventa) dias, podendo ser prorrogado
Relatório opinativo ao final da instrução		Remetido à autoridade competente (art. 70, LOPC) para aplicar a pena	Remetido obrigatoriamente ao Delegado Geral de Polícia

5.5. RECURSOS

Proferida a decisão em uma sindicância administrativa ou processo administrativo disciplinar poderá o policial civil penalizado recorrer da sanção a ele imposta.

Sendo assim, prevê a Lei Orgânica da Polícia Civil em seu art. 119 a possibilidade de o policial ingressar com recurso inominado, por uma única vez, da decisão que aplicar penalidade.

O prazo para recorrer é de trinta dias, contados da publicação da decisão impugnada no *Diário Oficial do Estado de São Paulo*. Entretanto, quando a pena aplicada for advertência, sem publicidade, o prazo será contado da data em que o policial civil for pessoalmente intimado da decisão.

O recurso em questão deverá apresentar a qualificação do policial recorrente, bem como a exposição das razões do inconformismo com a decisão proferida no procedimento administrativo questionado.

Será dirigido à autoridade que aplicou a penalidade, a qual poderá se retratar da decisão, alterando-a ou mantendo-a. Para tanto terá o prazo de dez dias para se manifestar. Após tal análise, mantendo ou reformando parcialmente sua decisão, o recurso inominado será imediatamente remetido para o reexame necessário de seu superior hierárquico.

Imaginemos que o Delegado Geral de Polícia aplique uma pena de suspensão de noventa dias a um investigador de polícia. O recurso inominado será endereçado a ele que, mantendo ou reformando a sua decisão, encaminhará para o reexame do Secretário da Segurança Pública.

A ordem a ser seguida no reexame necessário do recurso inominado é aquela prevista no art. 70 da Lei Orgânica da Polícia Civil de São Paulo.

Ainda a legislação em comento admite a fungibilidade do recurso, uma vez que ele será apreciado pela autoridade competente mesmo que haja a incorreta denominação ou endereçamento.

Devemos ressaltar que o recurso inominado não tem efeito suspensivo. Todavia, sua decisão retroagirá seus efeitos à data do ato punitivo.

A decisão proferida no recurso produz a chamada coisa julgada administrativa, isto é, confere imutabilidade à decisão no âmbito administrativo.[6]

Oportuno destacar a existência da Súmula Vinculante nº 21: "*É inconstitucional a exigência de depósito ou arrolamento prévios de dinheiro ou bens para admissibilidade de recursos administrativo*".

5.6. PEDIDO DE RECONSIDERAÇÃO

Além do recurso inominado, prevê a Lei Orgânica da Polícia Civil a possibilidade de requerer pedido de reconsideração da decisão proferida em procedimento administrativo disciplinar pelo Governador do Estado.

O pedido de reconsideração será cabível quando existir novos argumentos ou fatos supervenientes que ainda não foram analisados.

O pedido de reconsideração será direcionado ao Governador do Estado e deverá ser interposto no prazo de trinta dias após a publicação no *Diário Oficial do Estado de São Paulo* da decisão dele emanada. A lei não fixa prazo para a nova manifestação governamental.

Importante frisar que não caberá pedido de reconsideração de decisões proferidas pelo Secretário da Segurança Pública, pelo Delegado Geral de Polícia, pelo Delegado de Polícia Diretor da Corregedoria Geral da Polícia Civil e pelos Delegados de Polícia Corregedores Auxiliares. Em relação a tais autoridades, a legislação prevê o recurso inominado.

O pedido de reconsideração também não possui efeito suspensivo, entretanto, sua decisão retroagirá seus efeitos à data do ato punitivo.

5.7. JURISPRUDÊNCIA

EMENTA: ADMINISTRATIVO. MANDADO DE SEGURANÇA. PROCESSO ADMINISTRATIVO DISCIPLINAR. PENA DE DEMISSÃO. INEXISTÊNCIA DE VÍCIOS FORMAIS. DESPROPORCIONALIDADE NÃO CONFIGURADA. SEGURANÇA DENEGADA. 1. A prova produzida em ação penal pode ser usada como prova emprestada em processo disciplinar, inclusive interceptações telefônicas válidas. 2. Em processo disciplinar, estando o servidor representado por advogado, é dispensável a sua intimação pessoal do ato de demissão, sendo bastante a intimação pelo DO (precedente desta

---

[6] BARROS FILHO, Mário Leite de. *Direito Administrativo Disciplinar da Polícia*, p. 253.

Corte – MS 8.213/DF – DJe 19/12/2008). 3. O excesso de prazo para conclusão do processo administrativo disciplinar só pode ser causa de nulidade se demonstrado prejuízo à defesa. Precedentes. 4. A sentença proferida no âmbito criminal somente repercute na esfera administrativa quando reconhecida a inexistência material do fato ou a negativa de sua autoria. 5. Os pedidos de indeferimento de provas ou providências pelo presidente da comissão processante devem ser fundamentados. Aplicação do disposto no § 1º do art. 156 da Lei 8.112/90. 6. Autoria e materialidade da conduta comprovadas, em perfeita subsunção dos fatos às normas proibitivas (arts. 117, IX e X, e 132, XIII, da Lei 8.112/90), aplicando-se a pena indicada no dispositivo legal, sem chance de discricionariedade. 7. Em mandado de segurança sendo a prova pré-constituída, não se admite dilação probatória. 8. Segurança denegada (STJ, MS 19.823/DF, Rel.ª Min.ª Eliana Calmon, DJe 23/08/2013).

EMENTA: (...) 4. Ademais, é firme o entendimento deste Tribunal de que, respeitado o contraditório e a ampla defesa em ambas as esferas, é admitida a utilização no processo administrativo de "prova emprestada" devidamente autorizada na esfera criminal. Precedentes: MS 10.128/DF, Rel. Min. Og Fernandes; Terceira Seção, DJe 12/02/2010; MS 13.501/DF, Rel. Min. Felix Fischer, Terceira Seção, DJe 09/02/2009, MS 12.536/DF, Rel.ª Min.ª Laurita Vaz, Terceira Seção, DJe 26/09/2008, MS 10.292/DF, Rel. Min. Paulo Gallotti, Terceira Seção, DJ 11/10/2007. (...) (MS 15.207/DF, Rel. Min. Benedito Gonçalves, Primeira Seção, julgado em 08/09/2010, DJe 14/09/2010)

5.8. SÍNTESE DO CAPÍTULO

Modalidades de procedimentos administrativos	– Apuração Preliminar – Sindicância Administrativa – Processo Administrativo Disciplinar
Apuração Preliminar	– É o procedimento a ser aplicado nas hipóteses de identificar a autoria de uma infração administrativa disciplinar. – Tem natureza investigativa. – Somente será instaurada nas hipóteses de não estar caracterizada suficientemente a autoria da infração administrativa. – Prazo para conclusão: 30 (trinta) dias. – Não haverá ampla defesa e contraditório. – O Delegado de Polícia presidente deverá opinar fundamentadamente: se cabe arquivamento ou em caso negativo, propor a instauração de sindicância ou processo administrativo disciplinar. – Arquivamento da Apuração Preliminar: é ato exclusivo do Delegado de Polícia Corregedor Geral da Polícia Civil.

Sindicância Administrativa	– Será instaurada quando estiver demonstrada a autoria, materialidade e circunstâncias de falta funcional, e esta for passível de advertência, repreensão, multa ou suspensão. – Será instaurda e presidida por um Delegado de Polícia que atue na Corregedoria Geral da Polícia Civil ou nas Corregedorias Auxiliares. – Assegurados o contraditório e a ampla defesa. – Autoridades competentes para determinar instauração de Sindicância Administrativa contra Delegados de Polícia: Governador do Estado, Secretário da Segurança Pública, Delegado Geral de Polícia e Delegado de Polícia Diretor da Corregedoria Geral de Polícia Civil. – Autoridades competentes para determinar instauração de Sindicância Administrativa contra os demais policiais civis: além das Autoridades já mencionadas, também poderá determinar a instauração por Delegado de Polícia Corregedor Auxiliar. – No caso de Delegado de Polícia sindicado – o Delegado de Polícia presidente da sindicância deverá ocupar a mesma classe ou classe superior a dele. – A sindicância será iniciada por portaria do Delegado de Polícia presidente, que deverá ser elaborada no prazo de até oito dias do recebimento da determinação de instauração, devendo ser concluída no prazo de sessenta dias após a citação do acusado. – Vencidos sessenta dias sem a conclusão da sindicância administrativa, este prazo poderá ser prorrogado, devendo o Delegado presidente encaminhar relatório circunstanciado ao Delegado de Polícia Corregedor Geral da Polícia Civil indicando as providências faltantes e o tempo necessário para a conclusão do procedimento. – Caso a sindicância administrativa não esteja concluída no prazo de cento e oitenta dias, o Delegado de Polícia Diretor da Corregedoria Geral da Polícia Civil deverá justificar o fato circunstanciadamente ao Delegado Geral de Polícia e ao Secretário da Segurança Pública. – Na portaria inaugural deverão constar o nome e a identificação do acusado, a infração que lhe é atribuída, com a descrição sucinta dos fatos e a indicação das normas infringidas. Também, o nome e dados das testemunhas. – Admite 03 (três testemunhas) arroladas pela acusação e o mesmo número pela defesa. – Citação do policial civil acusado: finalidade de dar-lhe ciência das acusações que existem contra ele, devendo se defender. No mandado de citação deverão constar: a) cópia da portaria; b) data, hora e local do interrogatório, que poderá ser acompanhado pelo advogado do acusado;

Sindicância Administrativa	c) data, hora e local da oitiva do denunciante, se houver, que deverá ser acompanhada pelo advogado do acusado; d) esclarecimento de que o acusado será defendido por advogado dativo, caso não constitua advogado próprio; e) informação de que o acusado poderá arrolar testemunhas e requerer provas, no prazo de três dias após a data designada para seu interrogatório; f) advertência de que o processo será extinto se o acusado pedir exoneração até o interrogatório, quando se tratar exclusivamente de abandono de cargo. – A citação do acusado será feita pessoalmente com um prazo mínimo de dois dias de antecedência da data do interrogatório, por intermédio de seu superior hierárquico, ou diretamente, onde possa ser encontrado. No caso de o policial acusado não ser encontrado, seja por estar se furtando da diligência ou por apresentar paradeiro ignorado, sua citação será feita por edital, publicada uma vez no *Diário Oficial do Estado de São Paulo*, com no mínimo dez dias de antecedência da data agendada para o interrogatório. – Acusado preso no Presídio Especial da Polícia Civil de São Paulo, sua citação será feita através do Delegado de Polícia diretor da unidade carcerária. – Na sindicância provocada por denúncia, o denunciante deverá ser ouvido após a citação do policial acusado e antes de seu interrogatório. Suas declarações serão tomadas pelo Delegado de Polícia presidente do procedimento, e deverá ser acompanhado pelo advogado do acusado. Caso o policial acusado não apresente defensor, deverá ser-lhe nomeado um dativo. – As declarações do denunciante serão colhidas sem a presença do policial acusado, porém este terá ciência do teor das informações prestadas pelo denunciante antes de seu interrogatório. – Quando não há denunciante, inicia-se a instrução da sindicância com o interrogatório do policial civil acusado. Para tanto, poderá constituir advogado que o representará em todos os atos e termos do processo. – Intimação do defensor do policial acusado é por meio do *Diário Oficial do Estado*. – O Delegado de Polícia presidente da sindicância, na ausência de advogado constituído, deverá nomear um defensor dativo. – Se o policial acusado, devidamente citado, deixar de comparecer nos atos processuais, o Delegado de Polícia presidente do feito emitirá despacho fundamentado, decretando sua revelia, prosseguindo-se nos demais atos e termos do processo, sendo-lhe nomeado um advogado dativo. – No caso de advogado dativo, a autoridade presidente do procedimento deverá autorizar o direito do acusado de manter entrevista prévia e reservada com seu defensor.

Sindicância Administrativa	– Encerrado o interrogatório ou não comparecendo o acusado, iniciará o prazo de três dias para o oferecimento de defesa prévia, onde poderá ser requerida a produção de provas ou então sua apresentação. – Defesa prévia é obrigatória. Deve o advogado arrolar suas testemunhas e produzir ou apresentar suas provas. – O número máximo de testemunhas arroladas na defesa prévia será de três por transgressão disciplinar descrita na portaria. – Na audiência de instrução serão inquiridas as testemunhas arroladas pelo presidente do feito e as da defesa. – No caso de ascendente, descendente, cônjuge, ainda que legalmente separado, companheiro, irmão, sogro e cunhado, pai, mãe ou filho adotivo do acusado, poderão se eximir de depor. Não se aplicará essa exceção, quando não for possível, de outro modo, obter-se ou integrar-se a prova do fato e de suas circunstâncias. – O Delegado de Polícia presidente da sindicância poderá indeferir, mediante decisão fundamentada, os requerimentos que não guardem nenhum interesse para o esclarecimento do fato, bem como as provas ilícitas, impertinentes, desnecessárias ou protelatórias. – Surgindo no curso da sindicância administrativa fatos novos imputáveis ao policial civil acusado, poderá o Delegado de Polícia presidente do feito requerer a instauração de um novo procedimento administrativo para sua apuração, inclusive inquérito policial, ou, caso entenda conveniente e oportuno, aditar a portaria, lançando a nova acusação, abrindo prazo para nova manifestação da defesa. – Terminada a fase de colheita de provas, será aberta vista dos autos para o advogado de defesa que deverá apresentar sua defesa técnica através das alegações finais, no prazo de sete dias. – É obrigatória apresentação de alegações finais, no prazo de sete dias. Caso isso não ocorra, o Delegado de Polícia presidente da sindicância deverá designar um advogado dativo para oferecer a defesa técnica em novo prazo preestabelecido. – Será também anexada aos autos a vida pregressa do policial acusado através de documentação expedida pela Divisão de Informações Funcionais da Corregedoria Geral da Polícia Civil. – Ao final da instrução, o Delegado de Polícia presidente, no prazo de dez dias, ofertará um relatório, no qual constará a descrição das irregularidades apontadas a cada policial civil acusado, narrando as provas colhidas e as razões da defesa. Deverá opinar pelo destino daquele procedimento, propondo a absolvição ou punição ao acusado, indicando, neste caso, qual pena entenda cabível. Entendendo ser o caso de pena demissória, deverá representar pela instauração de um processo administrativo disciplinar. – A sindicância administrativa deve ser concluída no prazo de sessenta dias.

Processo Administrativo Disciplinar	– Instauração: quando já estiver demonstrada a autoria, materialidade e circunstâncias da falta funcional, e esta for passível de uma demissão, demissão a bem do serviço público ou cassação de aposentadoria ou disponibilidade. – Instaurado e presidido por um Delegado de Polícia que atue em Unidade Processante da Corregedoria Geral da Polícia Civil ou nas Corregedorias Auxiliares, e serão assegurados o contraditório e a ampla defesa. – Autoridades competentes para determinar a instauração: Governador do Estado, Secretário da Segurança Pública, Delegado Geral de Polícia e Delegado de Polícia Diretor da Corregedoria Geral da Polícia Civil, este contra policial civil, exceto Delegados de Polícia. – Toda a instrução e conclusão do processo administrativo disciplinar ficará a cargo das unidades processantes subordinadas à Corregedoria Geral da Polícia Civil ou de uma Corregedoria Auxiliar. – O processo administrativo disciplinar inicia-se por portaria do Delegado de Polícia presidente, que deverá ser elaborada no prazo de até oito dias do recebimento da determinação de instauração. – O procedimento deve ser concluído no prazo de noventa dias após a citação do acusado. Decorrido o prazo, sem a conclusão do procedimento, este poderá ser prorrogado, devendo o delegado presidente encaminhar relatório circunstanciado ao Delegado de Polícia Corregedor Geral da Polícia Civil indicando as providências faltantes e o tempo necessário para a conclusão do procedimento. Entretanto, caso não esteja concluída no prazo de cento e oitenta dias, o Delegado de Polícia Diretor da Corregedoria Geral da Polícia Civil deverá justificar o fato circunstanciadamente ao Delegado Geral de Polícia e ao Secretário da Segurança Pública. – Na portaria inaugural deverão constar o nome e a identificação do acusado, a infração que lhe é atribuída, com a descrição sucinta dos fatos e a indicação das normas infringidas. – Acusação e defesa poderão arrolar até cinco testemunhas. – Citação do policial civil acusado: com a finalidade de dar-lhe ciência das acusações que existem contra ele, devendo se defender. – No mandado de citação deverão constar: cópia da portaria; data, hora e local do interrogatório, que poderá ser acompanhado pelo advogado do acusado; data, hora e local da oitiva do denunciante, se houver, que deverá ser acompanhada pelo advogado do acusado; esclarecimento de que o acusado será defendido por advogado dativo, caso não constitua advogado próprio; informação de que o acusado poderá arrolar testemunhas e requerer provas, no prazo de três dias após a data designada para seu interrogatório; advertência de que o processo será extinto se o acusado pedir exoneração até o interrogatório, quando se tratar exclusivamente de abandono de cargo.

Processo Administrativo Disciplinar	– A citação será feita pessoalmente com um prazo mínimo de dois dias de antecedência da data do interrogatório, por intermédio de seu superior hierárquico, ou diretamente, onde possa ser encontrado. Entretanto, caso não seja o policial acusado encontrado, seja por estar se furtando da diligência ou por apresentar paradeiro ignorado, sua citação será feita por edital, publicada uma vez no *Diário Oficial do Estado de São Paulo*, com no mínimo dez dias de antecedência da data agendada para o interrogatório. Estando preso no Presídio Especial da Polícia Civil de São Paulo, sua citação será feita através do Delegado de Polícia diretor da unidade carcerária. – Quando o processo administrativo disciplinar for provocado por denúncia, o denunciante deverá ser ouvido após a citação do policial acusado e antes de seu interrogatório. Suas declarações serão tomadas pelo Delegado de Polícia presidente do procedimento, e deverá ser acompanhado pelo advogado do acusado. Caso o policial acusado não apresente defensor, deverá ser-lhe nomeado um dativo. As declarações do denunciante serão colhidas sem a presença do policial acusado, porém este terá ciência do teor das informações prestadas pelo denunciante antes de seu interrogatório. – Quando não há denunciante, inicia-se o processo administrativo disciplinar através do interrogatório do policial civil acusado. Para tanto, poderá constituir advogado que o representará em todos os atos e termos do processo. O defensor constituído do acusado será intimado por publicação no *Diário Oficial do Estado*. Não havendo advogado constituído, o Delegado de Polícia presidente deverá nomear um defensor dativo. – Se o policial acusado, devidamente citado, deixar de comparecer nos atos processuais, o Delegado de Polícia presidente do feito emitirá despacho fundamentado, decretando sua revelia, prosseguindo-se nos demais atos e termos do processo, sendo--lhe nomeado um advogado dativo. – Havendo mais de um acusado, o interrogatório de cada um deles deverá ser colhido separadamente. – Encerrado o interrogatório ou não comparecendo o acusado, iniciará o prazo de três dias para o oferecimento de defesa prévia, onde poderá ser requerida a produção ou apresentação de provas. – A defesa prévia é obrigatória, devendo o advogado arrolar suas testemunhas, juntar documentos, requerer perícias, fornecer certidões etc. – O número máximo de testemunhas arroladas na defesa prévia será de cinco pessoas por transgressão disciplinar descrita na portaria. – Será também anexada aos autos a vida pregressa do policial acusado através de documentação expedida pela Divisão de Informações Funcionais da Corregedoria Geral da Polícia Civil.

	– No caso de a testemunha ser: ascendente, descendente, cônjuge, ainda que legalmente separado, companheiro, irmão, sogro e cunhado, pai, mãe ou filho adotivo do acusado, poderá se eximir de depor. Tal medida não será aplicada apenas quando não for possível, de outro modo, obter-se ou integrar-se a prova do fato e de suas circunstâncias.
	– O Delegado de Polícia presidente do processo administrativo disciplinar poderá indeferir, mediante decisão fundamentada, os requerimentos que não guardem nenhum interesse para o esclarecimento do fato, bem como as provas ilícitas, impertinentes, desnecessárias ou protelatórias.
	– Surgindo no curso do processo administrativo disciplinar fatos novos imputáveis ao policial civil acusado, poderá o Delegado de Polícia presidente do feito requerer a instauração de um novo procedimento administrativo para sua apuração, inclusive inquérito policial, ou, caso entenda conveniente e oportuno, aditar a portaria, lançando a nova acusação, abrindo prazo para nova manifestação da defesa.
	– Após a colheita de provas, o advogado de defesa deverá apresentar sua defesa técnica através das alegações finais, no prazo de sete dias.
Processo Administrativo Disciplinar	– As alegações finais são obrigatórias no procedimento administrativo. Não sendo apresentada no prazo legal, a autoridade presidente deverá designar um advogado dativo para oferecer a defesa técnica em novo prazo preestabelecido.
	– Ao final da instrução, o Delegado de Polícia presidente, no prazo de dez dias, apresenta um relatório descrevendo as irregularidades apontadas a cada policial civil acusado, narrando as provas colhidas e as razões da defesa. Também, deverá opinar pelo destino daquele procedimento, propondo a absolvição ou punição ao acusado, indicando, neste caso, qual pena entenda cabível. Deverá, ainda, lançar qualquer sugestão de interesse do serviço público.
	– Após o relatório, o processo administrativo disciplinar será encaminhado ao Delegado Geral de Polícia, que o submeterá a análise de um Conselheiro do Egrégio Conselho da Polícia Civil, no prazo de quarenta e oito horas. O Delegado Geral de Polícia, no prazo de vinte dias, poderá determinar a realização de diligência, sempre que necessário ao esclarecimento dos fatos. Autoridade encarregada do processo administrativo terá prazo de quinze dias para o cumprimento da diligência, abrindo vista à defesa para manifestar-se em cinco dias. Cumpridas as diligências, o Conselheiro Relator do Conselho da Polícia Civil emitirá parecer conclusivo, no prazo de vinte dias, que deverá ser aprovado pela maioria do Colegiado e em seguida os autos serão encaminhados a análise do Delegado Geral de Polícia.
	– O Delegado Geral de Polícia, no prazo de dez dias, emitirá manifestação conclusiva e encaminhará o processo administrativo à autoridade competente para decisão.

Recursos	– O policial civil penalizado poderá recorrer da decisão através de recurso inominado, no prazo de trinta dias, contados da publicação da decisão impugnada no *Diário Oficial do Estado de São Paulo*. – No recurso deverão constar: qualificação do policial recorrente e a exposição das razões do inconformismo da decisão. – O recurso deve ser dirigido à autoridade que aplicou a penalidade, a qual poderá se retratar da decisão, alterando-a ou mantendo-a. Sua manifestação deverá ser no prazo de dez dias. Após será remetido ao superior hierárquico, para reexame necessário. – Recurso inominado não tem efeito suspensivo, mas a decisão retroagirá seus efeitos à data do ato punitivo.
Pedido de reconsideração	– Será direcionado ao Governador do Estado, no prazo de trinta dias, após a publicação no *Diário Oficial do Estado de São Paulo*. – Não caberá pedido de reconsideração de decisões proferidas pelo Secretário da Segurança Pública, pelo Delegado Geral de Polícia, pelo Delegado de Polícia Diretor da Corregedoria Geral da Polícia Civil e pelos Delegados de Polícia Corregedores Auxiliares. – Não tem efeito suspensivo, mas a decisão retroagirá seus efeitos à data do ato punitivo.

5.9. QUESTÕES

5.9.1. Questões comentadas

1. Assinale a alternativa CORRETA.

   a) Apuração preliminar é o procedimento, com contraditório e ampla defesa, a ser aplicado nas hipóteses de identificar a autoria de uma infração administrativa disciplinar.

   b) Apuração preliminar é o procedimento a ser aplicado nas hipóteses de identificar a autoria de uma infração administrativa disciplinar.

   c) Sindicância administrativa é o procedimento a ser utilizado quando já estiver demonstrada a autoria, materialidade e circunstância da falta funcional e esta for passível de advertência, repreensão, multa, suspensão e demissão.

   d) Sindicância administrativa é o procedimento a ser utilizado quando já estiver demonstrada a autoria, materialidade e circunstância da falta funcional e esta for passível de advertência, repreensão, multa, suspensão, demissão e demissão a bem do serviço público.

   e) Sindicância administrativa é o procedimento a ser utilizado quando já estiver demonstrada a autoria, materialidade e circunstância da falta funcional e esta for passível de demissão, demissão a bem do serviço público e cassação de aposentadoria.

Correta: B – *Comentários:* *O art. 85, caput, da Lei Orgânica da Polícia Civil dispõe: "A autoridade corregedora realizará apuração preliminar de natureza simplesmente* *investigativa, quando a infração não estiver suficientemente caracterizada ou definida autoria".*

2. **A apuração preliminar deverá ser concluída no prazo:**
    a) 90 dias;
    b) 60 dias;
    c) 30 dias;
    d) 15 dias;
    e) um mês.

    Correta: C – *Comentários: O art. 85, parágrafo único, da Lei Orgânica da Polícia Civil dispõe: "O início da apuração será comunicado ao Delegado de Polícia diretor da corregedoria, devendo ser concluída e a este encaminhada no prazo de 30 dias".*

3. **Na Apuração preliminar, a ampla defesa e o contraditório serão:**
    a) obrigatórios;
    b) facultativos;
    c) dispensáveis;
    d) não estarão presentes, pois se trata de procedimento investigativo;
    e) não estarão presentes, pois se trata de procedimento e não processo.

    Correta: D – *Comentários: O art. 85, caput, da Lei Orgânica da Polícia Civil, estabelece que Apuração Preliminar tem natureza simplesmente investigativa. Logo, não há que se falar em ampla defesa e contraditório.*

4. **A sindicância será instaurada quando a falta disciplinar, por sua natureza, possa determinar as penas:**
    a) demissão, demissão a bem de serviço público, cassação da aposentadoria e disponibilidade;
    b) advertência, repreensão e multa;
    c) advertência, repreensão, multa e suspensão;
    d) advertência, repreensão e demissão;
    e) advertência, repreensão, suspensão, multa e demissão.

    Correta: C – *Comentários: O art. 88 da Lei Orgânica da Polícia Civil dispõe: "Será instaurada sindicância quando a falta disciplinar por sua natureza, possa determinar as penas de advertência, repreensão, multa e suspensão".*

5. **O processo administrativo disciplinar será obrigatório quando a falta disciplinar, por sua natureza, possa determinar a pena:**
    a) repreensão, multa, suspensão, demissão e demissão a bem de serviço público;
    b) demissão, demissão a bem de serviço público e cassação de aposentadoria;

c) suspensão, demissão, demissão a bem de serviço público, cassação de aposentadoria e de disponibilidade;

d) suspensão, demissão, demissão a bem de serviço público e cassação de disponibilidade;

e) demissão, demissão a bem de serviço público, cassação de aposentadoria ou disponibilidade.

Correta: E – Comentários: *O art. 89, caput, da Lei Orgânica da Polícia Civil dispõe: "Será obrigatório o processo administrativo quando a falta disciplinar, por sua natureza, possa determinar a pena de demissão, demissão a bem de serviço público, cassação de aposentadoria ou disponibilidade".*

6. **A Sindicância Administrativa deverá ser concluída no prazo:**
   a) 60 dias;
   b) 30 dias;
   c) 45 dias;
   d) 90 dias;
   e) 180 dias.

Correta: A – Comentários: *O art. 92, inciso II, da Lei Orgânica da Polícia Civil prevê que a sindicância deverá estar concluída no prazo de 60 dias.*

7. **Assinale a alternativa CORRETA.**
   a) O processo administrativo será presidido por um conselho, composto de 03 Delegados de Polícia e um escrivão de polícia, devendo este funcionar como secretário.
   b) O processo administrativo será presidido por um policial da respectiva carreira do acusado e de um escrivão de polícia, que funcionará como secretário.
   c) O processo administrativo será presidido por Delegado de Polícia, que designará como secretário um escrivão de polícia.
   d) O processo administrativo será presidido pelo Delegado de Polícia Corregedor da Polícia Civil.
   e) O processo administrativo poderá ser presidido por qualquer membro da Polícia Civil, desde que de classe superior ao do acusado.

Correta: C – Comentários: *A alternativa correta corresponde ao art. 95, caput, da Lei Orgânica da Polícia Civil.*

8. **O processo administrativo deverá ser concluído em:**
   a) 90 dias da data do fato ora investigado;
   b) 90 dias da data da portaria inaugural;
   c) 90 dias da data da defesa prévia;

d) 90 dias da data da comunicação da falta disciplinar;
e) 90 dias da data da citação do acusado.

Correta: E – *Comentários:* *O art. 97, caput, da Lei Orgânica da Polícia Civil, estabelece o prazo da conclusão do processo administrativo em 90 dias da citação do acusado.*

9. **Assinale a alternativa que corresponde com o prazo para o policial recorrer de uma decisão de sindicância ou processo administrativo disciplinar.**
   a) 30 dias, contados da publicação da decisão impugnada no *Diário Oficial do Estado*.
   b) 60 dias, contados da publicação da decisão impugnada no *Diário Oficial do Estado*.
   c) 90 dias, contados da publicação da decisão impugnada no *Diário Oficial do Estado*.
   d) 30 dias, contados da ciência do policial.
   e) 45 dias, contados da ciência do policial e da intimação de seu advogado.

Correta: A – *Comentários:* *O art. 119, § 1º, da Lei Orgânica da Polícia Civil, dispõe: o prazo para recorrer é de 30 dias, contados da publicação da decisão impugnada no Diário Oficial do Estado.*

10. **No recurso deverão constar:**
    a) nome e qualificação do recorrente e do advogado constituído e a exposição das razões de inconformismo;
    b) nome e qualificação do recorrente e a exposição das razões de inconformismo;
    c) nome e qualificação do recorrente, as provas a serem realizadas e a exposição das razões de inconformismo;
    d) nome e qualificação do recorrente, rol de testemunhas e os motivos do seu inconformismo;
    e) nome e qualificação do recorrente, exposição das razões de inconformismo e a fundamentação legal.

Correta: B – *Comentários:* *O art. 119, § 3º, da Lei Orgânica da Polícia Civil, dispõe: do recurso deverá constar, além do nome e qualificação do recorrente, a exposição das razões de inconformismo.*

5.9.2. Questões de concurso

1. **(DELPOL/SP 01/2011) Nos termos da Lei Orgânica da Polícia, não será declarada a nulidade de nenhum ato processual que:**
   a) que não tenha sido verificada em sede de processo administrativo disciplinar;
   b) não tenha sido suscitada pela defesa;
   c) tenha sido adotado por analogia do Código de Processo Penal;

d) não houver influído na apuração da verdade substancial ou diretamente na decisão do processo ou sindicância;

e) que não tenha sido suscitada pela defesa ou pela acusação.

Correta: D – *Comentários: O art. 116 da Lei Orgânica da Polícia Civil dispõe: "Não será declarada a nulidade de nenhum ato processual que não houver influído na apuração da verdade substancial ou diretamente na decisão do processo ou sindicância".*

2. **(DELPOL/SP 01/2011)** Assinale a alternativa onde ambas as autoridades apontadas possuem competência para aplicar pena disciplinar a Delegado de Polícia:

   a) o Governador do Estado e os Delegados de Polícia Corregedores Auxiliares;

   b) o Governador do Estado e o Delegado de Polícia Corregedor Geral da Polícia Civil;

   c) o Secretário da Segurança Pública e o Delegado de Polícia Corregedor Geral da Polícia Civil.

   d) o Secretário da Segurança Pública e o Delegado Geral de Polícia;

   e) o Delegado Geral de Polícia e o Delegado de Polícia Corregedor Geral da Polícia Civil.

Correta: D – *Comentários: O art. 70 e seus incisos da Lei Orgânica da Polícia Civil apresenta o rol das autoridades competentes para aplicar pena disciplinar, inclusive, quando se tratar de Delegado de Polícia. Nesse caso, Secretário da Segurança Pública e o Delegado Geral de Polícia até a pena de suspensão.*

3. **(ESCRIPOL/SP – 01/2010)** Consoante disposição da Lei Orgânica da Polícia de São Paulo, ao acusado, em processo administrativo disciplinar, é possível arrolar até:

   a) 7 testemunhas;

   b) 8 testemunhas;

   c) 4 testemunhas;

   d) 5 testemunhas;

   e) 3 testemunhas.

Correta: D – *Comentários: O art. 103, § 1º, da Lei Orgânica da Polícia Civil, dispõe que ao acusado é facultado arrolar até 05 (cinco) testemunhas.*

5.10. EXERCÍCIOS DE FIXAÇÃO DO TEXTO LEGAL

1. Art. 87, LOPC – A apuração das infrações será feita mediante _____ ou processo administrativo, assegurados o contraditório e a _____.

2. Art. 88, LOPC – Será instaurada sindicância quando a falta disciplinar, por sua natureza, possa determinar as penas de a _____, repreensão, multa e _____.

3. Art. 119, LOPC – Caberá recurso, por _____ vez, da decisão que aplicar penalidade.
4. Art. 121, LOPC – Os recursos de que trata esta lei complementar não têm efeito _____; os que forem providos darão lugar às retificações necessárias, _____ seus efeitos à data do ato punitivo.
5. Art. 100, LOPC – Não comparecendo o acusado, será, por despacho, decretada sua _____, prosseguindo-se nos demais atos e termos do _____.

5.11. GABARITO

1. Sindicância – ampla defesa

2. Advertência – suspensão

3. uma única vez

4. suspensão – retroagindo

5. revelia – processo

Capítulo 6
A Revisão no Procedimento Administrativo Disciplinar

6.1. CONSIDERAÇÕES GERAIS

O processo administrativo disciplinar pode ser a qualquer tempo revisto, perante fatos novos ou elementos não apreciados no processo, suscetíveis de justificar seja a inocência do punido, seja a inadequação da penalidade aplicada.[1]

A revisão de punição disciplinar é um recurso colocado à disposição do policial, mas com suas peculiaridades.

A revisão está disciplinada nos arts. 122 a 128 da Lei Orgânica da Polícia Civil.

A defesa poderá se valer a qualquer tempo da revisão para reexame da punição imposta ao policial punido em sindicância ou processo administrativo disciplinar, desde que haja fato novo ou circunstância suscetível de justificar sua inocência ou inadequação da penalidade a ele aplicada.

Não constitui fundamento, para o pedido de revisão da pena, a simples alegação de injustiça da decisão proferida no procedimento administrativo disciplinar.

Também não será admitida reiteração de pedido pelo mesmo fundamento, ou seja, indeferido o pedido, somente poderá ser reiterado com novos argumentos.

O ônus da prova cabe, exclusivamente, ao policial requerente da revisão. Há, aqui, a inversão do ônus da prova, em que deverá ser demonstrado o prejuízo da aplicação da penalidade por omissão na análise de fato ou circunstância relevante ou por vício insanável.

---

[1] MELLO, Celso Antônio Bandeira de. *Curso de Direito Administrativo*, p. 333.

O art. 123 da Lei Orgânica da Polícia Civil veda expressamente a possibilidade de *reformatio in pejus* no pedido de revisão. A pena imposta ao policial requerente da revisão não poderá ser agravada.

6.2. CONCEITO

Revisão é um recurso administrativo em que o policial, mediante fatos supervenientes ou circunstâncias ainda não apreciadas ou vícios insanáveis de procedimentos disciplinares, possa solicitar a mitigação ou anulação da pena imposta.

Augusto Francisco Mota Ferraz de Arruda afirma que revisão "não é um recurso hierárquico e nem um pedido de reconsideração, mas sim um pedido de reexame do processo administrativo disciplinar já findo, inspirado na revisão criminal, que permite ao funcionário, por meio de um novo processo, obter da Administração um novo pronunciamento sobre a pena disciplinar imposta e sobre os direitos atingidos por ela".[2]

Para Egberto Maia Luz, revisão é "nada mais nada menos, que verdadeiro recurso, pois por intermédio dela poderá haver inteira elisão da pena ou a sua minoração".[3]

6.3. PROCESSO REVISIONAL

A revisão da pena disciplinar aplicada é admitida, a qualquer tempo, nas seguintes hipóteses:

a) surgimento de fatos ou circunstâncias não apreciadas;

b) conhecimento de vícios insanáveis no procedimento disciplinar.

A revisão dará ensejo a novo processo administrativo, inclusive com produção de provas e oitiva de testemunhas.

6.3.1. Legitimidade

O art. 124 da Lei Orgânica da Polícia Civil dispõe sobre a legitimidade para propositura da revisão, isto é, o próprio interessado é o legitimado para requerer fundamentadamente a instauração de processo revisional. Se falecido ou incapaz, por intermédio de seu curador, cônjuge, companheiro, ascendente, descendente ou irmão, sempre por meio de advogado.

O pedido revisional será instruído com as provas que o requerente possuir, ou com a indicação daquelas que pretenda produzir no curso do processo.

---

[2] ARRUDA, Augusto Francisco Mota Ferraz de. *Manual dos Procedimentos Disciplinares*, p. 37.

[3] LUZ, Egberto Maia. *Direito Administrativo Disciplinar:* Teoria e Prática, p. 196.

6.3.2. Instrução da revisão

O pedido revisional deverá ser formulado a autoridade que aplicou a pena ou que tiver confirmado em grau de recurso, que será responsável pelo juízo de admissibilidade (art. 125 da Lei Orgânica da Polícia Civil).

Nesse momento serão observadas a legitimidade revisional, a tempestividade, o cabimento etc. Não atendidos esses requisitos, incorrerá no não conhecimento da revisão.

O processo revisional não pode ser presidido pela mesma autoridade que presidiu a sindicância ou o processo administrativo disciplinar que lhe deu causa.

No caso de requerente Delegado de Polícia, deferido o pedido revisional, seu processamento será realizado por Delegado de Polícia de classe igual ou superior a dele, que não tenha funcionado no procedimento disciplinar de que resultou a punição do requerente.

A revisão será apensada na sindicância ou no processo administrativo disciplinar, devendo a autoridade que a recebeu notificar o requerente para, no prazo de 08 (oito) dias, indicar o rol de testemunhas e requerer outras provas que pretenda produzir.

O processamento do pedido revisional deve obedecer às normas aplicáveis ao processo administrativo disciplinar, a partir do art. 104 da Lei Orgânica da Polícia Civil.

A autoridade revisora, quando da conclusão da instrução da revisão, deverá ofertar um relatório opinativo pela procedência ou improcedência do pedido revisional, remetendo os autos ao Delegado Geral de Polícia, para distribuição a um dos Delegados de Polícia Diretor de Departamento, integrantes do Conselho da Polícia Civil, para elaborar parecer sobre os fatos.

O parecer do Conselheiro deve ser emitido em 20 (vinte) dias e submetido à votação dos demais membros do Conselho da Polícia Civil, no prazo de 10 (dez) dias.

6.4. JULGAMENTO DA REVISÃO

O Conselho da Polícia Civil, em primeira instância, apresenta a decisão da revisão da punição administrativa disciplinar.

O julgamento da revisão, dependendo da esfera de competência de quem aplicou a punição revidenda, cabe ao Secretário da Segurança Pública ou ao Governador do Estado.

6.4.1. Efeitos da decisão que julgar procedente a revisão

A decisão que julgar procedente a revisão poderá:

a) alterar a classificação da infração;

b) absolver o punido;

c) modificar a pena;

d) anular o processo, restabelecendo assim os direitos atingidos pela decisão reformada.

A procedência da revisão ensejará o reestabelecimento de todos os direitos atingidos pela penalidade imposta ao policial punido, de modo a restituir sua situação anterior à punição, inclusive, com consequência de ordem econômica, como se nunca tivesse sofrido a pena objeto da revisão.

Nada obsta o policial punido de se reportar ao Poder Judiciário para questionar a improcedência administrativa do seu pedido revisional. Esse Poder poderá analisar a legalidade dos atos da Administração e não o seu mérito.

6.4.2. Esquematização da revisão

ESQUEMA DA REVISÃO
1. Cabimento: Fato ou circunstância não apreciada **OU** vícios insanáveis no procedimento
2. Indeferimento de pedido – **art. 122, § 3º**
3. Inversão do ônus da prova – cabe ao requerente
4. Proibição da *reformatio in pejus* – a pena não pode ser agravada
5. Juízo de admissibilidade – Autoridade que proferiu a decisão punitiva
6. Presidida por Delegado de Polícia de classe igual ou superior à do acusado
7. Apensamento aos autos originais
8. Notificação do requerente para produção de provas, em **08 (oito) dias**
9. Decisão: Alterar a classificação da infração; absolver o punido; modificar a pena; anular o processo, restabelecendo assim os direitos atingidos pela decisão reformada

6.5. SÍNTESE DO CAPÍTULO

Revisão – conceito	– É um recurso administrativo em que o policial, mediante fatos supervenientes ou circunstâncias ainda não apreciadas ou vícios insanáveis de procedimentos disciplinares, possa solicitar a mitigação ou anulação da pena imposta
Hipóteses de revisão	a) surgimento de fatos ou circunstâncias não apreciadas b) conhecimento de vícios insanáveis no procedimento disciplinar
Legitimidade	a) próprio interessado b) se falecido ou incapaz, por intermédio de seu curador, cônjuge, companheiro, ascendente, descendente ou irmão, sempre por meio de advogado

A REVISÃO NO PROCEDIMENTO ADMINISTRATIVO DISCIPLINAR

CAPÍTULO 6

Instrução da revisão	– Juízo de admissibilidade do pedido revisional: será realizado pela autoridade que aplicou a pena ou que tiver confirmado em grau de recurso – O processo revisional não pode ser presidido pela mesma autoridade que presidiu a sindicância ou o processo administrativo disciplinar que lhe deu causa – No caso de Delegado de Polícia requerente, deferido o pedido revisional, o seu processamento será realizado por Delegado de Polícia de classe igual ou superior a dele – A revisão será apensada na sindicância ou no processo administrativo disciplinar, devendo a autoridade que a recebeu notificar o requerente para, no prazo de 08 (oito) dias, indicar o rol de testemunhas e requerer outras provas que pretenda produzir – A autoridade revisora, quando da conclusão da instrução da revisão, deverá ofertar um relatório opinativo pela procedência ou improcedência do pedido revisional, remetendo os autos ao Delegado Geral de Polícia, para distribuição a um dos Delegados de Polícia Diretor de Departamento da Polícia Civil do Estado de São Paulo
Julgamento da revisão	– Conselho da Polícia Civil – em primeira instância, apresenta a decisão da revisão – Dependendo da esfera de competência de quem aplicou a punição revidenda, cabe ao Secretário da Segurança Pública ou ao Governador do Estado a decisão do pedido revisional
Efeitos da decisão que julgar procedente a revisão	– alterar a classificação da infração – absolver o punido – modificar a pena – anular o processo, restabelecendo assim os direitos atingidos pela decisão reformada

6.6. QUESTÕES

6.6.1. Questões comentadas

1. **Não cabe revisão do processo administrativo disciplinar quando:**
   a) visar à agravação da pena;
   b) visar ao abrandamento da pena;
   c) visar à anulação da pena;
   d) surgirem fatos ou circunstâncias ainda não apreciados;
   e) a decisão foi fundamentada em vícios insanáveis.

Correta: A *Comentários: O art. 123 da Lei Orgânica da Polícia Civil dispõe: "A pena imposta não poderá ser agravada pela revisão".*

2. O direito de revisão do processo administrativo disciplinar findo, por infração cometida por policial civil, em razão de a decisão ter sido contrária à evidência da prova colhida nos autos, prescreverá em:
   a) dois anos;
   b) cinco anos;
   c) um ano;
   d) será imprescritível;
   e) dois anos, desde que surjam fatos novos ainda não analisados.

Correta: D – *Comentários:* O art. 122 da Lei Orgânica da Polícia Civil estabelece que a qualquer tempo é cabível a revisão de punição disciplinar, se surgirem fatos ou circunstâncias ainda não apreciadas, ou vícios insanáveis de procedimento, que possam justificar redução ou anulação da pena aplicada.

3. Assinale a alternativa INCORRETA.
   a) A revisão autoriza a agravação da pena.
   b) Em caso de falecimento do punido, o pedido de revisão poderá ser formulado pelo cônjuge, ascendente, descendente ou irmão, representado, sempre, por advogado.
   c) Não será admissível a reiteração do pedido, salvo se fundado em novas provas.
   d) A simples alegação da injustiça da decisão não constitui fundamento do pedido.
   e) O pedido será sempre dirigido à autoridade que aplicou a penalidade, ou que a tiver confirmado em grau de recurso.

Correta: A – *Comentários:* O art. 123 da Lei Orgânica da Polícia Civil prevê expressamente a proibição de a pena imposta ser agravada pela revisão.

4. Na revisão o ônus da prova cabe a:
   a) Delegado de Polícia presidente do procedimento administrativo disciplinar;
   b) advogado constituído ou dativo do policial requerente;
   c) familiares do falecido ou incapaz;
   d) Delegado de Polícia que irá analisar o pedido revisional;
   e) requerente.

Correta: E – *Comentários:* O art. 122, § 4º, da Lei Orgânica da Polícia Civil prevê expressamente que o ônus da prova na revisão é do requerente.

5. A autoridade competente para realizar o juízo de admissibilidade do pedido revisional é o(a):
   a) Corregedor da Polícia Civil;
   b) Autoridade revisora;

A REVISÃO NO PROCEDIMENTO ADMINISTRATIVO DISCIPLINAR

c) Delegado de Polícia das Corregedorias Auxiliares;
d) Autoridade que aplicou a pena ou tiver confirmado em grau de recurso;
e) Autoridade que presidiu a Apuração Preliminar.

Correta: D – *Comentários: O art. 125 da Lei Orgânica da Polícia Civil dispõe: "O exame da admissibilidade do pedido de revisão será feito pela autoridade que aplicou a penalidade, ou que a tiver confirmado em grau de recurso".*

6. **Assinale a alternativa CORRETA.**
   a) O processo revisional deve ser presidido pela mesma autoridade que presidiu a sindicância ou o processo administrativo disciplinar que lhe deu causa.
   b) O processo revisional pode ser presidido pela mesma autoridade que presidiu a sindicância ou o processo administrativo disciplinar que lhe deu causa.
   c) O processo revisional não pode ser presidido pela mesma autoridade que presidiu a sindicância ou o processo administrativo disciplinar que lhe deu causa.
   d) O processo revisional pode ou não ser presidido pela mesma autoridade que presidiu a sindicância ou o processo administrativo disciplinar que lhe deu causa.
   e) O processo revisional sempre será presidido pela mesma autoridade que presidiu a sindicância ou o processo administrativo disciplinar que lhe deu causa.

Correta: C – *Comentários: O art. 126 da Lei Orgânica da Polícia Civil estabelece que o processamento da revisão será realizado por Delegado de Polícia que não tenha funcionado no procedimento disciplinar de que resultou a punição do requerente.*

7. **Assinale a alternativa INCORRETA, levando em consideração a assertiva "A decisão que julgar procedente a revisão poderá":**
   a) alterar a classificação da infração;
   b) manter a classificação da infração;
   c) absolver o punido;
   d) modificar a pena;
   e) anular o processo, restabelecendo assim os direitos atingidos pela decisão reformada.

Correta: B – *Comentários: O art. 128 da Lei Orgânica da Polícia Civil dispõe: "A decisão que julgar procedente a revisão poderá alterar a classificação da infração, absolver o punido, modificar a pena ou anular o processo, restabelecendo os direitos atingidos pela decisão reformada".*

8. Assinale a alternativa CORRETA.
   a) Recebido o pedido revisional, o Delegado presidente providenciará o apensamento dos autos originais e notificará o requerente para oferecer rol de testemunhas, ou requerer outras provas que pretenda produzir.
   b) Recebido o pedido revisional, o Delegado presidente providenciará o apensamento dos autos originais e notificará o requerente para, no prazo de 8 (oito) dias, oferecer rol de testemunhas
   c) Recebido o pedido revisional, o Delegado presidente providenciará o apensamento dos autos originais e notificará o requerente para, no prazo de 8 (oito) dias, oferecer rol de testemunhas, ou requerer outras provas que pretenda produzir.
   d) Recebido o pedido revisional, será providenciado o apensamento dos autos originais e a notificação do requerente para oferecer rol de testemunhas ou requerer outras provas que pretenda produzir.
   e) Recebido o pedido revisional, o Delegado presidente não providenciará o apensamento dos autos originais e notificará o requerente para, no prazo de 8 (oito) dias, oferecer rol de testemunhas, ou requerer outras provas que pretenda produzir.

Correta: C – Comentários: *O art. 127, caput, da Lei Orgânica da Polícia Civil, dispõe: "Recebido o pedido revisional, o delegado presidente providenciará o apensamento dos autos originais e notificará o requerente para, no prazo de 8 (oito) dias, oferecer rol de testemunhas, ou requerer outras provas que pretenda produzir".*

9. Assinale a alternativa INCORRETA, com relação à revisão.
   a) A simples alegação da injustiça da decisão não constitui fundamento do pedido.
   b) Não será admitida reiteração do pedido pelo mesmo fundamento.
   c) O exame da admissibilidade do pedido de revisão será feito pela autoridade que aplicou a penalidade, ou que a tiver confirmado em grau de recurso.
   d) A decisão que julgar procedente a revisão poderá alterar a classificação da infração, absolver o punido, modificar a pena ou anular o processo, restabelecendo os direitos atingidos pela decisão reformada.
   e) O ônus da prova cabe ao advogado.

Correta: E – Comentários: *O art. 122, § 4º, da Lei Orgânica da Polícia Civil, dispõe que o ônus da prova cabe ao requerente.*

6.7. EXERCÍCIOS DE FIXAÇÃO DO TEXTO LEGAL

1. Art. 122, LOPC – Admitir-se-á, a _____ tempo, a revisão de punição disciplinar, se surgirem fatos ou circunstâncias ainda não apreciadas, ou vícios _____ de procedimento, que possam justificar redução ou _____ da pena aplicada.

2. Art. 122, § 1º, LOPC – A simples alegação da _____ da decisão não constitui fundamento do _____.
3. Art. 123, LOPC – A pena imposta não poderá ser _____ pela revisão.
4. Art. 125, LOPC – O exame da admissibilidade do pedido de revisão será feito pela autoridade que aplicou a _____ ou que a tiver confirmado em grau de _____.
5. Art. 128, LOPC – A decisão que julgar procedente a revisão poderá _____ a classificação da infração, _____ o punido, modificar a pena ou _____ o processo, restabelecendo os direitos atingidos pela decisão reformada.

6.8. GABARITO

1. qualquer – insanáveis – anulação

2. injustiça – pedido

3. agravada

4. penalidade – recurso

5. alterar – absolver – anular

Referências Bibliográficas

ALEXANDRINO, Marcelo; PAULO, Vicente. *Direito Administrativo Descomplicado.* 25. ed. Rio de Janeiro: Forense; São Paulo: Método, 2017.

ANGERAMI, Alberto; PENTEADO FILHO, Nestor Sampaio. *Lei Orgânica da Polícia de São Paulo Comentada.* 2. ed. Campinas: Millennium Editora, 2006.

ARRUDA, Augusto Francisco Mota Ferraz de e outros. *Manual dos Procedimentos Disciplinares.* Corregedoria Geral da Justiça, 1989.

BARROS FILHO, Mário Leite de. *Direito Administrativo Disciplinar da Polícia.* 2. ed. Bauru: EDIPRO, 2007.

BINA, Ricardo Ambrosio Fazzani. *Lei Orgânica da Polícia Civil do Estado de São Paulo.* 2. ed. São Paulo: Método, 2011.

CARVALHO, Matheus. *Manual de Direito Administrativo.* 5. ed. Salvador: JusPodivm, 2018.

CRETELLA JÚNIOR, José. *Prática do Processo Administrativo.* 3. ed. São Paulo: Revista dos Tribunais, 1999.

DI PIETRO, Maria Sylvia Zanella. *Direito Administrativo.* 19. ed. São Paulo: Atlas, 2006.

FRAGOSO, Heleno Cláudio. *Lições de Direito Penal* – Parte Especial. 7. ed. Rio de Janeiro, Forense, 1983.

GAGLIANO, Pablo Stolze; PAMPLONA FILHO, Rodolfo. *Novo Curso de Direito Civil – Responsabilidade Civil.* 5. ed. São Paulo: Saraiva, 2007. v. III

LENZA, Pedro. *Direito Constitucional Esquematizado.* 21. ed. São Paulo: Saraiva, 2017.

LUZ, Egberto Maia. *Direito Administrativo Disciplinar:* Teoria e Prática. 4. ed. Bauru: EDIPRO, 2002.

MEIRELLES, Hely Lopes. *Direito Administrativo Brasileiro.* São Paulo: Malheiros, 2003.

MELLO, Celso. *Constituição Anotada.* São Paulo: Saraiva, 1984.

MELLO, Celso Antonio de Mello. *Curso de Direito Administrativo.* 30. ed. São Paulo: Malheiros, 2012.

MORAES, Alexandre. *Direito Constitucional*. 29. ed. São Paulo: Atlas, 2013.

MOREIRA NETO, Diogo de Figueiredo. *Curso de Direito Administrativo*. 11. ed. Rio de Janeiro: Forense, 1996.

OLIVEIRA, RAMOM TÁCIO DE OLIVEIRA. *Manual de Direito Constitucional*. 2. ed. Belo Horizonte: Del Rey, 2006.

QUEIROZ, Carlos Alberto Marchi de. *Nova Lei Orgânica da Polícia Explicada*. 3. ed. São Paulo: ADPESP, 2003.

_____. *O Sobrestamento do Processo Administrativo Disciplina*. São Paulo: Iglu, 1998.

_____. *Crime Organizado no Brasil*. São Paulo: Iglu, 1998.

ROSA, Márcio Fernando Elias. *Direito Administrativo* – Parte I. 11. ed. São Paulo: Saraiva, 2010.

ROSSI, Licínia. *Manual de Direito Administrativo*. 4. ed. São Paulo: Saraiva, 2018.

ANEXO

LEI COMPLEMENTAR Nº 207, DE 05 DE JANEIRO DE 1979
(Atualizada até a Lei Complementar nº 1.282, de 18 de janeiro de 2016)
Lei Orgânica da Polícia do Estado de São Paulo
O GOVERNADOR DO ESTADO DE SÃO PAULO:

Faço saber que a Assembleia Legislativa decreta e eu promulgo a seguinte lei complementar:

TÍTULO I
Da Polícia do Estado de São Paulo

Artigo 1º – A Secretaria de Estado dos Negócios da Segurança Pública responsável pela manutenção, em todo o Estado, da ordem e da segurança pública internas, executará o serviço policial por intermédio dos órgãos policiais que a integram.

Parágrafo único – Abrange o serviço policial a prevenção e investigação criminais, o policiamento ostensivo, o trânsito e a proteção em casos de calamidade pública, incêndio e salvamento.

Artigo 2º – São órgãos policiais, subordinados hierárquica, administrativa e funcionalmente ao Secretário da Segurança Pública:

I – Polícia Civil;

II – Polícia Militar.

§ 1º – Integrarão também a Secretaria da Segurança Pública os órgãos de assessoramento do Secretário da Segurança, que constituem a administração superior da Pasta.

§ 2º – A organização, estrutura, atribuições e competência pormenorizada dos órgãos de que trata este artigo serão estabelecidos por decreto, nos termos desta lei e da legislação federal pertinente.

Artigo 3º – São atribuições básicas:

I – Da Polícia Civil – o exercício da Polícia Judiciária, administrativa e preventiva especializada;

II – Da Polícia Militar – o planejamento, a coordenação e a execução do policiamento ostensivo, fardado e a prevenção e extinção de incêndios.

Artigo 4º – Para efeito de entrosamento dos órgãos policiais contará a administração superior com mecanismos de planejamento, coordenação e controle, pelos quais se assegurem, tanto a eficiência, quanto a complementaridade das ações, quando necessárias a consecução dos objetivos policiais.

Artigo 5º – Os direitos, deveres, vantagens e regime de trabalho dos policiais civis e militares, bem como as condições de ingresso as classes, séries de classes, carreiras ou quadros são estabelecidos em estatutos.

Artigo 6º – É vedada, salvo com autorização expressa do Governador em cada caso, a utilização de integrantes dos órgãos policiais em funções estranhas ao serviço policial, sob pena de responsabilidade da autoridade que o permitir.

Parágrafo único – É considerado serviço policial, para todos os efeitos inclusive arregimentação, o exercido em cargo, ou funções de natureza policial, inclusive os de ensino a esta legados.

Artigo 7º – As funções administrativas e outras de natureza não policial serão exercidas por funcionário ou por servidor, admitido nos termos da legislação vigente não pertencente às classes, séries de classes, carreiras e quadros policiais.

Parágrafo único – Vetado.

Artigo 8º – As guardas municipais, guardas noturnas e os serviços de segurança e vigilância, autorizados por lei, ficam sujeitos à orientação, condução e fiscalização da Secretaria da Segurança Pública, na forma de regulamentada específica.

TÍTULO II
Da Polícia Civil
CAPÍTULO I
Das Disposições Preliminares

Artigo 9º – Esta lei complementar estabelece as normas, os direitos, os deveres e as vantagens dos titulares de cargos policiais civis do Estado.

Artigo 10 – Consideram-se para os fins desta lei complementar:

I – classe: conjunto de cargos públicos de natureza policial da mesma denominação e amplitude de vencimentos;

II – série de classes: conjunto de classes da mesma natureza de trabalho policial, hierarquicamente escalonadas de acordo com o grau de complexidade das atribuições e nível de responsabilidade;

III – carreira policial: conjunto de cargos de natureza policial civil, de provimento efetivo.

Artigo 11 – São classes policiais civis aquelas constantes do anexo que faz parte integrante desta lei complementar.

Artigo 12 – As classes e as séries de classes policiais civis integram o Quadro da Secretaria da Segurança Pública na seguinte conformidade:

Anexo

I – na Tabela I (SQC-I):
a) Delegado Geral de Polícia;
b) Diretor Geral de Polícia (Departamento Policial);
c) Assistente Técnico de Polícia;
d) Delegado Regional de Polícia;
e) Diretor de Divisão Policial;
f) Vetado;
g) Vetado;
h) Assistente de Planejamento e Controle Policial;
i) Vetado;
j) Delegado de Polícia Substituto;
k) Escrivão de Polícia Chefe II;
l) Investigador de Polícia Chefe II;
m) Escrivão de Polícia Chefe I;
n) Investigador de Polícia Chefe I;
II – na Tabela II (SQC-II):
a) Chefe de Seção (Telecomunicação Policial);
b) Encarregado de Setor (Telecomunicação Policial);
c) Chefe de Seção (Pesquisador Dactiloscópico Policial);
d) Encarregado de Setor (Pesquisador Dactiloscópico Policial)
e) Encarregado de Setor (Carceragem);
f) Chefe de Seção (Dactiloscopista Policial);
g) Encarregado de Setor (Dactiloscopista Policial);
h) Perito Criminal Chefe; (NR)
i) Perito Criminal Encarregado. (NR)
– *Alíneas "h" e "i" acrescentadas pela Lei Complementar nº 247, de 06/04/1981.*
III – na Tabela III (SQC-III)
a) os das séries de classe de:
1. Delegado de Polícia;
2. Escrivão de Polícia;
3. Investigador de Polícia;
b) os das seguintes classes:
1. Perito Criminal;
2. Técnico em Telecomunicações Policial;
3. Operador de Telecomunicações Policial;
4. Fotógrafo (Técnica Policial);
5. Inspetor de Diversões Públicas;
6. Auxiliar de Necrópsia;
7. Pesquisador Dactiloscópico Policial;

8. Carcereiro;
9. Dactiloscopista Policial;
10. Agente Policial; (NR)
– *Item 10 com redação dada pela Lei Complementar nº 456, de 12/05/1986.*
11. Atendente de Necrotério Policial.
§ 1º – Vetado.
§ 2º – O provimento dos cargos de que trata o inciso II deste artigo far-se-á por transposição, na forma prevista no artigo 27 da Lei Complementar nº 180, de 12 de maio de 1978.
§ 3º – Vetado.

CAPÍTULO II
Vetado

Artigo 13 – Vetado.
Artigo 14 – Vetado:
I – vetado;
II – vetado;
III – vetado;
IV – vetado;
V – vetado.
§ 1º – vetado.
§ 2º – vetado.
§ 3º – Vetado.

CAPÍTULO III
Do Provimento de Cargos
SEÇÃO I
Das Exigências para Provimento

Artigo 15 – No provimento dos cargos policiais civis, serão exigidos os seguintes requisitos:
I – Para o de Delegado Geral de Polícia, ser ocupante do cargo de Delegado de Polícia de Classe Especial (vetado);
II – Para os de Diretor Geral de Polícia, Assistente Técnico de Polícia e Delegado Regional de Polícia, ser ocupante do cargo de Delegado de Polícia de Classe Especial;
III – vetado;
IV – vetado;
V – para os de Diretor de Divisão Policial: ser ocupante, no mínimo. do cargo de Delegado de Polícia de 1ª Classe;
VI – para os de Assistente de Planejamento e Controle Policial: ser ocupante, no mínimo, de cargo de Delegado de Polícia de 2ª Classe;

Anexo

VII – para os de Escrivão de Polícia Chefe II: ser ocupante do cargo de Escrivão de Polícia III;

VIII – para os de Investigador de Polícia Chefe II: ser ocupante do cargo de Investigador de Polícia III;

IX – para os de Escrivão de Polícia Chefe I: ser ocupante do cargo de Escrivão de Polícia III ou II;

X – para os de Investigador de Polícia Chefe I: ser ocupante do cargo de Investigador de Polícia III ou II;

XI – para os de Delegado de Polícia de 5ª Classe; ser portador de Diploma de Bacharel em Direito;

XII – para os de Delegado de Polícia de Classe Especial e de 2ª Classe: ser portador de certificado de curso específico ministrado pela Academia de Polícia de São Paulo;

XII – Revogado.

– *Inciso XII revogado pela Lei Complementar nº 238, de 27/06/1980.*

XIII – para os de Escrivão de Polícia e Investigador dc Policia: ser portador de certificado de conclusão de curso de segundo grau.

XIV – para os de Agente Policial: ser portador de certificado de conclusão de curso de segundo grau. (NR)

– *Inciso XIV com redação dada pela Lei Complementar nº 858, de 02/09/1999.*

– *Parágrafo único acrescentado pela Lei Complementar nº 238, de 27/06/1980.*

Parágrafo único – Revogado.

– *Parágrafo único revogado pela Lei Complementar nº 503, de 06/01/1987.*

SEÇÃO II
Dos Concursos Públicos

Artigo 16 – O provimento mediante nomeação para cargos policiais civis, de caráter efetivo, será precedido de concurso público, realizado em 3 (três) fases eliminatórias e sucessivas: (NR)

I – a de prova escrita ou, quando se tratar de provimento de cargos em relação aos quais a lei exija formação de nível universitário, de prova escrita e títulos; (NR)

II – a de prova oral; (NR)

III – a de frequência e aproveitamento em curso de formação técnico-profissional na Academia de Polícia. (NR)

– *Artigo 16 com redação dada pela Lei Complementar nº 268, de 25/11/1981.*

Artigo 17 – Os concursos públicos terão validade máxima de 2 (dois) anos e reger-se-ão por instruções especiais que estabelecerão, em função da natureza do cargo:

I – tipo e conteúdo das provas e as categorias dos títulos;

II – a forma de julgamento das provas e dos títulos;

III – cursos de formação a que ficam sujeitos os candidatos classificados;

IV – os critérios de habilitação e classificação final para fins de nomeação;

V - as condições para provimento do cargo, referentes a:
a) capacidade, física e mental;
b) conduta na vida pública e privada e a forma de sua apuração;
c) diplomas e certificados.

Artigo 18 - São requisitos para a inscrição nos concursos:

I - ser brasileiro;

II - ter no mínimo 18 (dezoito) anos, e no máximo 45 (quarenta e cinco) anos incompletos, à data do encerramento das inscrições;

III - não registrar antecedentes criminais;

IV - estar em gozo dos direitos políticos;

V - estar quite com o serviço militar;

VI - Revogado.

- Inciso VI revogado pela Lei Complementar nº 538, de 26/05/1988.

Parágrafo único - Para efeito de inscrição, ficam dispensados do limite de idade, a que se refere o inciso II, os ocupantes de cargos policiais civis. (NR)

- Parágrafo único com redação dada pela Lei Complementar nº 350, de 25/06/1984.

Artigo 19 - Observada a ordem de classificação pela média aritmética das notas obtidas nas provas escrita e oral (incisos I e II do artigo 16), os candidatos, em número equivalente ao de cargos vagos, serão matriculados no curso de formação técnico-profissional específico. (NR)

- Artigo 19 com redação dada pela Lei Complementar nº 268, de 25/11/1981.

Artigo 20 - Os candidatos a que se refere o artigo anterior serão admitidos, pelo Secretário da Segurança Pública, em caráter experimental e transitório para a formação técnico-profissional.

§ 1º - A admissão de que trata este artigo far-se-á com retribuição equivalente a do vencimento e demais vantagens do cargo vago a que se candidatar o concursando.

§ 2º - Sendo funcionário ou servidor, o candidato matriculado ficará afastado do seu cargo ou função-atividade, até o término do concurso junto à Academia de Polícia de São Paulo, sem prejuízo do vencimento ou salário e demais vantagens, contando-se-lhe o tempo de serviço para todos os efeitos legais.

§ 3º - É facultado ao funcionário ou servidor, afastado nos termos do parágrafo anterior, optar pela retribuição prevista no § 1º.

Artigo 21 - O candidato terá sua matrícula cancelada e será dispensado do curso de formação, nas hipóteses em que:

I - não atinja o mínimo de frequência estabelecida para o curso;

II - não revele aproveitamento no curso;

III - não tenha conduta irrepreensível na vida pública ou privada.

Parágrafo único - Os critérios para a apuração das condições constantes dos incisos II e III serão fixados em regulamento.

Anexo

Artigo 22 – Homologado o concurso pelo Secretário da Segurança Pública, serão nomeados os candidatos aprovados, expedindo-se lhes certificados dos quais constará a média final.

Artigo 23 – A nomeação obedecerá a ordem de classificação no concurso.

SEÇÃO III
Da Posse

Artigo 24 – Posse é o ato que investe o cidadão em cargo público polícia civil.

Artigo 25 – São competentes para dar posse:

I – O Secretário da Segurança Pública, ao Delegado Geral de Polícia;

II – O Delegado Geral de Polícia, aos Delegados de Polícia;

III – O Diretor do Departamento de Administração da Polícia Civil, nos demais casos.

Artigo 26 – A autoridade que der posse deverá verificar, sob pena de responsabilidade, se foram satisfeitas as condições estabelecidas em lei ou regulamento para a investidura no cargo policial civil.

Artigo 27 – A posse verificar-se-á mediante assinatura de termo em livro próprio, assinado pelo empossado e pela autoridade competente, após o policial civil prestar solenemente o respectivo compromisso, cujo teor será definido pelo Secretário da Segurança Pública.

Artigo 28 – A posse deverá verificar-se no prazo de 15 (quinze) dias, contados da publicação do ato de provimento, no órgão oficial.

§ 1º – O prazo fixado neste artigo poderá ser prorrogado por mais 15 (quinze) dias, a requerimento do interessado.

§ 2º – Se a posse não se der dentro do prazo será tornado sem efeito o ato de provimento.

Artigo 29 – A contagem do prazo a que se refere o artigo anterior poderá ser suspensa até o máximo de 120 (cento e vinte) dias, a critério do órgão médico encarregado da inspeção respectiva, sempre que este estabelecer exigência para a expedição de certificado de sanidade.

Parágrafo único – O prazo a que se refere este artigo recomeçara a fluir sempre que o candidato, sem motivo justificado, deixar de cumprir as exigências do órgão médico.

SEÇÃO IV
Do Exercício

Artigo 30 – O exercício terá início dentro de 15 (quinze) dias, contados:

I – da data da posse,

II – da data da publicação do ato no caso de remoção.

§ 1º – Quando o acesso, remoção ou transposição não importar mudança de Município, deverá o policial civil entrar em exercício no prazo de 5 (cinco) dias.

§ 2º – No interesse do serviço policial o Delegado Geral de Polícia poderá determinar que os policiais civis assumam imediatamente o exercício do cargo.

Artigo 31 – Nenhum policial civil poderá ter exercício em serviçou ou unidade diversa daquela para o qual foi designado, salvo autorização do Delegado Geral de Polícia.

Artigo 32 – O Delegado de Polícia só poderá chefiar unidade ou serviço de categoria correspondente à sua classe, ou, em caso excepcional, à classe imediatamente superior.

Artigo 33 – Quando em exercício em unidade ou serviço de categoria superior, nos termos deste artigo, terá o Delegado de Polícia direito à percepção da diferença entre os vencimentos do seu cargo e os do cargo de classe imediatamente superior.

Parágrafo único – Na hipótese deste artigo aplicam-se as disposições do artigo 195 da Lei Complementar nº 180, de 12 de maio de 1978.

SEÇÃO V
Da reversão "Ex Offício"

Artigo 34 – Reversão "ex offício" é o ato pelo qual o aposentado reingressa no serviço policial quando insubsistentes as razões que determinaram a aposentadoria por invalidez.

§ 1º – A reversão só poderá efetivar-se quando, em inspeção médica, ficar comprovada à capacidade para o exercício do cargo.

§ 2º – Será tornada sem efeito a reversão "ex offício" e cassada a aposentadoria do policial civil que reverter e não tomar posse ou não entrar em exercício injustificadamente, dentro do prazo legal.

Artigo 35 – A reversão far-se-á no mesmo cargo.

CAPÍTULO IV
Da Remoção

Artigo 36 – O Delegado de Polícia só poderá ser removido, de um para o outro Município (vetado):

I – a pedido;

II – por permuta;

III – com seu assentimento, após consulta.

IV – no interesse do serviço policial, com a aprovação de dois terça do Conselho da Polícia Civil (vetado).

Artigo 37 – A remoção dos integrantes das demais séries de classe e cargos policiais civis, de uma para outra unidade policial, será processada:

I – a pedido;

II – por permuta;

III – no interesse do serviço policial.

Artigo 38 – A remoção só poderá ser feita, respeitada a lotação cada unidade policial.

Artigo 39 – O policial civil não poderá, ser removido no interesse serviço, para Município diverso do de sua sede de exercício, no período de 6 (seis meses antes e até 3 (três) meses após a data das eleições.

Parágrafo único – Esta proibição vigorará no caso de eleições federal estaduais ou municipais, isolada ou simultaneamente realizadas.

Artigo 40 – É preferencial, na união de cônjuges, a sede de exercício do policial civil, quando este for cabeça do casal.

CAPÍTULO V
Do Vencimento e Outras Vantagens de Ordem Pecuniária
SEÇÃO I
Do Vencimento

Artigo 41 – Aos cargos policiais civis aplicam-se os valores dos grau das referências numéricas fixados na Tabela I da escala de vencimentos do funcionalismo público civil do Estado.

– *Vide Lei Complementar nº 219, de 10/07/1979.*

Artigo 42 – O enquadramento das classes na escala de vencimentos bem como a amplitude de vencimentos, e a velocidade evolutiva correspondente, cada classe policial, são estabelecidos na conformidade do Anexo que faz parte Integrante desta lei complementar.

– *Vide Lei Complementar nº 219, de 10/07/1979.*
– *Vide Lei Complementar nº 247, de 06/04/1981.*

SEÇÃO II
Das Vantagens de Ordem Pecuniária
SUBSEÇÃO I
Das Disposições Gerais

Artigo 43 – Além do valor do padrão do cargo e sem prejuízo das vantagens previstas na Lei nº 10.261, de 28 de outubro de 1978, e demais legislação pertinente, o policial civil fará jus as seguintes vantagens pecuniárias.

I – gratificação por regime especial de trabalho policial;
II – ajuda de custo, em caso de remoção.

SUBSEÇÃO II
Da Gratificação pelo Regime Especial de Trabalho Policial

Artigo 44 – O exercício dos cargos policiais civis dar-se-á, necessariamente, em Regime Especial de Trabalho Policial – RETP, o qual é caracterizado: (NR)

I – pela prestação de serviços em condições precárias de segurança, cumprimento de horário irregular, sujeito a plantões noturnos e a chamadas a qualquer hora; (NR)

II – pela proibição do exercício de atividade remunerada, exceto aquelas: (NR)

a) relativas ao ensino e à difusão cultural; (NR)

b) decorrentes de convênio firmado entre Estado e Municípios ou com associações e entidades privadas para gestão associada de serviços públicos, cuja execução possa ser atribuída à Polícia Civil; (NR)

III – pelo risco de o policial tornar-se vítima de crime no exercício ou em razão de suas atribuições. (NR)

§ 1º – O exercício, pelo policial civil, de atividades decorrentes do convênio a que se refere a alínea "b" do inciso II deste artigo dependerá: (NR)

1 – de inscrição voluntária do interessado, revestindo-se de obrigatoriedade depois de publicadas as respectivas escalas; (NR)

2 – de estrita observância, nas escalas, do direito ao descanso mínimo previsto na legislação em vigor. (NR)

§ 2º – À sujeição ao regime de que trata este artigo corresponde gratificação que se incorpora aos vencimentos para todos os efeitos legais. (NR);

– *Artigo 44 com redação dada pela Lei Complementar nº 1.249, de 03/07/2014.*

Artigo 45 – Pela sujeição ao regime de que trata o artigo anterior, os titulares de cargos policiais civis fazem jus a gratificação calculada sobre o respectivo padrão de vencimento, na seguinte conformidade: (NR)

I – de 140% (cento e quarenta por cento), os titulares de cargos da série de classes de Delegado de Polícia, bem como titular do cargo de Delegado Geral de Polícia; (NR)

II – de 200% (duzentos por cento), os titulares de cargos das demais classes policiais civis. (NR)

– *Artigo 45 com redação dada pela Lei Complementar nº 491, de 23/12/1986.*

SUBSEÇÃO III
Da Ajuda de Custo em Caso de Remoção

Artigo 46 – Ao policial civil removido no interesse do serviço policial de um para outro Município, será concedida ajuda de custo correspondente a um mês de vencimento.

§ 1º – A ajuda de custo será paga à vista da publicação do ato de remoção no *Diário Oficial*.

§ 2º – A ajuda de custo de que trata este decreto não será devida. quando a remoção se processar a pedido ou por permuta.

SEÇÃO III
Das Outras Concessões

Artigo 47 – Ao policial civil licenciado para tratamento de saúde, em razão de moléstia profissional ou lesão recebida em serviço, será concedido transporte por conta do Estado para instituição onde deva ser atendido.

Anexo

Artigo 48 – A família do policial civil que falecer fora da sede de exercício e dentro do território nacional no desempenho de serviço, será concedido transporte para, no máximo, 3 (três) pessoas do local de domicílio ao do óbito (ida e volta).

Artigo 49 – O Secretário da Segurança Pública, por proposta do Delegado Geral de Polícia, ouvido o Conselho da Polícia Civil, poderá conceder honrarias ou prêmios aos policiais autores de trabalhos de relevante interesse policial ou por atos de bravura, na forma em que for regulamentado.

Artigo 50 – O policial civil que ficar inválido ou que vier a falecer em conseqüência de lesões recebidas ou de doenças contraídas em razão do serviço será promovido à classe imediatamente superior. (NR)

§ 1º – Se o policial civil estiver enquadrado na última classe da carreira, ser-lhe-á atribuída a diferença entre o valor do padrão de vencimento do seu cargo e o da classe imediatamente inferior. (NR)

§ 2º – A concessão do benefício será precedida da competente apuração, retroagindo seus efeitos à data da invalidez ou da morte. (NR)

§ 3º – O policial inválido nos termos deste artigo será aposentado com proventos decorrentes da promoção, observado o disposto no parágrafo anterior. (NR)

§ 4º – Aos beneficiários do policial civil falecido nos termos deste artigo será deferida pensão mensal correspondente aos vencimentos integrais, observado o disposto nos parágrafos anteriores. (NR)

– *Artigo 50 com redação dada Lei Complementar nº 765, de 12/12/1994.*

Artigo 51 – Ao cônjuge, companheiro ou companheira ou, na falta destes, à pessoa que provar ter feito despesas em virtude do falecimento do policial civil, ativo ou inativo, será concedido auxílio-funeral, a título de benefício assistencial, de valor correspondente a 1 (um) mês da respectiva remuneração. (NR)

§ 1º – O pagamento será efetuado pelo órgão competente, mediante apresentação de atestado de óbito pelas pessoas indicadas no "caput" deste artigo, ou procurador legalmente habilitado, feita a prova de identidade. (NR)

§ 2º – No caso de ficar comprovado, por meio de competente apuração que o óbito do policial civil decorreu de lesões recebidas no exercício de suas funções ou doenças delas decorrentes, o benefício será acrescido do valor correspondente a mais 1 (um) mês da respectiva remuneração, cujo pagamento será efetivado mediante apresentação de alvará judicial. (NR)

§ 3º – O pagamento do benefício previsto neste artigo, caso as despesas tenham sido custeadas por terceiros, em virtude da contratação de planos funerários, somente será efetivado mediante apresentação de alvará judicial. (NR)

– *Artigo 51 com redação dada pela Lei Complementar nº 1.123, de 1º/07/2010.*

Artigo 52 – O policial civil que sofrer lesões no exercício de suas funções deverá ser encaminhado a qualquer hospital, público ou particular às expensas do Estado.

Artigo 53 – Ao policial civil processado por ato praticado no desempenho de função policial, será prestada assistência judiciária na forma que dispuser o regulamento.

Artigo 54 – Vetado.
Parágrafo único – Vetado.

CAPÍTULO VI
Do Direito de Petição

Artigo 55 – É assegurado a qualquer pessoa, física ou jurídica, independentemente de pagamento, o direito de petição contra ilegalidade ou abuso de poder e para defesa de direitos. (NR)

Parágrafo único – Em nenhuma hipótese, a Administração poderá recusar-se a protocolar, encaminhar ou apreciar a petição, sob pena de responsabilidade do agente. (NR)

– *Artigo 55 com redação dada pela Lei Complementar nº 922, de 02/07/2002.*

Artigo 56 – Qualquer pessoa poderá reclamar sobre abuso, erro, omissão ou conduta incompatível no serviço policial. (NR)

– *Artigo 56 com redação dada pela Lei Complementar nº 922, de 02/07/2002.*

Artigo 57 – Ao policial civil é assegurado o direito de requerer ou representar, bem como, nos termos desta lei complementar, pedir reconsideração e recorrer de decisões. (NR)

– *Artigo 57 com redação dada pela Lei Complementar nº 922, de 02/07/2002.*

CAPÍTULO VII
Do Elogio

Artigo 58 – Entende-se por elogio, para os fins desta lei, a menção nominal ou coletiva que deva constar dos assentamentos funcionais do policial civil por atos meritórios que haja praticado.

Artigo 59 – O elogio destina-se a ressaltar:

I – morte, invalidez ou lesão corporal de natureza grave, no cumprimento do dever;

II – ato que traduza dedicação excepcional no cumprimento do dever, transcendendo ao que e normalmente exigível do policial civil por disposição legal ou regulamentar e que importe ou possa importar risco da própria segurança pessoal;

III – execução de serviços que, pela sua relevância e pelo que representam para a instituição ou para a coletividade, mereçam ser enaltecidos como reconhecimento pela atividade desempenhada.

Artigo 60 – Não constitui motivo para elogio o cumprimento dos deveres impostos ao policial civil.

Artigo 61 – São competentes para determinar a inscrição de elogios nos assentamentos do policial o Secretário da Segurança e o Delegado Geral de Polícia, ouvido, no caso deste, o Conselho da Polícia Civil.

Parágrafo único – Os elogios nos casos dos incisos II e III do artigo 59 serão obrigatoriamente considerados para efeito de avaliação de desempenho.

ANEXO

CAPÍTULO VIII
Dos Deveres, das Transgressões Disciplinares e das Responsabilidades
SEÇÃO I
Dos Deveres

Artigo 62 – São deveres do policial civil:

I – ser assíduo e pontual;

II – ser leal as instituições;

III – cumprir as normas legais e regulamentares;

IV – zelar pela economia e conservação dos bens do Estado, especialmente daqueles cuja guarda ou utilização lhe for confiada;

V – desempenhar com zelo e presteza as missões que lhe forem contidas, usando moderadamente de força ou outro meio adequado de que dispõe, para esse fim;

VI – informar incontinente toda e qualquer alteração de endereço da residência e número de telefone, se houver;

VII – prestar informações corretas ou encaminhar o solicitante a quem possa prestá-las;

VIII – comunicar o endereço onde possa ser encontrado, quando dos afastamentos regulamentares;

IX – proceder na vida pública e particular de modo a dignificar a função policial;

X – residir na sede do Município onde exerça o cargo ou função, ou onde autorizado;

XI – frequentar, com assiduidade, para fins de aperfeiçoamento e atualização de conhecimentos profissionais, cursos instituídos periodicamente pela Academia de Polícia;

XII – portar a carteira funcional;

XIII – promover as comemorações do "Dia da Polícia" a 21 de abril, ou delas participar, exaltando o vulto de Joaquim José da Silva Xavier, o Tiradentes, Patrono da Polícia;

XIV – ser leal para com os companheiros de trabalho e com eles cooperar e manter espirito de solidariedade;

XV – estar em dia com as normas de interesse policial;

XVI – divulgar para conhecimento dos subordinados as normas referidas no inciso anterior;

XVII – manter discrição sobre os assuntos da repartição e, especialmente, sobre despachos, decisões e providências.

SEÇÃO II
Das Transgressões Disciplinares

Artigo 63 – São transgressões disciplinares:

I – manter relações de amizade ou exibir-se em público com pessoas de notórios e desabonadores antecedentes criminais, salvo por motivo de serviço;

II – constituir-se procurador de partes ou servir de intermediário, perante qualquer repartição pública, salvo quando se tratar de interesse de cônjuge ou parente até segundo grau;

III – descumprir ordem superior salvo quando manifestamente ilegal, representando neste caso;

IV – não tomar as providências necessárias ou deixar de comunicar, imediatamente, à autoridade competente, faltas ou irregularidades de que tenha conhecimento;

V – deixar de oficiar tempestivamente nos expedientes que lhe forem encaminhados;

VI – negligenciar na execução de ordem legítima;

VII – interceder maliciosamente em favor de parte;

VIII – simular doença para esquivar-se ao cumprimento de obrigação;

IX – faltar, chegar atrasado ou abandonar escala de serviço ou plantões, ou deixar de comunicar, com antecedência, à autoridade a que estiver subordinado, a impossibilidade de comparecer à repartição, salvo por motivo justo;

X – permutar horário de serviço ou execução de tarefa sem expressa permissão da autoridade competente;

XI – usar vestuário incompatível com o decoro da função;

XII – descurar de sua aparência física ou do asseio;

XIII – apresentar-se ao trabalho alcoolizado ou sob efeito de substância que determine dependência física ou psíquica;

XIV – lançar intencionalmente, em registros oficiais, papeis ou quaisquer expedientes, dados errôneos, incompletos ou que possam induzir a erro, bem como inserir neles anotações indevidas;

XV – faltar, salvo motivo relevante a ser comunicado por escrito no primeiro dia em que comparecer à sua sede de exercício, a ato processual, judiciário ou administrativo, do qual tenha sido previamente cientificado;

XVI – utilizar, para fins particulares, qualquer que seja o pretexto, material pertencente ao Estado;

XVII – interferir indevidamente em assunto de natureza policial, que não seja de sua competência;

XVIII – fazer uso indevido de bens ou valores que lhe cheguem as mãos, em decorrência da função, ou não entregá-los, com a brevidade possível, a quem de direito;

XIX – exibir, desnecessariamente, arma, distintivo ou algema;

XX – deixar de ostentar distintivo quando exigido para o serviço;

XXI – deixar de identificar-se, quando solicitado ou quando as circunstâncias o exigirem;

XXII – divulgar ou propiciar a divulgação, sem autorização da autoridade competente, através da imprensa escrita, falada ou televisada, de fato ocorrido na repartição;

XXIII – promover manifestações contra atos da administração ou movimentos de apreço ou desapreço a qualquer autoridade;

ANEXO

XXIV – referir-se de modo depreciativo às autoridades e a atos da administração pública, qualquer que seja o meio empregado para esse fim;

XXV – retirar, sem prévia autorização da autoridade competente, qualquer objeto ou documentos da repartição;

XXVI – tecer comentários que possam gerar descrédito da instituição policial;

XXVII – valer-se do cargo com o fim, ostensivo ou velado, de obter proveito de qualquer natureza para si ou para terceiros;

XXVIII – deixar de reassumir exercício sem motivo justo, ao final dos afastamentos regulares ou, ainda depois de saber que qualquer deste foi interrompido por ordem superior;

XXIX – atribuir-se qualidade funcional diversa do cargo ou função que exerce;

XXX – fazer uso indevido de documento funcional, arma, algema ou bens da repartição ou cedê-los a terceiro;

XXXI – maltratar ou permitir maltrato físico ou moral a preso sob sua guarda;

XXXII – negligenciar na revista a preso;

XXXIII – desrespeitar ou procrastinar o cumprimento de decisão ou ordem judicial;

XXXIV – tratar o superior hierárquico, subordinado ou colega sem o devido respeito ou deferência;

XXXV – faltar à verdade no exercício de suas funções;

XXXVI – deixar de comunicar incontinente à autoridade competente informação que tiver sobre perturbação da ordem pública ou qualquer fato que exija intervenção policial;

XXXVII – dificultar ou deixar de encaminhar expediente à autoridade competente, se não estiver na sua alçada resolvê-lo;

XXXVIII – concorrer para o não cumprimento ou retardamento de ordem de autoridade competente;

XXXIX – deixar, sem justa causa, de submeter-se a inspeção médica determinada por lei ou pela autoridade competente;

XL – deixar de concluir nos prazos legais, sem motivo justo, procedimento de polícia judiciária, administrativos ou disciplinares;

XLI – cobrar taxas ou emolumentos não previstos em lei;

XLII – expedir identidade funcional ou qualquer tipo de credencial a quem não exerça cargo ou função policial civil;

XLIII – deixar de encaminhar ao órgão competente, para tratamento ou inspeção médica, subordinado que apresentar sintomas de intoxicação habitual por álcool, entorpecente ou outra substância que determine dependência física ou psíquica, ou de comunicar tal fato, se incompetente, à autoridade que o for;

XLIV – dirigir viatura policial com imprudência, imperícia, negligência ou sem habilitação;

XLV – manter transação ou relacionamento indevido com preso, pessoa em custódia ou respectivos familiares;

XLVI - criar animosidade, velada ou ostensivamente, entre subalternos e superiores ou entre colegas, ou indispô-los de qualquer forma;

XLVII - atribuir ou permitir que se atribua a pessoa estranha à repartição, fora dos casos previstos em lei, o desempenho de encargos policiais;

XLVIII - praticar a usura em qualquer de suas formas;

XLIX - praticar ato definido em lei como abuso de poder;

L - aceitar representação de Estado estrangeiro, sem autorização do Presidente da República;

LI - tratar de interesses particulares na repartição;

LII - exercer comércio entre colegas, promover ou subscrever listas de donativos dentro da repartição;

LIII - exercer comércio ou participar de sociedade comercial salvo como acionista, cotista ou comanditário;

LIV - exercer, mesmo nas horas de folga, qualquer outro emprego ou função, exceto atividade relativa ao ensino e à difusão cultural, quando compatível com a atividade policial;

LV - exercer pressão ou influir junto a subordinado para forçar determinada solução ou resultado.

Artigo 64 - É vedado ao policial civil trabalhar sob as ordens imediatas de parentes, até segundo grau, salvo quando se tratar de função de confiança e livre escolha, não podendo exceder de 2 (dois) o número de auxiliares nestas condições.

SEÇÃO III
Das responsabilidades

Artigo 65 - O policial responde civil, penal e administrativamente pelo exercício irregular de suas atribuições, ficando sujeito, cumulativamente, às respectivas cominações.

§ 1º - A responsabilidade administrativa é independente da civil e da criminal. (NR)

§ 2º - Será reintegrado ao serviço público, no cargo que ocupava e com todos os direitos e vantagens devidas, o servidor absolvido pela Justiça, mediante simples comprovação do trânsito em julgado de decisão que negue a existência de sua autoria ou do fato que deu origem à sua demissão. (NR)

§ 3º - O processo administrativo só poderá ser sobrestado para aguardar decisão judicial por despacho motivado da autoridade competente para aplicar a pena. (NR)

- §§ 1º a 3º acrescentados pela Lei Complementar nº 922, de 02/07/2002.

Artigo 66 - A responsabilidade civil decorre de procedimento doloso ou culposo, que importe prejuízo à Fazenda Pública ou a terceiros.

Parágrafo único - A importância da indenização será descontada dos vencimentos e vantagens e o desconto não excederá à décima parte do valor destes.

Anexo

CAPÍTULO IX
Das Penalidades, da Extinção da Punibilidade das Providências Preliminares
(NR)
Capítulo IX com redação dada pela Lei Complementar nº 922, de 02/07/2002.

SEÇÃO I

Artigo 67 – São penas disciplinares principais:
I – advertência;
II – repreensão;
III – multa;
IV – suspensão;
V – demissão;
VI – demissão a bem do serviço público;
VII – cassação de aposentadoria ou disponibilidade.

Artigo 68 – Constitui pena disciplinar a remoção compulsória, que poderá ser aplicada cumulativamente com as penas previstas nos incisos II, III e IV do artigo anterior quando em razão da falta cometida houver conveniência nesse afastamento para o serviço policial.

Parágrafo único – Quando se tratar de Delegado de Polícia, para a aplicação da pena prevista neste artigo deverá ser observado o disposto no artigo 36, inciso IV.

Artigo 69 – Na aplicação das penas disciplinares serão considerados a natureza, a gravidade, os motivos determinantes e a repercussão da infração, os danos causados, a personalidade e os antecedentes do agente, a intensidade do dolo ou o grau de culpa.

Artigo 70 – Para a aplicação das penas previstas no artigo 67 são competentes: (NR)
I – o Governador; (NR)
II – o Secretário da Segurança Pública; (NR)
III – o Delegado Geral de Polícia, até a de suspensão; (NR)
IV – o Delegado de Polícia Diretor da Corregedoria, até a de suspensão limitada a 60 (sessenta) dias; (NR)
V – os Delegados de Polícia Corregedores Auxiliares, até a de repreensão. (NR)

§ 1º – Compete exclusivamente ao Governador do Estado, a aplicação das penas de demissão, demissão a bem do serviço público e cassação de aposentadoria ou disponibilidade a Delegado de Polícia. (NR)

§ 2º – Compete às autoridades enumeradas neste artigo, até o inciso III, inclusive, a aplicação de pena a Delegado de Polícia. (NR)

§ 3º – Para o exercício da competência prevista nos incisos I e II será ouvido o órgão de consultoria jurídica. (NR)

§ 4º – Para a aplicação da pena prevista no artigo 68 é competente o Delegado Geral de Polícia. (NR)

– Artigo 70 com redação dada pela Lei Complementar nº 922, de 02/07/2002.

Artigo 71 – A pena de advertência será aplicada verbalmente, no caso de falta de cumprimento dos deveres, ao infrator primário.

Parágrafo único – A pena de advertência não acarreta perda de vencimentos ou de qualquer vantagem de ordem funcional, mas contará pontos negativos na avaliação de desempenho.

Artigo 72 – A pena de repreensão será aplicada por escrito, no caso de transgressão disciplinar, sendo o infrator primário e na reincidência de falta de cumprimento dos deveres.

Parágrafo único – A pena de repreensão poderá ser transformada em advertência, aplicada por escrito e sem publicidade.

Artigo 73 – A pena de suspensão, que não excederá de 90 (noventa) dias, será aplicada nos casos de:

I – descumprimento dos deveres e transgressão disciplinar, ocorrendo dolo ou má fé;

II – reincidência em falta já punida com repreensão.

§ 1º – O policial suspenso perderá, durante o período da suspensão, todos os direitos e vantagens decorrentes do exercício do cargo.

§ 2º – A autoridade que aplicar a pena de suspensão poderá convertê-la em multa, na base de 50% (cinquenta por cento), por dia, do vencimento e demais vantagens, sendo o policial, neste caso, obrigado a permanecer em serviço.

Artigo 74 – Será aplicada a pena de demissão nos casos de:

I – abandono de cargo;

II – procedimento irregular, de natureza grave;

III – ineficiência intencional e reiterada no serviço;

IV – aplicação indevida de dinheiros públicos;

V – insubordinação grave.

VI – ausência ao serviço, sem causa justificável, por mais de 45 (quarenta e cinco) dias, interpoladamente, durante um ano. (NR)

– *Inciso VI acrescentado pela Lei Complementar nº 922, de 02/07/2002.*

Artigo 75 – Será aplicada a pena de demissão a bem do serviço público, nos casos de:

I – conduzir-se com incontinência pública e escandalosa e praticar Jogos proibidos;

II – praticar ato definido como crime contra a Administração Pública, a Fé Pública e a Fazenda Pública ou previsto na Lei de Segurança Nacional;

III – revelar dolosamente segredos de que tenha conhecimento em razão do cargo ou função, com prejuízo para o Estado ou particulares;

IV – praticar ofensas físicas contra funcionários, servidores ou particulares, salvo em legítima defesa;

V – causar lesão dolosa ao patrimônio ou aos cofres públicos;

VI – exigir, receber ou solicitar vantagem indevida, diretamente ou por intermédio de outrem, ainda que fora de suas funções, mas em razão destas;

VII – provocar movimento de paralisação total ou parcial do serviço policial ou outro qualquer serviço, ou dele participar;

Anexo

VIII – pedir ou aceitar empréstimo de dinheiro ou valor de pessoas que tratem de interesses ou os tenham na repartição, ou estejam sujeitos à sua fiscalização;

IX – exercer advocacia administrativa.

X – praticar ato definido como crime hediondo, tortura, tráfico ilícito de entorpecentes e drogas afins e terrorismo; (NR)

XI – praticar ato definido como crime contra o Sistema Financeiro, ou de lavagem ou ocultação de bens, direitos ou valores; (NR)

XII – praticar ato definido em lei como de improbidade. (NR)

– *Incisos X a XII acrescentados pela Lei Complementar nº 922, de 02/07/2002.*

Artigo 76 – O ato que cominar pena ao policial civil mencionará, sempre, a disposição legal em que se fundamenta.

§ 1º – Desse ato será dado conhecimento ao órgão do pessoal, para registro e publicidade, no prazo de 8 (oito) dias, desde que não se tenha revestido de reserva.

§ 2º – As penas previstas nos incisos I a IV do artigo 67, quando aplicadas aos integrantes da carreira de Delegado de Polícia, revestir-se-ão sempre de reserva.

Artigo 77 – Será aplicada a pena de cassação de aposentadoria ou disponibilidade, se ficar provado que o inativo:

I – praticou, quando em atividade, falta para a qual é cominada nesta lei a pena de demissão ou de demissão a bem do serviço público;

II – aceitou ilegalmente cargo ou função pública;

III – aceitou representação de Estado estrangeiro sem previa autorização do Presidente da República.

Artigo 78 – Constitui motivo de exclusão de falta disciplinar a não exigibilidade de outra conduta do policial civil.

Artigo 79 – Independe do resultado de eventual ação penal a aplicação das penas disciplinares previstas neste Estatuto.

SEÇÃO II
Da Extinção da Punibilidade

Artigo 80 – Extingue-se a punibilidade pela prescrição: (NR)

I – da falta sujeita à pena de advertência, repreensão, multa ou suspensão, em 2 (dois) anos; (NR)

II – da falta sujeita à pena de demissão, demissão a bem do serviço público e de cassação da aposentadoria ou disponibilidade, em 5 (cinco) anos; (NR)

III – da falta prevista em lei como infração penal, no prazo de prescrição em abstrato da pena criminal, se for superior a 5 (cinco) anos. (NR)

§ 1º – A prescrição começa a correr: (NR)

1 – do dia em que a falta for cometida; (NR)

2 – do dia em que tenha cessado a continuação ou a permanência, nas faltas continuadas ou permanentes. (NR)

§ 2º – Interrompe a prescrição a portaria que instaura sindicância e a que instaura processo administrativo. (NR)

§3º – O lapso prescricional corresponde: (NR)

1 – na hipótese de desclassificação da infração, ao da pena efetivamente aplicada; (NR)

2 – na hipótese de mitigação ou atenuação, ao da pena em tese cabível. (NR)

§ 4º – A prescrição não corre: (NR)

1 – enquanto sobrestado o processo administrativo para aguardar decisão judicial, na forma do § 3º do artigo 65; (NR)

2 – enquanto insubsistente o vínculo funcional que venha a ser restabelecido. (NR)

§ 5º – A decisão que reconhecer a existência de prescrição deverá determinar, desde logo, as providências necessárias à apuração da responsabilidade pela sua ocorrência. (NR)

– *Artigo 80 com redação dada pela Lei Complementar nº 922, de 02/07/2002.*

Artigo 81 – Extingue-se, ainda, a punibilidade:

I – Pela morte do agente;

II – Pela anistia administrativa;

III – Pela retroatividade da lei que não considere o fato como falta

Artigo 82 – O policial civil que, sem justa causa, deixar de atender a qualquer exigência para cujo cumprimento seja marcado prazo certo, terá suspenso o pagamento de seu vencimento ou remuneração até que satisfaça essa exigência.

Parágrafo único – Aplica-se aos aposentados ou em disponibilidade o disposto neste artigo.

Artigo 83 – Deverão constar do assentamento individual do policial civil as penas que lhe forem impostas.

SEÇÃO III
Das Providências Preliminares (NR)

– *Seção III com redação dada pela Lei Complementar nº 922, de 02/07/2002.*

Artigo 84 – A autoridade policial que, por qualquer meio, tiver conhecimento de irregularidade praticada por policial civil, comunicará imediatamente o fato ao órgão corregedor, sem prejuízo das medidas urgentes que o caso exigir. (NR)

Parágrafo único – Ao instaurar procedimento administrativo ou de polícia judiciária contra policial civil, a autoridade que o presidir comunicará o fato ao Delegado de Polícia Diretor da Corregedoria. (NR)

– *Artigo 84 com redação dada pela Lei Complementar nº 922, de 02/07/2002.*

Artigo 85 – A autoridade corregedora realizará apuração preliminar, de natureza simplesmente investigativa, quando a infração não estiver suficientemente caracterizada ou definida autoria. (NR)

§ 1º – O início da apuração será comunicado ao Delegado de Polícia Diretor da Corregedoria, devendo ser concluída e a este encaminhada no prazo de 30 (trinta) dias. (NR)

ANEXO

§ 2º – Não concluída no prazo a apuração, a autoridade deverá imediatamente encaminhar ao Delegado de Polícia Diretor da Corregedoria relatório das diligências realizadas e definir o tempo necessário para o término dos trabalhos. (NR)

§ 3º – Ao concluir a apuração preliminar, a autoridade deverá opinar fundamentadamente pelo arquivamento ou pela instauração de sindicância ou processo administrativo. (NR)

– Artigo 85 com redação dada pela Lei Complementar nº 922, de 02/07/2002.

Artigo 86 – Determinada a instauração de sindicância ou processo administrativo, ou no seu curso, havendo conveniência para a instrução ou para o serviço policial, poderá o Delegado Geral de Polícia, por despacho fundamentado, ordenar as seguintes providências: (NR)

I – afastamento preventivo do policial civil, quando o recomendar a moralidade administrativa ou a repercussão do fato, sem prejuízo de vencimentos ou vantagens, até 180 (cento e oitenta) dias, prorrogáveis uma única vez por igual período; (NR)

II – designação do policial acusado para o exercício de atividades exclusivamente burocráticas até decisão final do procedimento; (NR)

III – recolhimento de carteira funcional, distintivo, armas e algemas; (NR)

IV – proibição do porte de armas; (NR)

V – comparecimento obrigatório, em periodicidade a ser estabelecida, para tomar ciência dos atos do procedimento. (NR)

1º – O Delegado de Polícia Diretor da Corregedoria, ou qualquer autoridade que determinar a instauração ou presidir sindicância ou processo administrativo, poderá representar ao Delegado Geral de Polícia para propor a aplicação das medidas previstas neste artigo, bem como sua cessação ou alteração. (NR)

§ 2º – O Delegado Geral de Polícia poderá, a qualquer momento, por despacho fundamentado, fazer cessar ou alterar as medidas previstas neste artigo. (NR)

§ 3º – O período de afastamento preventivo computa-se como de efetivo exercício, não sendo descontado da pena de suspensão eventualmente aplicada. (NR)

– Artigo 86 com redação dada pela Lei Complementar nº 922, de 02/07/2002.

CAPÍTULO X
Do Procedimento Disciplinar (NR)

– Capítulo X com redação dada pela Lei Complementar nº 922, de 02/07/2002.

SEÇÃO I
Das Disposições Gerais

Artigo 87 – A apuração das infrações será feita mediante sindicância ou processo administrativo, assegurados o contraditório e a ampla defesa. (NR).

– Artigo 87 com redação dada pela Lei Complementar nº 922, de 02/07/2002.

Artigo 88 – Será instaurada sindicância quando a falta disciplinar, por sua natureza, possa determinar as penas de advertência, repreensão, multa e suspensão. (NR)

– *Artigo 88 com redação dada pela Lei Complementar nº 922, de 02/07/2002.*

Artigo 89 – Será obrigatório o processo administrativo quando a falta disciplinar, por sua natureza, possa determinar a pena de demissão, demissão a bem do serviço público, cassação de aposentadoria ou disponibilidade. (NR)

§ 1º – Não será instaurado processo para apurar abandono de cargo, se o servidor tiver pedido exoneração. (NR)

§ 2º – Extingue-se o processo instaurado exclusivamente para apurar abandono de cargo, se o indiciado pedir exoneração até a data

designada para o interrogatório, ou por ocasião deste. (NR)

– *Artigo 89 com redação dada pela Lei Complementar nº 922, de 02/07/2002.*

SEÇÃO II
Da Sindicância

Artigo 90 – São competentes para determinar a instauração de sindicância as autoridades enumeradas no artigo 70. (NR)

Parágrafo único – Quando a determinação incluir Delegado de Polícia, a competência é das autoridades enumeradas no artigo 70, até o inciso IV, inclusive. (NR)

– *Artigo 90 com redação dada pela Lei Complementar nº 922, de 02/07/2002.*

Artigo 91 – Instaurada a sindicância, a autoridade que a presidir comunicará o fato à Corregedoria Geral da Polícia Civil e ao órgão setorial de pessoal. (NR)

– *Artigo 91 com redação dada pela Lei Complementar nº 922, de 02/07/2002.*

Artigo 92 – Aplicam-se à sindicância as regras previstas nesta lei complementar para o processo administrativo, com as seguintes modificações: (NR)

I – a autoridade sindicante e cada acusado poderão arrolar até 3 (três) testemunhas; (NR)

II – a sindicância deverá estar concluída no prazo de 60 (sessenta) dias; (NR)

III – com o relatório, a sindicância será enviada à autoridade competente para a decisão. (NR)

– *Artigo 92 com redação dada pela Lei Complementar nº 922, de 02/07/2002.*

Artigo 93 – O Delegado Geral de Polícia poderá, quando entender conveniente, solicitar manifestação do Conselho da Polícia Civil, antes de opinar ou proferir decisão em sindicância. (NR)

– *Artigo 93 com redação dada pela Lei Complementar nº 922, de 02/07/2002.*

SEÇÃO III
Do Processo Administrativo

Artigo 94 – São competentes para determinar a instauração de processo administrativo as autoridades enumeradas no artigo 70, até o inciso IV, inclusive. (NR)

Parágrafo único – Quando a determinação incluir Delegado de Polícia, a competência é das autoridades enumeradas no artigo 70, até o inciso III, inclusive. (NR)

ANEXO

– Artigo 94 com redação dada pela Lei Complementar nº 922, de 02/07/2002.

Artigo 95 – O processo administrativo será presidido por Delegado de Polícia, que designará como secretário um Escrivão de Polícia. (NR)

Parágrafo único – Havendo imputação contra Delegado de Polícia, a autoridade que presidir a apuração será de classe igual ou superior à do acusado. (NR)

– Artigo 95 com redação dada pela Lei Complementar nº 922, de 02/07/2002.

Artigo 96 – Não poderá ser encarregado da apuração, nem atuar como secretário, amigo íntimo ou inimigo, parente consangüíneo ou afim, em linha reta ou colateral, até o terceiro grau inclusive, cônjuge, companheiro ou qualquer integrante do núcleo familiar do denunciante ou do acusado, bem assim o subordinado deste. (NR)

Parágrafo único – A autoridade ou o funcionário designado deverão comunicar, desde logo, à autoridade competente, o impedimento que houver. (NR)

– Artigo 96 com redação dada pela Lei Complementar nº 922, de 02/07/2002.

Artigo 97 – O processo administrativo deverá ser instaurado por portaria, no prazo improrrogável de 8 (oito) dias do recebimento da determinação, e concluído no de 90 (noventa) dias da citação do acusado. (NR)

§ 1º – Da portaria deverá constar o nome e a identificação do acusado, a infração que lhe é atribuída, com descrição sucinta dos fatos e indicação das normas infringidas. (NR)

§ 2º – Vencido o prazo, caso não concluído o processo, a autoridade deverá imediatamente encaminhar ao Delegado de Polícia Diretor da Corregedoria relatório indicando as providências faltantes e o tempo necessário para término dos trabalhos. (NR)

§ 3º – Caso o processo não esteja concluído no prazo de 180 (cento e oitenta) dias, o Delegado de Polícia Diretor da Corregedoria deverá justificar o fato circunstanciadamente ao Delegado Geral de Polícia e ao Secretário da Segurança Pública. (NR)

– Artigo 97 com redação dada pela Lei Complementar nº 922, de 02/07/2002.

Artigo 98 – Autuada a portaria e demais peças preexistentes, designará o presidente dia e hora para audiência de interrogatório, determinando a citação do acusado e a notificação do denunciante, se houver. (NR)

§ 1º – O mandado de citação deverá conter: (NR)

1 – cópia da portaria; (NR)

2 – data, hora e local do interrogatório, que poderá ser acompanhado pelo advogado do acusado; (NR)

3 – data, hora e local da oitiva do denunciante, se houver, que deverá ser acompanhada pelo advogado do acusado; (NR)

4 – esclarecimento de que o acusado será defendido por advogado dativo, caso não constitua advogado próprio; (NR)

5 – informação de que o acusado poderá arrolar testemunhas e requerer provas, no prazo de 3 (três) dias após a data designada para seu interrogatório; (NR)

6 – advertência de que o processo será extinto se o acusado pedir exoneração até o interrogatório, quando se tratar exclusivamente de abandono de cargo. (NR)

§ 2º – A citação do acusado será feita pessoalmente, no mínimo 2 (dois) dias antes do interrogatório, por intermédio do respectivo superior hierárquico, ou diretamente, onde possa ser encontrado. (NR)

§ 3º – Não sendo encontrado, furtando-se o acusado à citação ou ignorando-se seu paradeiro, a citação far-se-á por edital, publicado uma vez no *Diário Oficial do Estado*, no mínimo 10 (dez) dias antes do interrogatório. (NR)

– *Artigo 98 com redação dada pela Lei Complementar nº 922, de 02/07/2002.*

Artigo 99 – Havendo denunciante, este deverá prestar declarações, no interregno entre a data da citação e a fixada para o interrogatório do acusado, sendo notificado para tal fim. (NR)

§ 1º – A oitiva do denunciante deverá ser acompanhada pelo advogado do acusado, próprio ou dativo. (NR)

§ 2º – O acusado não assistirá à inquirição do denunciante; antes porém de ser interrogado, poderá ter ciência das declarações que aquele houver prestado. (NR)

– *Artigo 99 com redação dada pela Lei Complementar nº 922, de 02/07/2002.*

Artigo 100 – Não comparecendo o acusado, será, por despacho, decretada sua revelia, prosseguindo-se nos demais atos e termos do processo. (NR)

– *Artigo 100 com redação dada pela Lei Complementar nº 922, de 02/07/2002.*

Artigo 101 – Ao acusado revel será nomeado advogado dativo. (NR)

– *Artigo 101 com redação dada pela Lei Complementar nº 922, de 02/07/2002.*

Artigo 102 – O acusado poderá constituir advogado que o representará em todos os atos e termos do processo. (NR)

§ 1º – É faculdade do acusado tomar ciência ou assistir aos atos e termos do processo, não sendo obrigatória qualquer notificação. (NR)

§ 2º – O advogado será intimado por publicação no *Diário Oficial do Estado*, de que conste seu nome e número de inscrição na Ordem dos Advogados do Brasil, bem como os dados necessários à identificação do procedimento. (NR)

§ 3º – Não tendo o acusado recursos financeiros ou negando-se a constituir advogado, o presidente nomeará advogado dativo. (NR)

§ 4º – O acusado poderá, a qualquer tempo, constituir advogado para prosseguir na sua defesa. (NR)

– *Artigo 102 com redação dada pela Lei Complementar nº 922, de 02/07/2002.*

Artigo 103 – Comparecendo ou não o acusado ao interrogatório, inicia-se o prazo de 3 (três) dias para requerer a produção de provas, ou apresenta-las. (NR)

§ 1º – Ao acusado é facultado arrolar até 5 (cinco) testemunhas. (NR)

§ 2º – A prova de antecedentes do acusado será feita exclusivamente por documentos, até as alegações finais. (NR)

§ 3º – Até a data do interrogatório, será designada a audiência de instrução. (NR)

Anexo

– Artigo 103 com redação dada pela Lei Complementar nº 922, de 02/07/2002.

Artigo 104 – Na audiência de instrução, serão ouvidas, pela ordem, as testemunhas arroladas pelo presidente, em número não superior a 5 (cinco), e pelo acusado. (NR)

Parágrafo único – Tratando-se de servidor público, seu comparecimento poderá ser solicitado ao respectivo superior imediato com as indicações necessárias. (NR)

– Artigo 104 com redação dada pela Lei Complementar nº 922, de 02/07/2002.

Artigo 105 – A testemunha não poderá eximir-se de depor, salvo se for ascendente, descendente, cônjuge, ainda que legalmente separado, companheiro, irmão, sogro e cunhado, pai, mãe ou filho adotivo do acusado, exceto quando não for possível, por outro modo, obter-se ou integrar-se a prova do fato e de suas circunstâncias. (NR)

§ 1º – Se o parentesco das pessoas referidas for com o denunciante, ficam elas proibidas de depor, observada a exceção deste artigo. (NR)

§ 2º – Ao policial civil que se recusar a depor, sem justa causa, será pela autoridade competente aplicada a sanção a que se refere o artigo 82, mediante comunicação do presidente. (NR)

§ 3º – O policial civil que tiver de depor como testemunha fora da sede de seu exercício, terá direito a transporte e diárias na forma da legislação em vigor, podendo ainda expedir-se precatória para esse efeito à autoridade do domicílio do depoente. (NR)

§ 4º – São proibidas de depor as pessoas que, em razão de função, ministério, ofício ou profissão, devam guardar segredo, salvo se, desobrigadas pela parte interessada, quiserem dar o seu testemunho. (NR)

– Artigo 105 com redação dada pela Lei Complementar nº 922, de 02/07/2002.

Artigo 106 – A testemunha que morar em comarca diversa poderá ser inquirida pela autoridade do lugar de sua residência, expedindo-se, para esse fim, carta precatória, com prazo razoável, intimada a defesa. (NR)

§ 1º – Deverá constar da precatória a síntese da imputação e os esclarecimentos pretendidos. (NR)

§ 2º – A expedição da precatória não suspenderá a instrução do procedimento. (NR)

§ 3º – Findo o prazo marcado, o procedimento poderá prosseguir até final decisão; a todo tempo, a precatória, uma vez devolvida, será juntada aos autos. (NR)

– Artigo 106 com redação dada pela Lei Complementar nº 922, de 02/07/2002.

Artigo 107 – As testemunhas arroladas pelo acusado comparecerão à audiência designada independente de notificação. (NR)

§ 1º – Deverá ser notificada a testemunha cujo depoimento for relevante e que não comparecer espontaneamente. (NR)

§ 2º – Se a testemunha não for localizada, a defesa poderá substitui-la, se quiser, levando na mesma data designada para a audiência outra testemunha, independente de notificação. (NR)

– Artigo 107 com redação dada pela Lei Complementar nº 922, de 02/07/2002.

Artigo 108 – Em qualquer fase do processo, poderá o presidente, de ofício ou a requerimento da defesa, ordenar diligências que entenda convenientes. (NR)

§ 1º – As informações necessárias à instrução do processo serão solicitadas diretamente, sem observância de vinculação hierárquica, mediante ofício, do qual cópia será juntada aos autos. (NR)

§ 2º – Sendo necessário o concurso de técnicos ou peritos oficiais, o presidente os requisitará, observados os impedimentos do artigo 105. (NR)

– *Artigo 108 com redação dada pela Lei Complementar nº 922, de 02/07/2002.*

Artigo 109 – Durante a instrução, os autos do procedimento administrativo permanecerão na repartição competente. (NR)

§ 1º – Será concedida vista dos autos ao acusado, mediante simples solicitação, sempre que não prejudicar o curso do procedimento. (NR)

§ 2º – A concessão de vista será obrigatória, no prazo para manifestação do acusado ou para apresentação de recursos, mediante publicação no *Diário Oficial do Estado*. (NR)

§ 3º – Ao advogado é assegurado o direito de retirar os autos da repartição, mediante recibo, durante o prazo para manifestação de seu representado, salvo na hipótese de prazo comum, de processo sob regime de segredo de justiça ou quando existirem nos autos documentos originais de difícil restauração ou ocorrer circunstância relevante que justifique a permanência dos autos na repartição, reconhecida pela autoridade em despacho motivado. (NR)

– *Artigo 109 com redação dada pela Lei Complementar nº 922, de 02/07/2002.*

Artigo 110 – Somente poderão ser indeferidos pelo presidente, mediante decisão fundamentada, os requerimentos de nenhum interesse para o esclarecimento do fato, bem como as provas ilícitas, impertinentes, desnecessárias ou protelatórias. (NR)

– *Artigo 110 com redação dada pela Lei Complementar nº 922, de 02/07/2002.*

Artigo 111 – Quando, no curso do procedimento, surgirem fatos novos imputáveis ao acusado, poderá ser promovida a instauração de novo procedimento para sua apuração, ou, caso conveniente, aditada a portaria, reabrindo-se oportunidade de defesa. (NR)

– *Artigo 111 com redação dada pela Lei Complementar nº 922, de 02/07/2002.*

Artigo 112 – Encerrada a fase probatória, dar-se-á vista dos autos à defesa, que poderá apresentar alegações finais, no prazo de 7 (sete) dias. (NR)

Parágrafo único – Não apresentadas no prazo as alegações finais, o presidente designará advogado dativo, assinando-lhe novo prazo. (NR)

– *Artigo 112 com redação dada pela Lei Complementar nº 922, de 02/07/2002.*

Artigo 113 – O relatório deverá ser apresentado no prazo de 10 (dez) dias, contados da apresentação das alegações finais. (NR)

§ 1º – O relatório deverá descrever, em relação a cada acusado, separadamente, as irregularidades imputadas, as provas colhidas e as razões de defesa, propondo a absolvição ou punição e indicando, nesse caso, a pena que entender cabível. (NR)

Anexo

§ 2º – O relatório deverá conter, também, a sugestão de quaisquer outras providências de interesse do serviço público. (NR)

– *Artigo 113 com redação dada pela Lei Complementar nº 922, de 02/07/2002.*

Artigo 114 – Relatado, o processo será encaminhado ao Delegado Geral de Polícia, que o submeterá ao Conselho da Polícia Civil, no prazo de 48 (quarenta e oito) horas. (NR)

§ 1º – O Presidente do Conselho da Polícia Civil, no prazo de 20 (vinte) dias, poderá determinar a realização de diligência, sempre que necessário ao esclarecimento dos fatos. (NR)

§ 2º – Determinada a diligência, a autoridade encarregada do processo administrativo terá prazo de 15 (quinze) dias para seu cumprimento, abrindo vista à defesa para manifestar-se em 5 (cinco) dias. (NR)

§ 3º – Cumpridas as diligências, o Conselho da Polícia Civil emitirá parecer conclusivo, no prazo de 20 (vinte) dias, encaminhando os autos ao Delegado Geral de Polícia. (NR)

§ 4º – O Delegado Geral de Polícia, no prazo de 10 (dez) dias, emitirá manifestação conclusiva e encaminhará o processo administrativo à autoridade competente para decisão. (NR)

§ 5º – A autoridade que proferir decisão determinará os atos dela decorrentes e as providências necessárias a sua execução. (NR)

– *Artigo 114 com redação dada pela Lei Complementar nº 922, de 02/07/2002.*

Artigo 115 – Terão forma processual resumida, quando possível, todos os termos lavrados pelo secretário, quais sejam: autuação, juntada, conclusão, intimação, data de recebimento, bem como certidões e compromissos. (NR)

Parágrafo único – Toda e qualquer juntada aos autos se fará na ordem cronológica da apresentação, rubricando o presidente as folhas acrescidas. (NR)

– *Artigo 115 com redação dada pela Lei Complementar nº 922, de 02/07/2002.*

Artigo 116 – Não será declarada a nulidade de nenhum ato processual que não houver influído na apuração da verdade substancial ou diretamente na decisão do processo ou sindicância. (NR)

– *Artigo 116 com redação dada pela Lei Complementar nº 922, de 02/07/2002.*

Artigo 117 – É defeso fornecer à imprensa ou a outros meios de divulgação notas sobre os atos processuais, salvo no interesse da Administração, a juízo do Delegado Geral de Polícia. (NR)

– *Artigo 117 com redação dada pela Lei Complementar nº 922, de 02/07/2002.*

Artigo 118 – Decorridos 5 (cinco) anos de efetivo exercício, contados do cumprimento da sanção disciplinar, sem cometimento de nova infração, não mais poderá aquela ser considerada em prejuízo do infrator, inclusive para efeito de reincidência. (NR)

– *Artigo 118 com redação dada pela Lei Complementar nº 922, de 02/07/2002.*

SEÇÃO IV (NR)
Dos Recursos (NR)

– Seção inserida pela Lei Complementar nº 922, de 02/07/2002.

Artigo 119 – Caberá recurso, por uma única vez, da decisão que aplicar penalidade. (NR)

§ 1º – O prazo para recorrer é de 30 (trinta) dias, contados da publicação da decisão impugnada no *Diário Oficial do Estado*. (NR)

§ 2º – Tratando-se de pena de advertência, sem publicidade, o prazo será contado da data em que o policial civil for pessoalmente intimado da decisão. (NR)

§ 3º – Do recurso deverá constar, além do nome e qualificação do recorrente, a exposição das razões de inconformismo. (NR)

§ 4º – O recurso será apresentado à autoridade que aplicou a pena, que terá o prazo de 10 (dez) dias para, motivadamente, manter sua decisão ou reformá-la. (NR)

§ 5º – Mantida a decisão, ou reformada parcialmente, será imediatamente encaminhada a reexame pelo superior hierárquico. (NR)

§ 6º – O recurso será apreciado pela autoridade competente ainda que incorretamente denominado ou endereçado. (NR)

– Artigo 119 com redação dada pela Lei Complementar nº 922, de 02/07/2002.

Artigo 120 – Caberá pedido de reconsideração, que não poderá ser renovado, de decisão tomada pelo Governador do Estado em única instância, no prazo de 30 (trinta) dias. (NR)

– Artigo 120 com redação dada pela Lei Complementar nº 922, de 02/07/2002.

Artigo 121 – Os recursos de que trata esta lei complementar não têm efeito suspensivo; os que forem providos darão lugar às retificações necessárias, retroagindo seus efeitos à data do ato punitivo. (NR)

– Artigo 121 com redação dada pela Lei Complementar nº 922, de 02/07/2002.

CAPÍTULO XI
Da Revisão (NR)

*– **Capítulo XI com redação dada pela Lei Complementar nº 922, de 02/07/2002.***

Artigo 122 – Admitir-se-á, a qualquer tempo, a revisão de punição disciplinar, se surgirem fatos ou circunstâncias ainda não apreciados, ou vícios insanáveis de procedimento, que possam justificar redução ou anulação da pena aplicada. (NR)

§ 1º – A simples alegação da injustiça da decisão não constitui fundamento do pedido. (NR)

§ 2º – Não será admitida reiteração de pedido pelo mesmo fundamento. (NR)

§ 3º – Os pedidos formulados em desacordo com este artigo serão indeferidos. (NR)

§ 4º – O ônus da prova cabe ao requerente. (NR)

– Artigo 122 com redação dada pela Lei Complementar nº 922, de 02/07/2002.

Artigo 123 – A pena imposta não poderá ser agravada pela revisão. (NR)

– *Artigo 123 com redação dada pela Lei Complementar nº 922, de 02/07/2002.*

Artigo 124 – A instauração de processo revisional poderá ser requerida fundamentadamente pelo interessado ou, se falecido ou incapaz, por seu curador, cônjuge, companheiro, ascendente, descendente ou irmão, sempre por intermédio de advogado. (NR)

Parágrafo único – O pedido será instruído com as provas que o requerente possuir ou com indicação daquelas que pretenda produzir. (NR)

– *Artigo 124 com redação dada pela Lei Complementar nº 922, de 02/07/2002.*

Artigo 125 – O exame da admissibilidade do pedido de revisão será feito pela autoridade que aplicou a penalidade, ou que a tiver confirmado em grau de recurso. (NR)

– *Artigo 125 com redação dada pela Lei Complementar nº 922, de 02/07/2002.*

Artigo 126 – Deferido o processamento da revisão, será este realizado por Delegado de Polícia de classe igual ou superior à do acusado, que não tenha funcionado no procedimento disciplinar de que resultou a punição do requerente. (NR)

– *Artigo 126 com redação dada pela Lei Complementar nº 922, de 02/07/2002.*

Artigo 127 – Recebido o pedido, o presidente providenciará o apensamento dos autos originais e notificará o requerente para, no prazo de 8 (oito) dias, oferecer rol de testemunhas, ou requerer outras provas que pretenda produzir. (NR)

Parágrafo único – No processamento da revisão serão observadas as normas previstas nesta lei complementar para o processo administrativo. (NR)

– *Artigo 127 com redação dada pela Lei Complementar nº 922, de 02/07/2002.*

Artigo 128 – A decisão que julgar procedente a revisão poderá alterar a classificação da infração, absolver o punido, modificar a pena ou anular o processo, restabelecendo os direitos atingidos pela decisão reformada. (NR)

– *Artigo 128 com redação dada pela Lei Complementar nº 922, de 02/07/2002.*

CAPÍTULO XII
Das Disposições Gerais e Finais

Artigo 129 – Vetado.

Artigo 130 – Contar-se-ão por dias corridos os prazos previstos nesta lei complementar.

Parágrafo único – Computam-se os prazos excluindo o dia do começo e incluindo o do vencimento, prorrogando-se este, quando incidir em sábado, domingo, feriado ou facultativo, para o primeiro dia útil seguinte.

Artigo 131 – Compete ao órgão Setorial de Recursos Humanos da Polícia Civil, o planejamento, a coordenação, a orientação técnica e o controle, sempre em integração com o órgão central, das atividades de administração do pessoal policial civil.

Artigo 132 – O Estado fornecerá aos policiais civis carteira de identidade funcional, distintivo, algema, armamento e munição, para o efetivo exercício de suas funções. (NR)

§ 1º – A carteira de identidade funcional dos policiais civis será elaborada com observância das diretrizes básicas previstas na legislação federal para emissão da carteira de identidade pelo órgão estadual de identificação, dará direito ao porte de arma e ao uso de distintivo, e terá fé pública e validade como documento de identificação civil. (NR)

§ 2º – Aplica-se, no que couber, à carteira de identidade funcional instituída para os policiais civis aposentados o disposto no §1º deste artigo. (NR)

– *Artigo 132 com redação dada pela Lei Complementar nº 1.282, de 18/01/2016.*

Artigo 133 – É proibida a acumulação de férias, salvo por absoluta necessidade de serviço e pelo prazo máximo de 3 (três) anos consecutivos.

Artigo 134 – O disposto nos artigos 41, 42, 44 e 45 desta lei complementar aplica-se aos integrantes da série de classes de Agente de Segurança Penitenciária da Secretaria da Justiça. (NR)

– *Artigo 134 com redação dada pela Lei Complementar nº 498, de 29/12/1986.*

Artigo 135 – Aplicam-se aos funcionários policiais civis, no que não conflitar com esta lei complementar as disposições da Lei nº 199, de 1º de dezembro de 1948, do Decreto-lei nº 141, de 24 de julho de 1969, da Lei Complementar nº 180, de 12 de maio de 1978, bem como o regime de mensal, instituído pela Lei nº 4.832, de 4 de setembro de 1958, com alterações posteriores.

Artigo 136 – Esta lei complementar aplica-se, nas mesmas bases, termos e condições, aos inativos.

Artigo 137 – As despesas decorrentes da aplicação desta lei complementar, correrão à conta de créditos suplementares que o Poder Executivo fica autorizado a abrir, até o limite de Cr$ 270.000.000,00 (duzentos e setenta milhões de cruzeiros).

Parágrafo único – O valor do crédito autorizado neste artigo será coberto com recursos de que trata o artigo 43 da Lei Federal nº 4.320, de 17 de março de 1964.

Artigo 138 – Esta lei complementar e suas disposições transitórias entrarão em vigor em 1º de março de 1979 revogadas as disposições em contrário, especialmente a Lei nº 7.626, de 6 de dezembro de 1962, o Decreto-lei nº 156, de 8 de outubro de 1969, bem como a alínea "a" do inciso III do artigo 64 e o artigo 182, ambos da Lei Complementar nº 180, de 12 de maio de 1978.

Das Disposições Transitórias

Artigo 1º – Somente se aplicará esta lei complementar às infrações disciplinares praticadas na vigência da lei anterior, quando:

I – o fato não for mais considerado infração disciplinar;

II – de qualquer forma, for mais branda a pena cominada.

Artigo 2º – Os processos em curso, quando da entrada em vigor desta lei complementar, obedecerão ao rito processual estabelecido pela legislação anterior.

Artigo 3º – Os atuais cargos de Delegado de Polícia Substituto serão extintos na vacância.

Anexo

Parágrafo único – Os ocupantes dos cargos a que alude este artigo, serão inscritos nos concursos de ingresso na carreira de Delegado de Polícia.
Artigo 4º – Vetado.
Artigo 5º – Vetado.
Parágrafo único – Vetado.
Artigo 6º – Vetado.
a) vetado;
b) vetado;
c) vetado;
d) vetado.

Palácio dos Bandeirantes, 5 de janeiro de 1979.

PAULO EGYDIO MARTINS
Murillo Macêdo, Secretário da Fazenda
Antonio Erasmo Dias, Secretário da Segurança Pública
Fernando Milliet de Oliveira, Secretário da Administração
Jorge Wilheim, Secretário de Economia e Planejamento
Péricles Eugênio da Silva Ramos, Secretário Extraordinário do Governo
Publicada na Assessoria Técnico-Legislativa, aos 5 de janeiro de 1979.
Nelson Petersen da Costa, Diretor (Divisão Nível II) Subst.

Anotações

Anotações

Rua Alexandre Moura, 51
24210-200 – Gragoatá – Niterói – RJ
Telefax: (21) 2621-7007

www.impetus.com.br

Esta obra foi impressa em papel offset 75 grs./m²